Técnicas de dibujo
con pluma y tinta

Pasos, temas y palabras clave

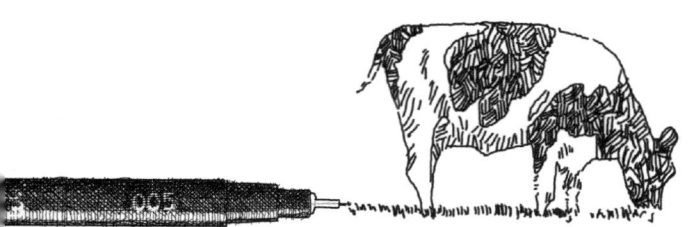

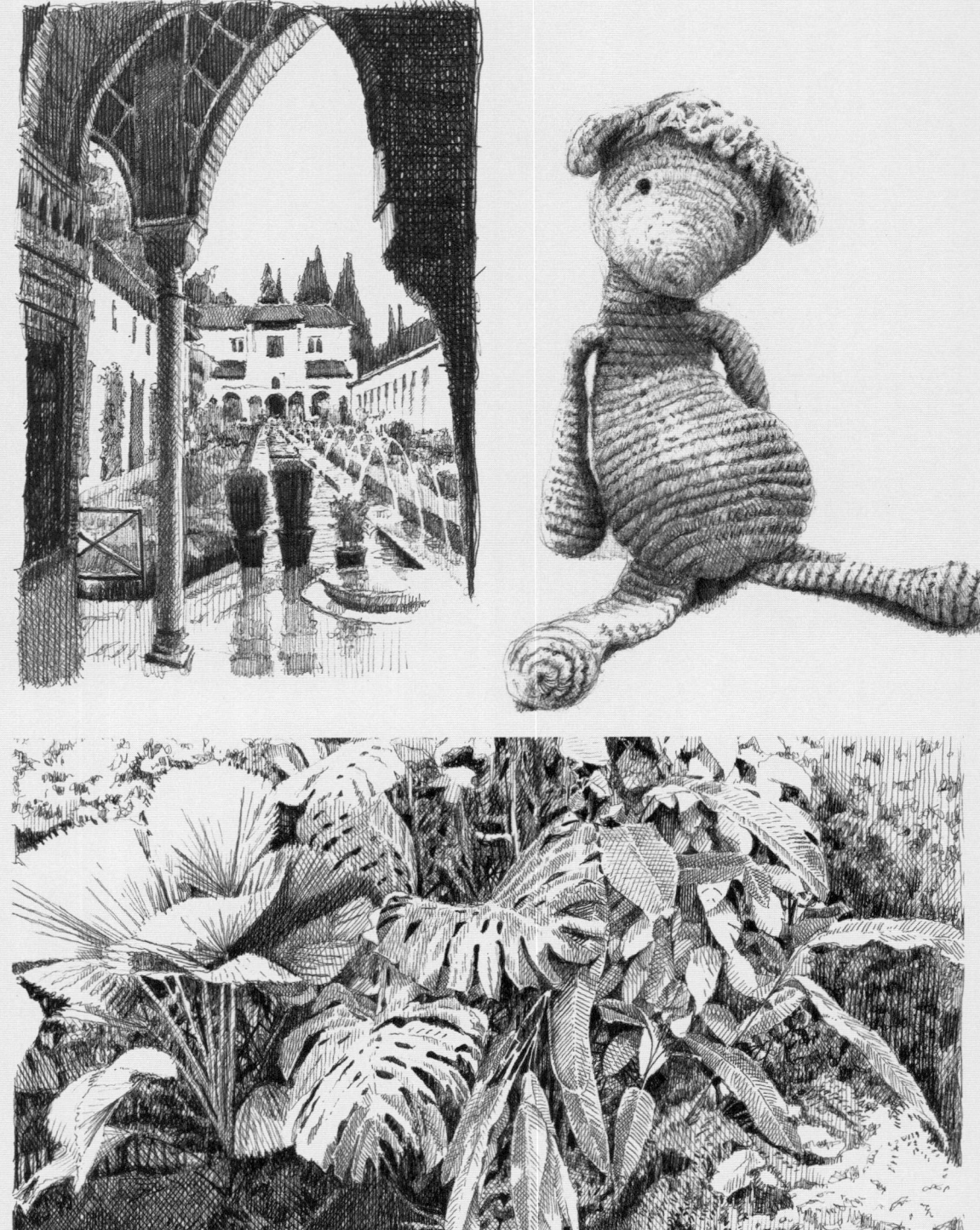

Técnicas de dibujo
con pluma y tinta
Pasos, temas y palabras clave

DAVID MORALES H.

Librero

Título original: *Pen and Ink. Drawing Techniques*

© 2025 Librero b.v. (edición española)
www.librero.nl

Idea, edición y diseño a cargo de Quarto Publishing,
un sello editorial de The Quarto Group

Copyright © 2025 Quarto Publishing plc

Ilustraciones: David Morales H.
Edición de contenido: Charlene Fernandes
Corrección de textos: Sarah Hoggett
Edición ejecutiva: Emma Harverson
Dirección de arte: Martina Calvio
Diseño: Hugh Schermuly
Coordinación editorial: Jo Lightfoot
Edición: Lorraine Dickey

Producción de la edición española:
Traducción: Carme Franch Ribes
para Delivering iBooks & Design
Redacción y maquetación:
Delivering iBooks & Design, Barcelona

Distribución exclusiva de la edición española:
Librero IBP S. L.
C/ Paseo de los Olmos, n.º 20
Planta 1.ª, oficina 7
28005 Madrid, España
www.librero-ibp.es

Impreso en China
ISBN: 978-94-6499-135-2

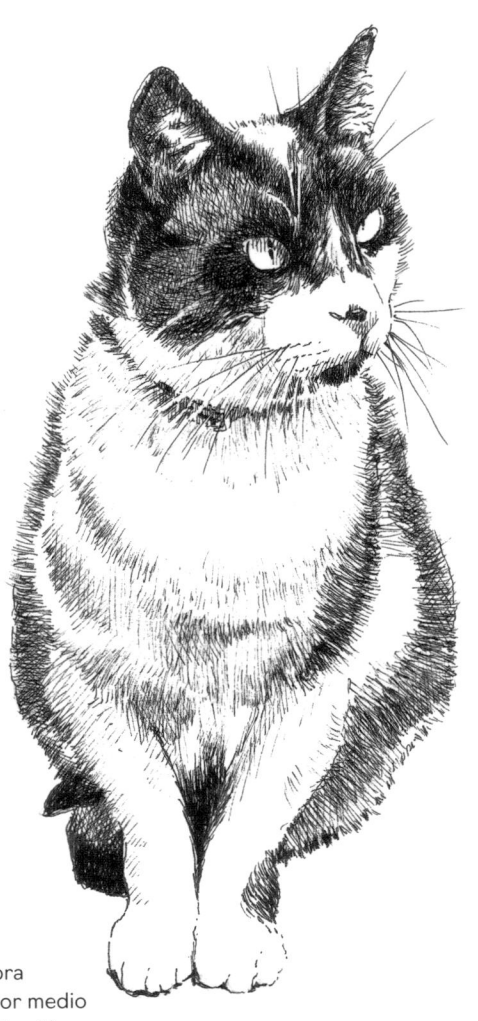

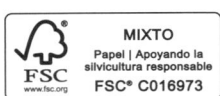

FSC
www.fsc.org

MIXTO
Papel | Apoyando la
silvicultura responsable
FSC® C016973

Índice

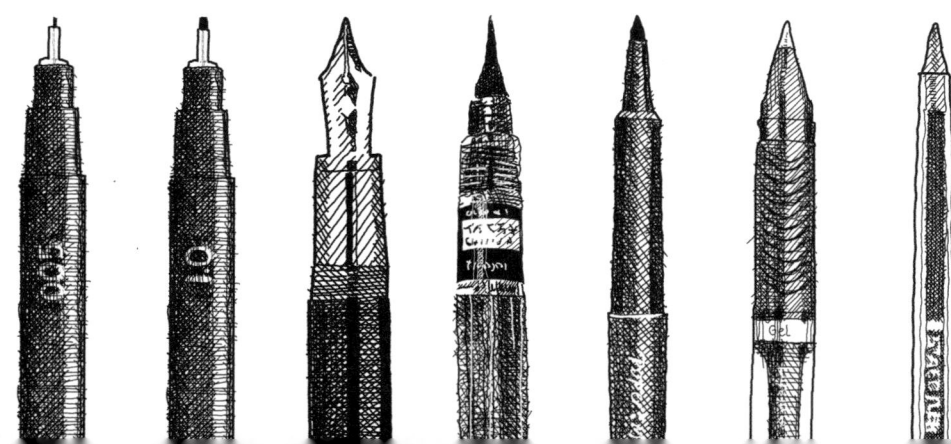

Introducción

Bienvenido a un viaje lleno de tinta, trazos y creatividad. Mucho más que una serie de páginas ilustradas, este libro es un compendio íntimo de mi periplo, mi pasión y mi compromiso con el arte de la ilustración con tinta. Desde los primeros trazos que perfilaron mi amor por esta forma de expresión artística hasta las técnicas más depuradas que he ido perfeccionando, me han permitido escribir este libro con una amalgama de conocimientos, experiencia y, sobre todo, un ferviente deseo de compartir todo esto con usted, querido lector.

Antes de ahondar en el mundo de la tinta, lo invito a recorrer los paisajes de mi historia, a explorar mi galería de dibujos y a captar la esencia de lo que significa crear con este medio, así como a familiarizarse con el material necesario para embarcarse en esta aventura artística.

Descubrirá cómo sujetar el bolígrafo con seguridad, aprenderá los distintos tipos de líneas y averiguará cómo lograr valores tonales y texturas con varias técnicas de ilustración con tinta. Pero esto es solo el principio.

A continuación, nos adentraremos en la verdadera esencia del acto de dibujar: ponerse frente al papel en blanco, observar el mundo que nos rodea con una mirada curiosa, encontrar la inspiración en los lugares más insólitos y, principalmente, aprender a no desanimarnos a lo largo del proceso.

Y, cuando esté listo, cuando note que la tinta corre por sus venas, lo guiaré a través de una serie de ejercicios concebidos para poner a prueba sus habilidades, ampliar su creatividad y llevarlo más allá de sus límites.

La intención de este libro no es únicamente enseñarle las herramientas básicas de la ilustración con tinta, sino también ser una fuente de inspiración que lo lleve a crear y encontrar su propia voz en este universo artístico fascinante.

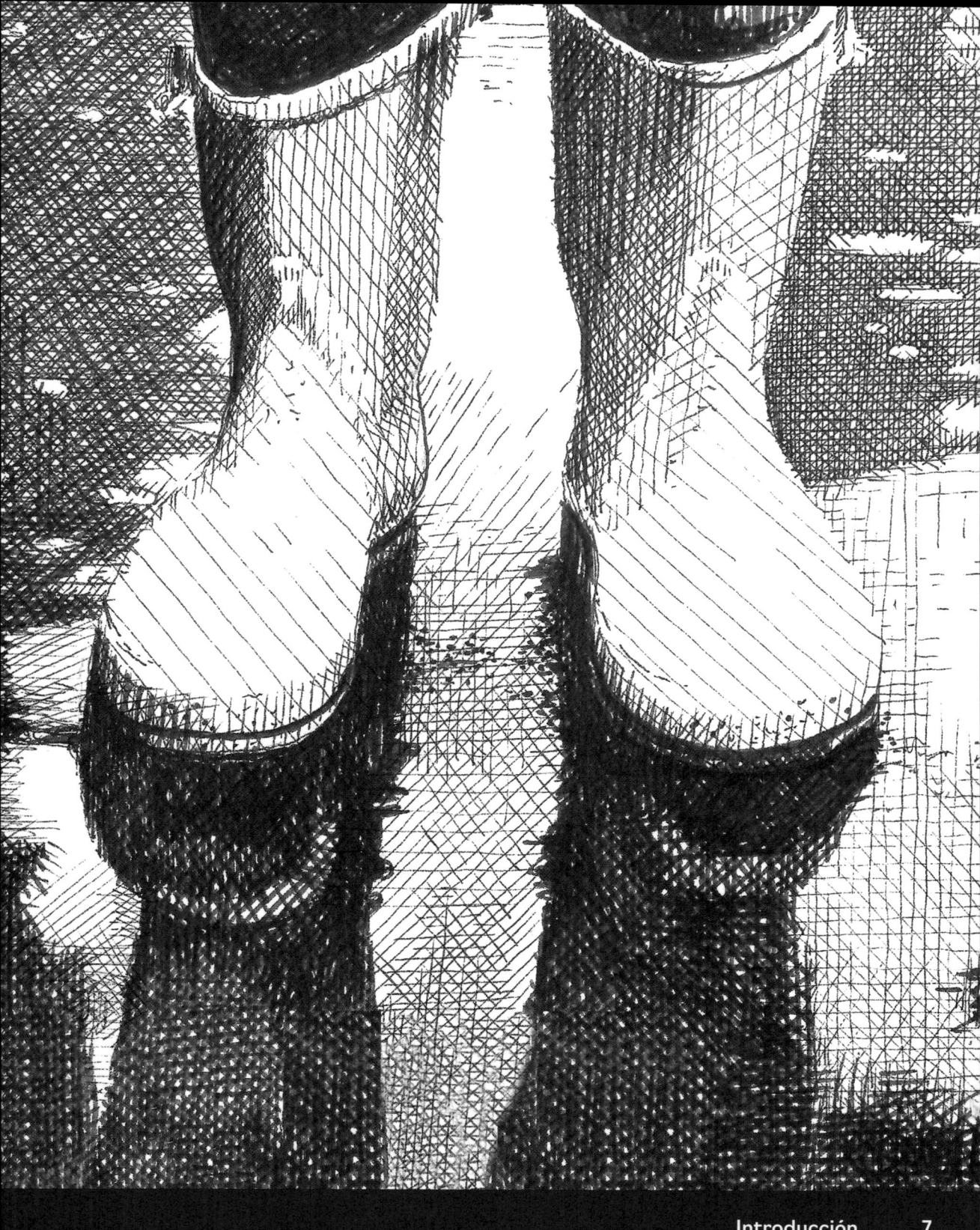

David Morales H.

Probablemente al igual que usted, dibujo desde que era niño, llevado por la inquietud de realizar cualquier actividad creativa que implique el uso de las manos. Esta necesidad ha sido una constante casi toda mi vida. Fue cuando estudiaba Arquitectura en Bogotá, influido por la gran cantidad de arquitectos que dibujaban, que empecé a esbozar los edificios que despertaban mi interés. Me di cuenta de que, a través del dibujo, es relativamente fácil descubrir y comprender las proporciones y la materialidad de las estructuras arquitectónicas.

Durante muchos años, mis dibujos giraban en torno a la observación y el diseño arquitectónico, pero, sobre todo, dibujaba para explicar ideas. Sin embargo, a medida que tuve que asumir cada vez más responsabilidades laborales y familiares, no pude dedicar todo el tiempo que me habría gustado al dibujo. En 2018, decidí plantearme el reto de dibujar todos los días a lo largo de un año, tanto para recuperar el tiempo perdido como para poner a prueba mi capacidad de fidelidad con el compromiso que había adquirido. Llamé a este proyecto «One Day One Drawing» (Un día, un dibujo), y lo llevé a cabo durante cuatro años consecutivos.

Aunque mi preferencia por la ilustración con tinta nació en mi época de estudiante de Arquitectura, me di cuenta enseguida de que sería mi mejor aliada para los retos de dibujo cotidianos. La ventaja de llevar el equipo básico de dibujo encima en todo momento me llevó a simplificarlo para hallar la opción que me resultara más cómoda. Así descubrí que la manera más fácil de afrontar este reto era dibujar en un cuaderno con un bolígrafo, lo que marcaría el comienzo de mi exploración y dominio de la ilustración con tinta.

En las páginas siguientes comparto los dibujos de mi época de estudiante, cuando me interesaba la arquitectura, así como los dibujos del proyecto «One Day One Drawing», cuando mi interés se amplió a todo lo que me rodeaba y los cuadernos se convirtieron en una especie de diario ilustrado de mi vida. Esta documentación cotidiana en forma de esbozos cronológicos es ahora el eje central de mi trabajo como artista.

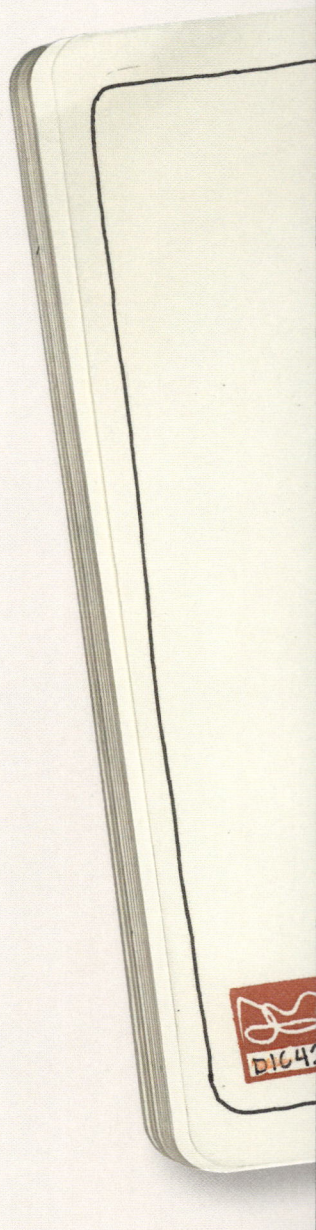

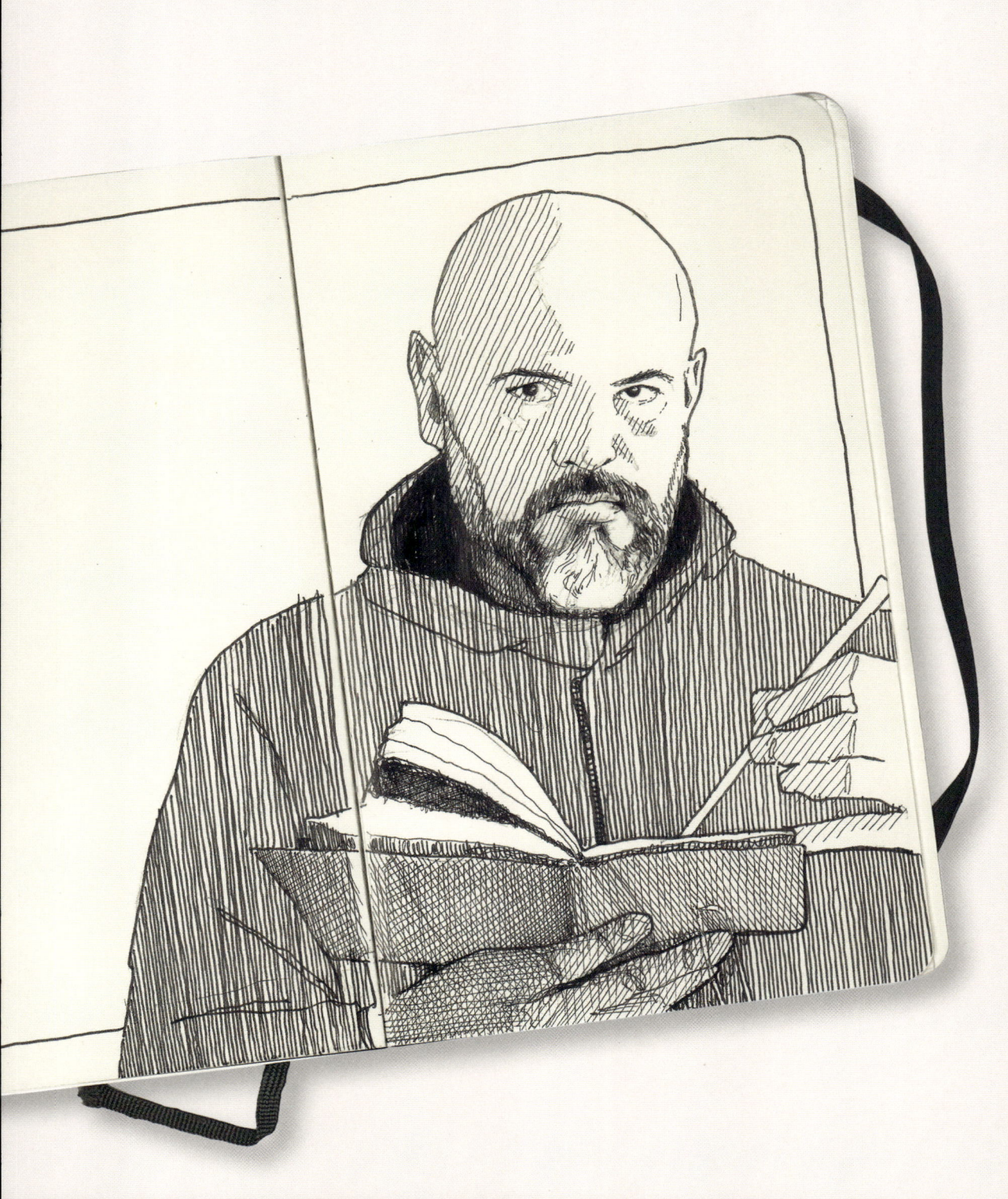

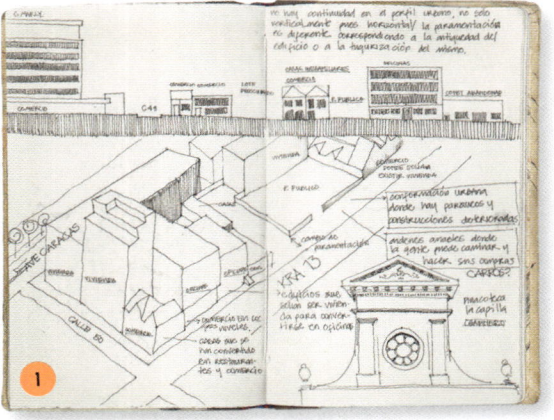

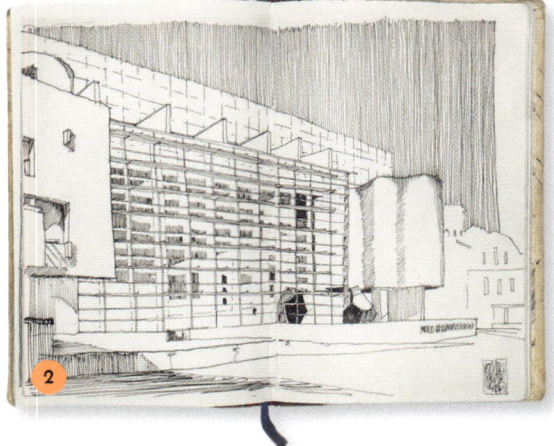

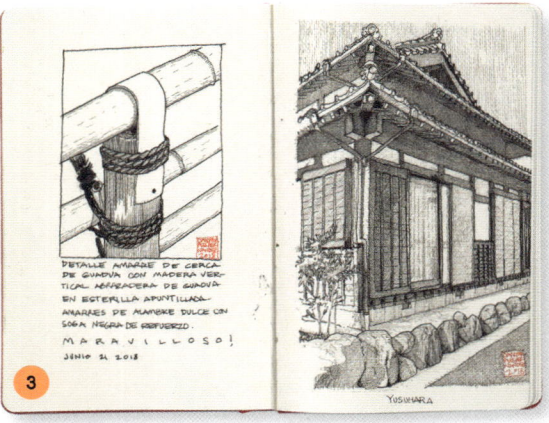

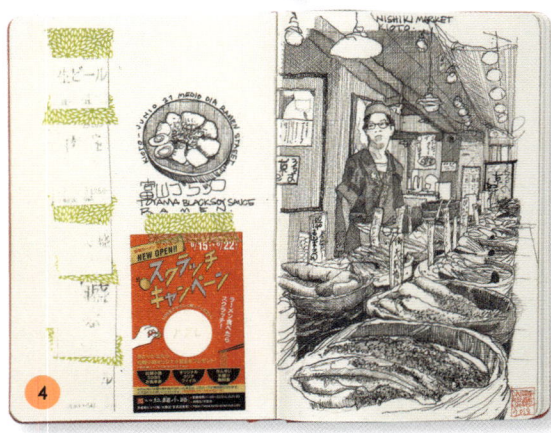

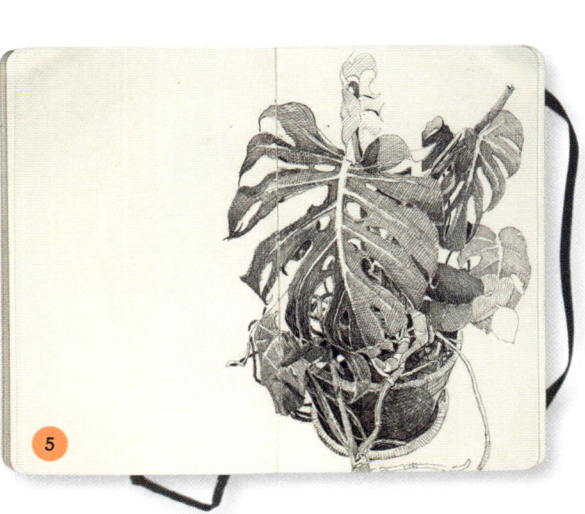

1. Observación urbana, Bogotá (1998) Cuando estudiaba Arquitectura, aprendí a utilizar el dibujo como una herramienta de observación a través de los dibujos de todo lo que era relevante para comprender la ciudad.

2. MACBA, Barcelona (2000) Los primeros años que viví en Europa, dibujé los edificios más emblemáticos que había conocido cuando estudiaba Arquitectura.

3. Detalle de valla de bambú y casa de madera, Yusuhara, Japón (2018) La arquitectura tradicional y los detalles artesanales siguen siendo una fuente de inspiración constante cuando viajo.

4. Mercado de Nishiki, Kioto, Japón (2018) Además de dibujos arquitectónicos, en mis cuadernos hay cabida para lugares únicos y experiencias vividas.

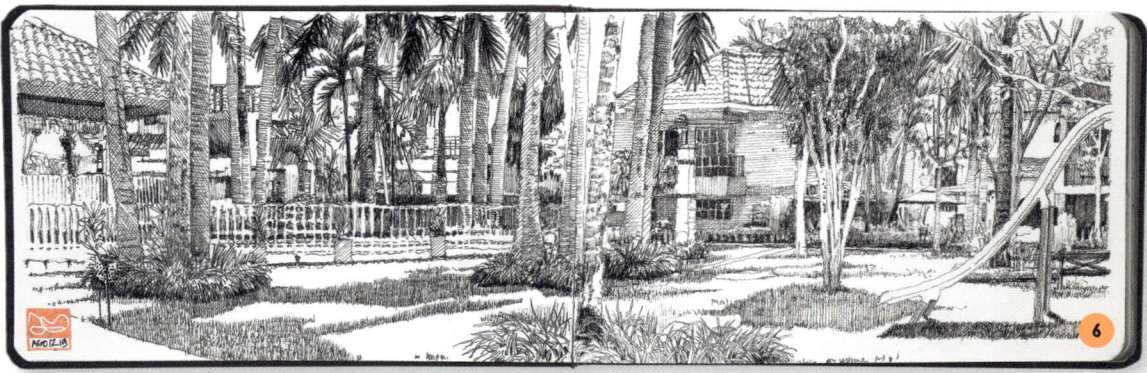

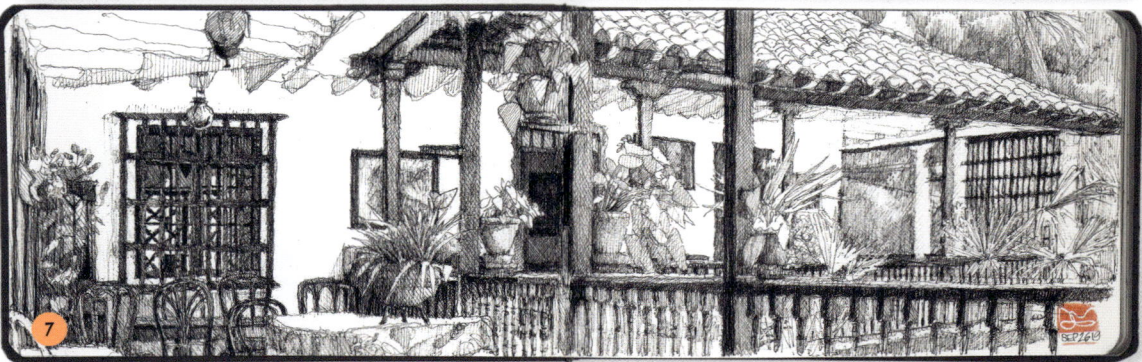

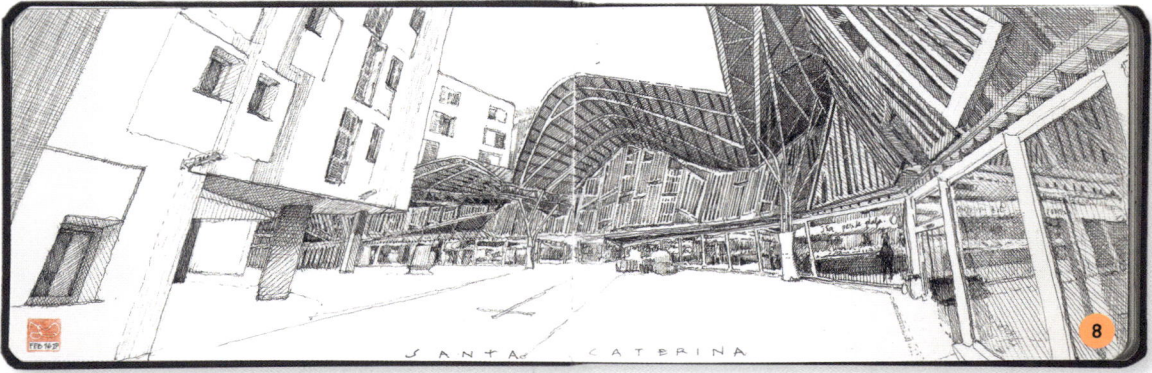

5. Monstera, Barcelona (2022) Con el tramado puedo crear los volúmenes poco a poco; además, me ayuda a ser paciente durante la observación.

6. Palmeras, Colombia (2019) A veces, basta con haber experimentado un lugar para que tenga encanto, como nuestro barrio de Colombia.

7. Casa colonial, Colombia (2019) Cuando dedico tiempo a dibujar lugares especiales, como el barrio de nuestra casa de Colombia, puedo inmortalizar estos espacios y crear una conexión única con ellos.

8. Mercado de Santa Caterina, Barcelona (2020) Gracias a la práctica, he podido dibujar proyectos de geometrías complejas.

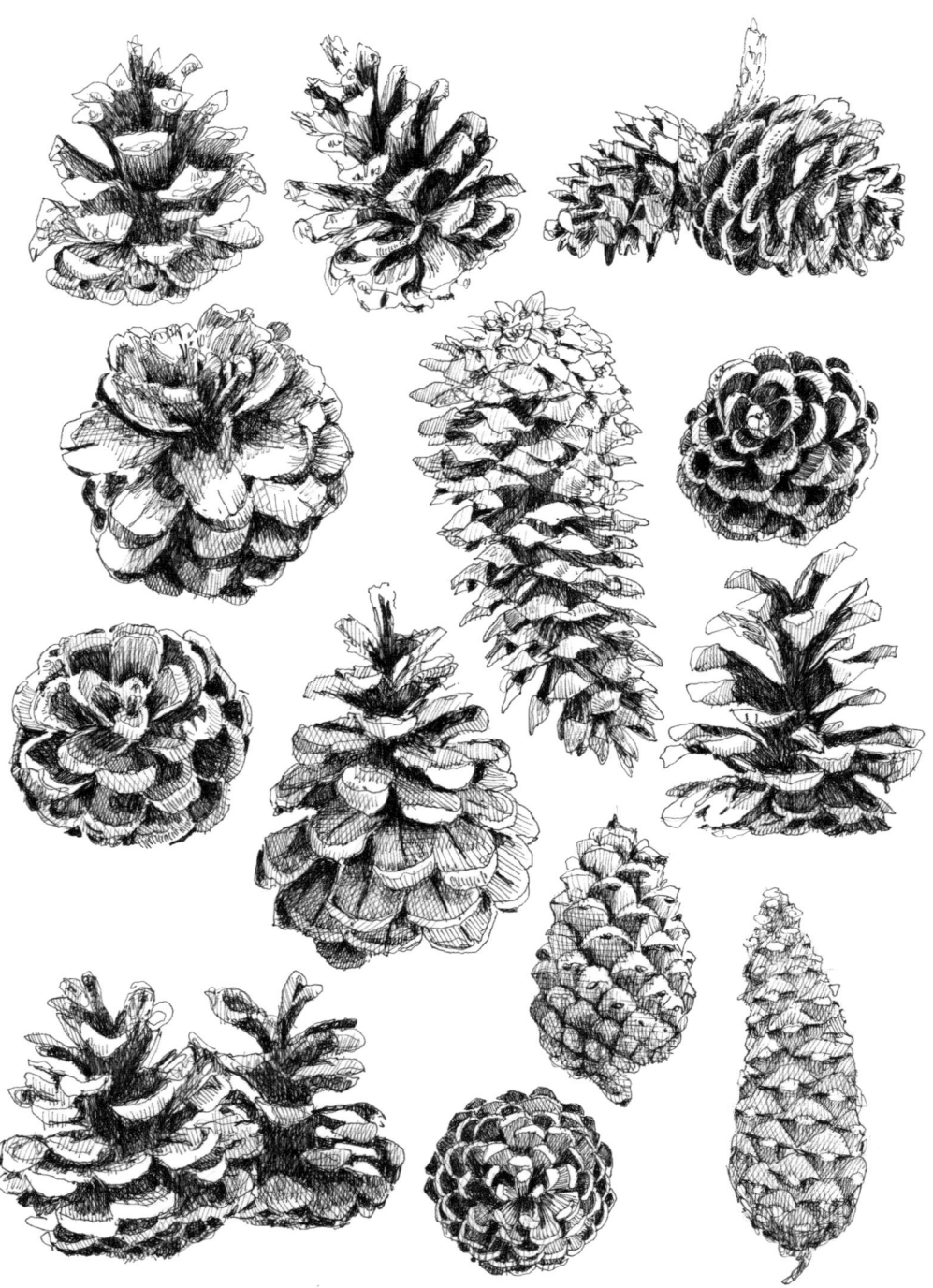

Piñas (2022) Siempre me han atraído las pequeñas variaciones de los objetos que forman parte de una colección. A través del dibujo, puedo recopilar infinitos objetos y sus variaciones.

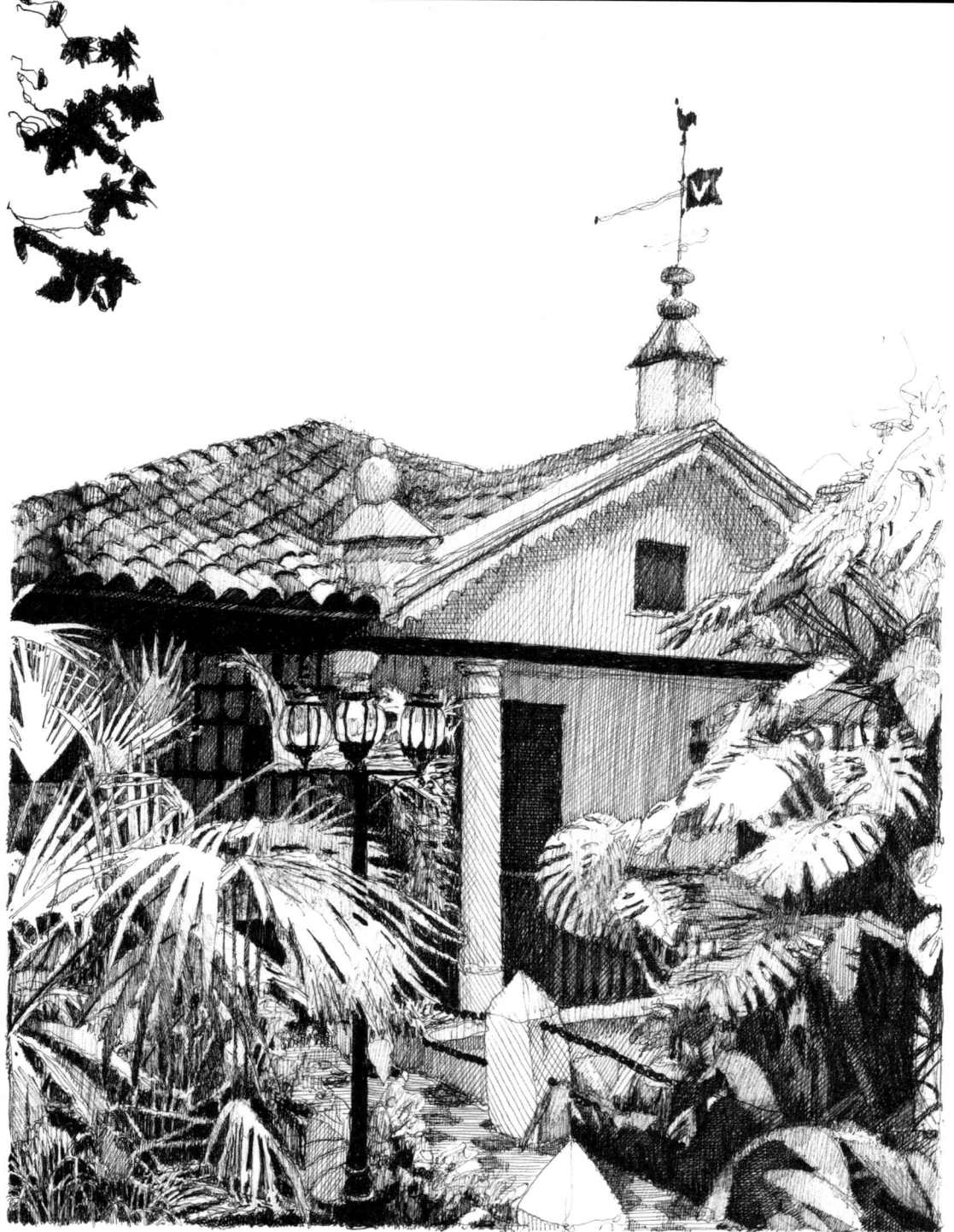

Hacienda El Vergel, Ibagué, Colombia (2019) Con el
tiempo, he descubierto que la ilustración con tinta me
ha acercado a la exploración de la luz, que es la forma
más precisa de plasmar los objetos sin detalles en color.

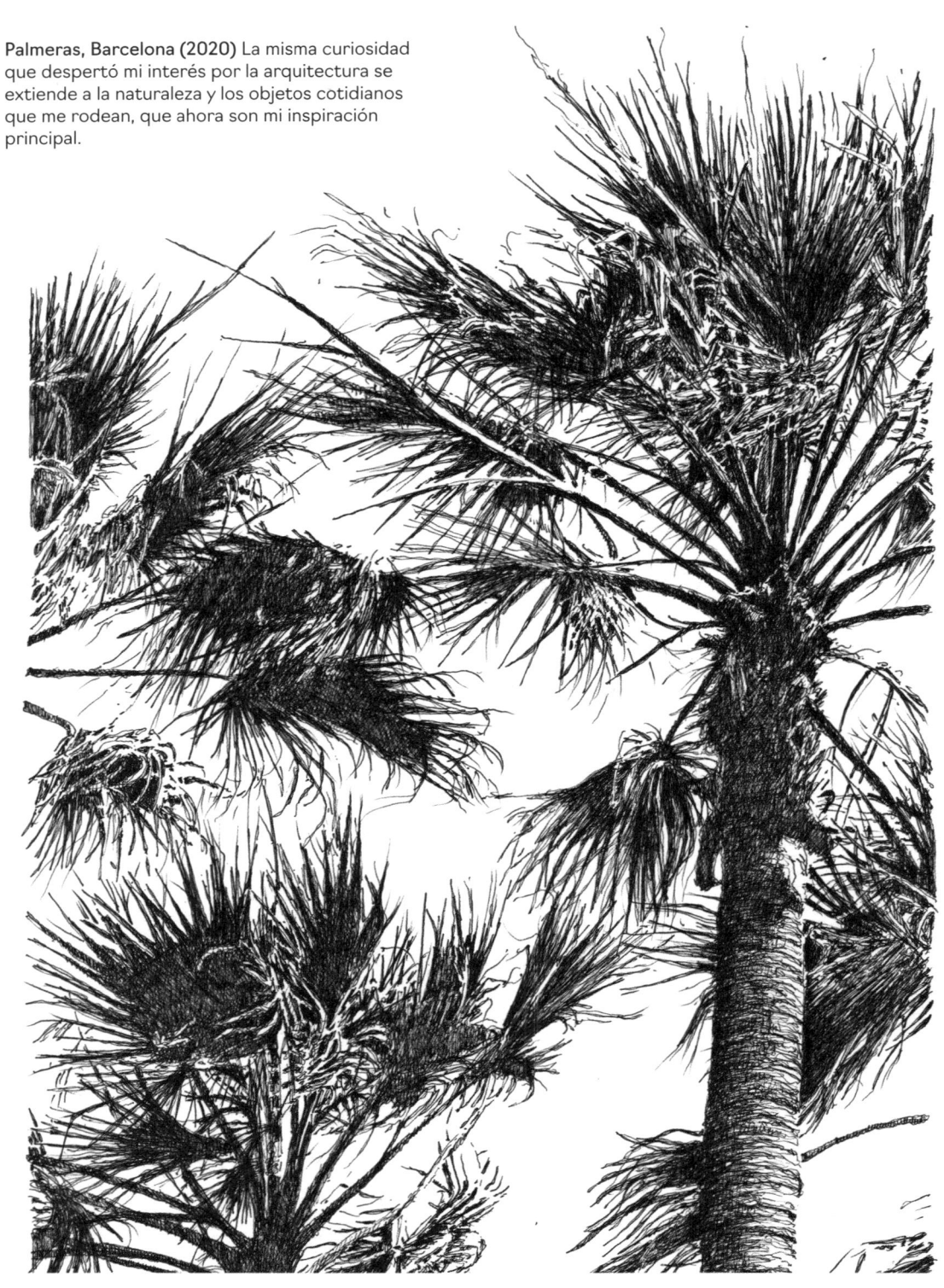

Palmeras, Barcelona (2020) La misma curiosidad que despertó mi interés por la arquitectura se extiende a la naturaleza y los objetos cotidianos que me rodean, que ahora son mi inspiración principal.

Postes eléctricos, Colombia (2020) A la larga
he descubierto que, tanto para documentar mi
entorno como para entender los objetos a través
del dibujo o capturar la luz, las distintas técnicas
de ilustración con tinta son mis grandes aliadas.

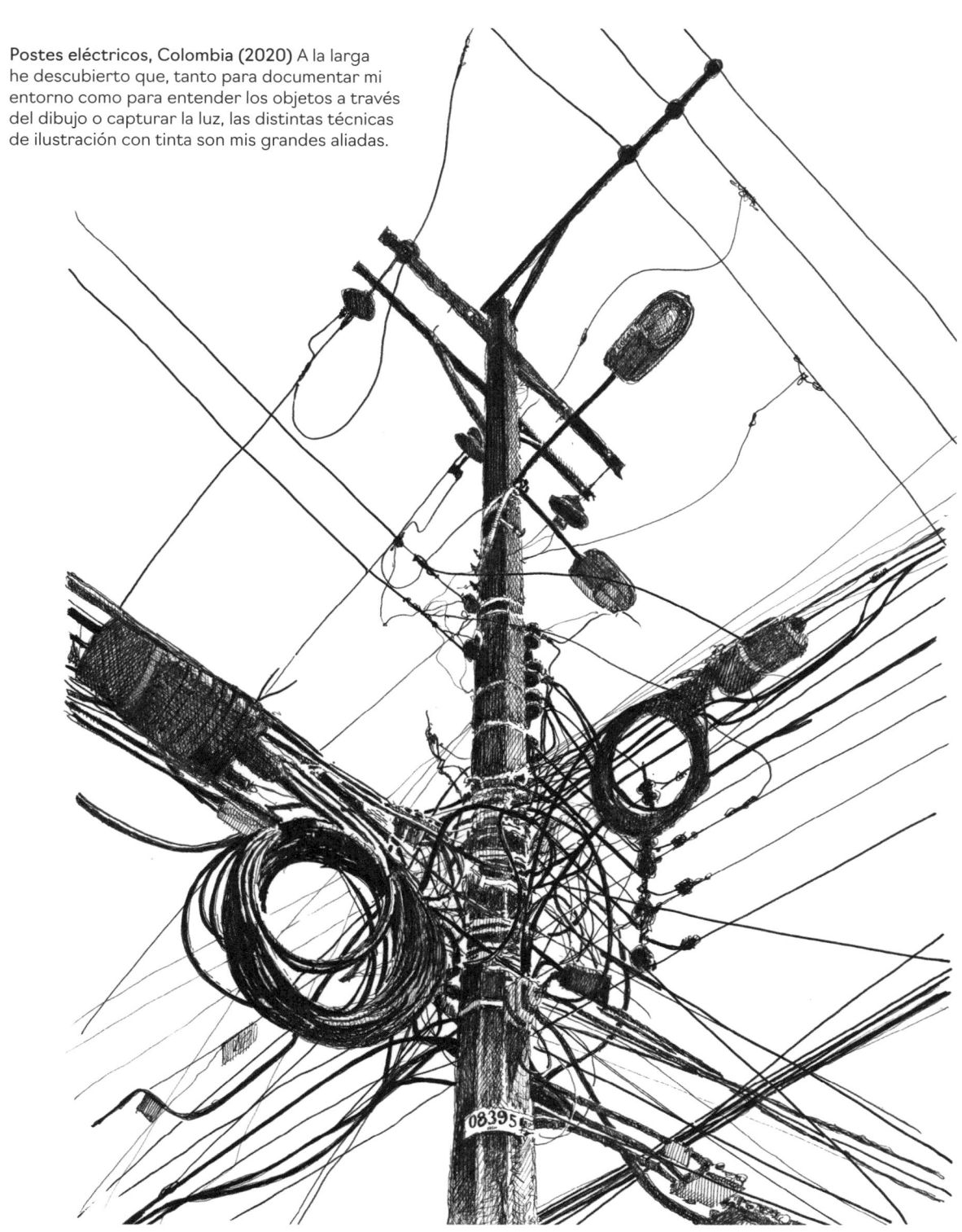

MATERIAL

Aunque nuestras dotes artísticas no dependen del material
con el que dibujamos, no podemos ignorar que este influye en
el desarrollo de nuestro estilo y técnica. El tipo de bolígrafo,
la densidad y el flujo de la tinta o la naturaleza del papel con-
dicionan el aspecto y la calidad del dibujo final. Por ejemplo, con
un bolígrafo de punta fina se obtienen detalles precisos y líneas
delicadas, mientras que con uno de punta gruesa los trazos
quedan más marcados y expresivos. Las tintas densas y opacas
crean un efecto espectacular, mientras que las diluidas propor-
cionan un aspecto más sutil y delicado. El papel utilizado puede
afectar al modo en que se absorbe y se ve la tinta, lo que influye
en la nitidez y la profundidad de los detalles.

Las dotes artísticas se construyen a través de la práctica,
la experimentación y el desarrollo de habilidades técnicas y
conceptuales. Aun así, la elección de los materiales adecuados
puede facilitar y enriquecer este proceso creativo, puesto que
permite explorar nuevas técnicas y formas de expresión artística.

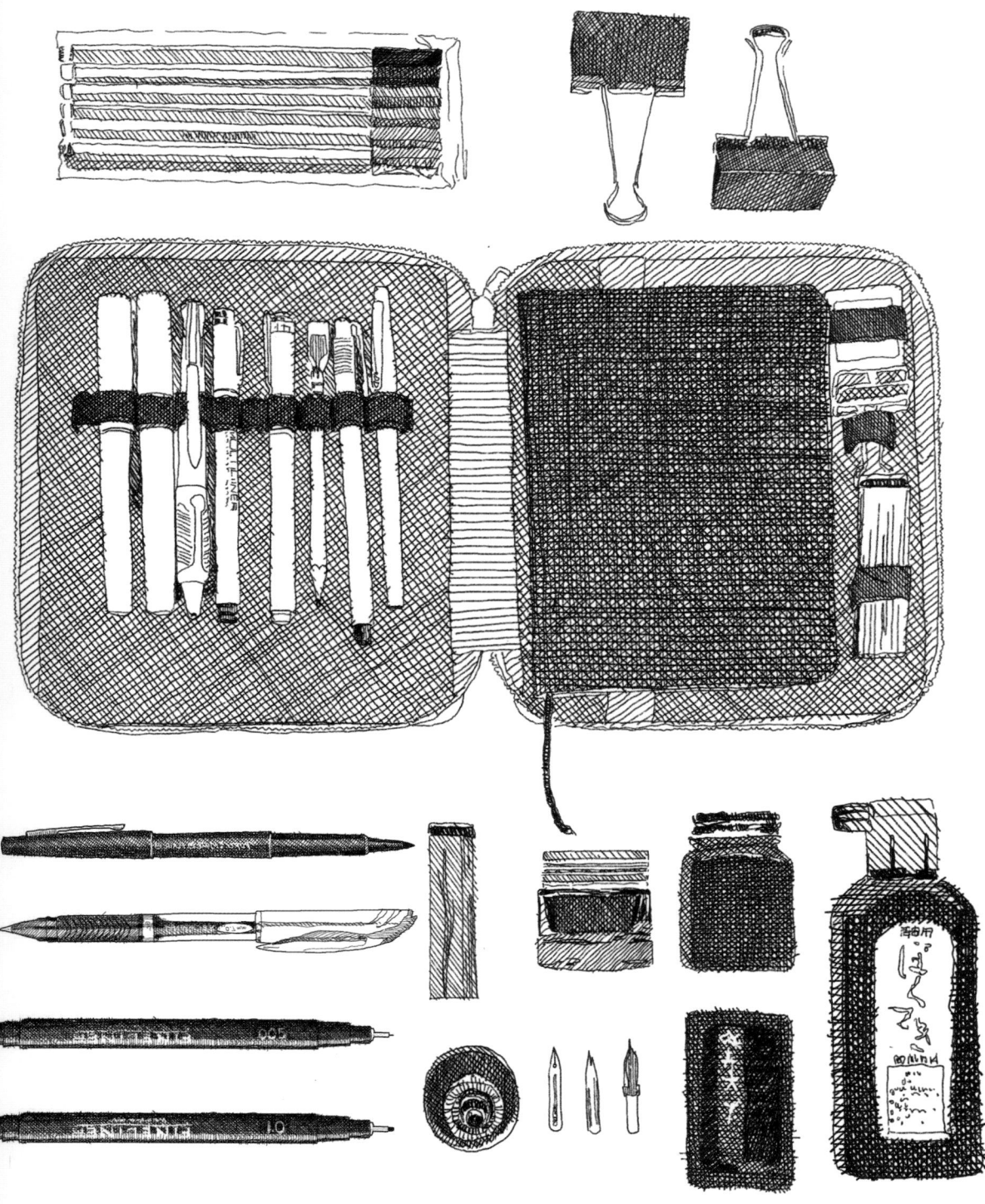

Bolígrafos, plumas y rotuladores

La elección del bolígrafo, la pluma o el rotulador es fundamental. Cada tipo y cada marca tiene unas características determinadas, y encontrar la que mejor se adapte a sus necesidades y a su estilo marcará la diferencia. A base de practicar, aprenderá a distinguir los distintos tipos y a elegir el que le permita obtener desde líneas finas y detalladas hasta trazos más gruesos y marcados. Esta elección influirá directamente en el resultado final de su trabajo, por lo que merece la pena que dedique un tiempo a probar distintas opciones para encontrar la mejor opción para usted.

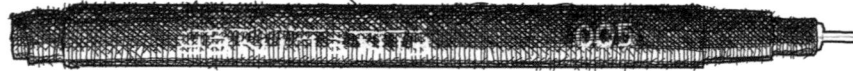

BOLÍGRAFOS DE PUNTA FINA

Los bolígrafos de punta fina están diseñados para trazar líneas precisas. Su punta delgada y rígida permite ejercer un control preciso del trazo, por lo que son ideales para dibujos que requieren exactitud y detallismo. Se comercializan en puntas de distintos grosores calibradas en milímetros, de extrafinas a intermedias.

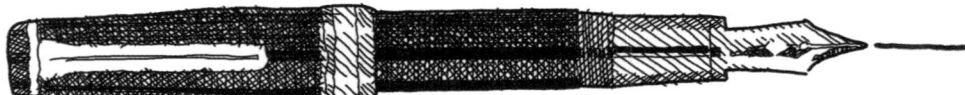

PLUMAS ESTILOGRÁFICAS

Las estilográficas destacan por su capacidad de crear líneas de distintos grosores en función de la presión aplicada por el usuario. Hay plumas de muchos estilos, materiales y plumines distintos, lo que permite personalizarlas para que se adapten a las preferencias de cada uno.

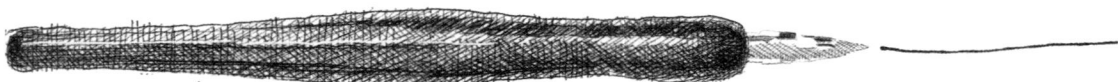

PLUMILLAS

Para dibujar con plumilla, hay que mojar la punta metálica en la tinta antes de realizar cada trazo. Las plumillas se venden con plumines de formas y tamaños distintos, lo que permite obtener diferentes líneas y grosores. Para utilizarlas hay que tener habilidad para controlar el flujo de tinta, y el mantenimiento regular es imprescindible para obtener los mejores resultados.

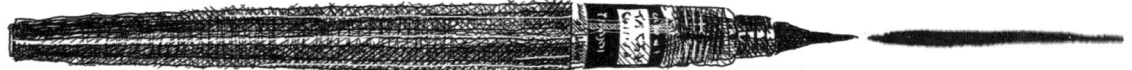

ROTULADORES DE PUNTA DE PINCEL

Los rotuladores de punta de pincel aúnan la comodidad que ofrece un rotulador con la expresividad que permite un pincel. Llevan la tinta incorporada, por lo que no hay necesidad de mojarlos o recargarlos. Al poder llevarse encima y no ensuciar, son una opción muy cómoda para esbozar y dibujar en cualquier momento y lugar.

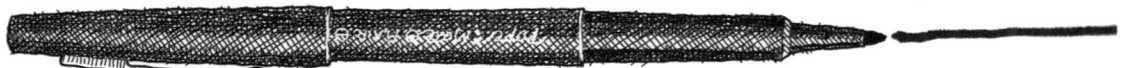

ROTULADORES

Con un rotulador, podrá trazar líneas de una anchura uniforme, por lo que son ideales para realzar contornos y rellenar. Hay rotuladores con puntas de varios tamaños, que ofrecen flexibilidad para técnicas y estilos artísticos distintos.

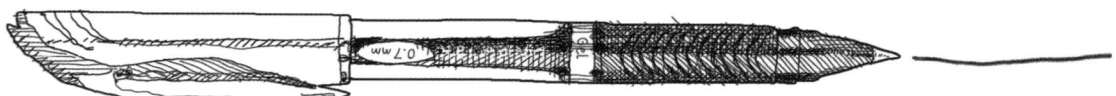

BOLÍGRAFOS DE GEL

Los bolígrafos de gel incorporan una punta de bolígrafo que dispensa tinta en gel sobre el papel y ofrece un flujo de tinta suave y uniforme. Debido a su fluidez y el secado rápido de la tinta, se utilizan mucho para esbozar, delinear contornos y añadir detalles. Hay bolígrafos de gel con puntas de distintos tamaños, lo que permite obtener trazos de anchuras y efectos variados.

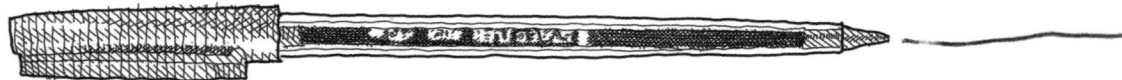

BOLÍGRAFOS

Un bolígrafo dispensa la tinta con fluidez mientras se desplaza por la superficie del papel, con lo que se consiguen líneas precisas y uniformes. Puede regular la presión que ejerce en el bolígrafo, lo que le permitirá realizar trazos sutiles o marcados. Esto no solo potencia el dibujo lineal, sino que también es ideal para las técnicas de sombreado, con las que se consiguen dibujos expresivos y con muchos matices.

Tintas

La elección de la tinta también influye mucho en el resultado y es imprescindible para lograr el efecto deseado en sus proyectos artísticos. Si prueba distintos tipos, descubrirá cuál es el complemento ideal para su técnica, sus preferencias y el efecto visual que desea obtener. Existen muchas opciones, desde tintas tradicionales hasta fórmulas más contemporáneas, todas con sus características y posibilidades únicas.

TINTAS DE COLORANTES

Este tipo de tintas contienen colorantes solubles en un medio líquido, como agua o disolventes. A continuación, se indican sus características principales.

Transparencia e intensidad del color
Las tintas de colorantes son más transparentes y ofrecen colores más vibrantes y saturados que las tintas pigmentadas. Esto es una ventaja a la hora de crear efectos cromáticos llamativos y expresivos.

Fusión sutil del color Debido a su transparencia, las tintas de colorantes permiten fusiones sutiles de colores. Puede superponer tintas para crear nuevos colores y obtener matices con delicadeza.

Potencial para aguadas Puede que las tintas de colorantes no sean tan opacas como las pigmentadas, pero ofrecen un potencial único para obtener aguadas etéreas en los dibujos con tinta.

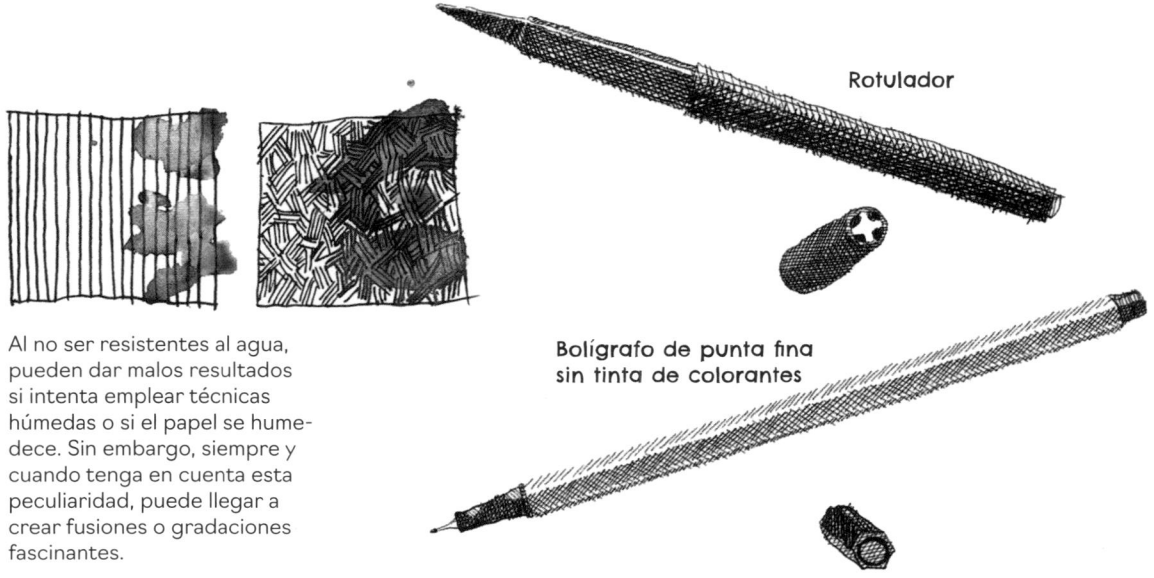

Rotulador

Bolígrafo de punta fina
sin tinta de colorantes

Al no ser resistentes al agua, pueden dar malos resultados si intenta emplear técnicas húmedas o si el papel se humedece. Sin embargo, siempre y cuando tenga en cuenta esta peculiaridad, puede llegar a crear fusiones o gradaciones fascinantes.

TINTAS PIGMENTADAS

Las tintas pigmentadas contienen partículas de pigmentos sólidos suspendidas en un medio líquido. Estos pigmentos sólidos aportan coloración al líquido y permanecen en la superficie del sustrato cuando la tinta se seca. Las tintas pigmentadas ofrecen ventajas como la opacidad, la resistencia al agua y la durabilidad.

Sin embargo, cuando las utilice en una pluma estilográfica, deberá tener algo más de precaución: si la tinta pigmentada se seca en la plumilla, las partículas de los pigmentos sólidos podrían obstruir los canales de flujo de tinta, lo que repercutiría en el rendimiento de la estilográfica. Por tanto, se recomienda limpiar asiduamente la estilográfica y evitar dejar tinta pigmentada largo tiempo sin usar para evitar obstrucciones. A continuación, se indican sus características principales.

Opacidad y solidez del color Las tintas pigmentadas suelen ser más opacas y ofrecen una mayor solidez del color que las de colorantes. Esto garantiza que las líneas quedan más definidas y sean duraderas, con menos probabilidad de que se destiñan con el tiempo.

Sombreado y gradaciones Debido a su opacidad, las tintas pigmentadas son ideales para las técnicas de sombreado. Las capas de tinta pueden solaparse para crear sombras y gradaciones de colores.

Resistencia al agua Una vez secas, las tintas pigmentadas suelen ser resistentes al agua, por lo que puede utilizarlas sin temor a que se emborronen o se destiñan sin querer.

Precio Estas tintas son más caras que las de colorantes debido a la complejidad del proceso de fabricación.

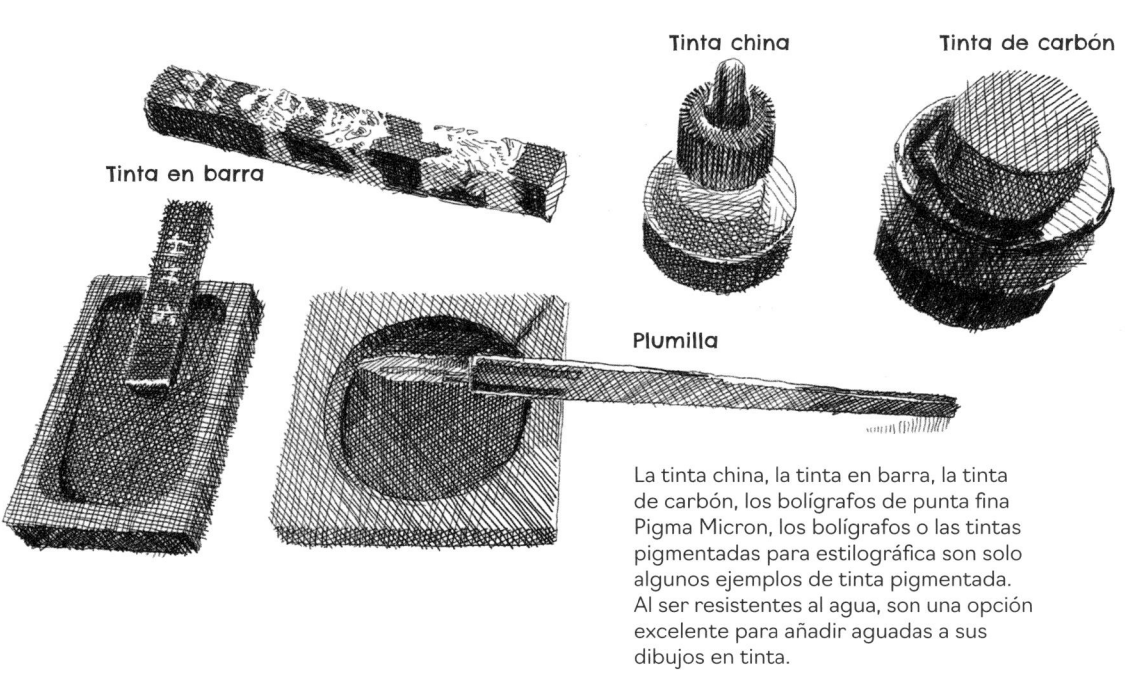

Tinta china

Tinta de carbón

Tinta en barra

Plumilla

La tinta china, la tinta en barra, la tinta de carbón, los bolígrafos de punta fina Pigma Micron, los bolígrafos o las tintas pigmentadas para estilográfica son solo algunos ejemplos de tinta pigmentada. Al ser resistentes al agua, son una opción excelente para añadir aguadas a sus dibujos en tinta.

Pinceles

Hay dos tipos de pinceles: los recargables y los tradicionales. La elección depende en buena medida de la práctica y el tipo de dibujo que realice.

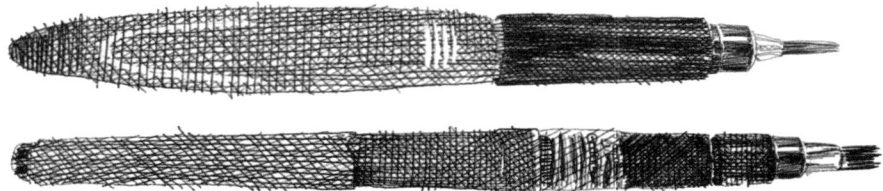

PINCELES RECARGABLES

La gran ventaja de este tipo de pinceles es la facilidad que ofrecen para dibujar en cualquier lugar. Pueden cargarse con tintas diferentes o diluidas, y son de gran ayuda para crear sombras rápidas.

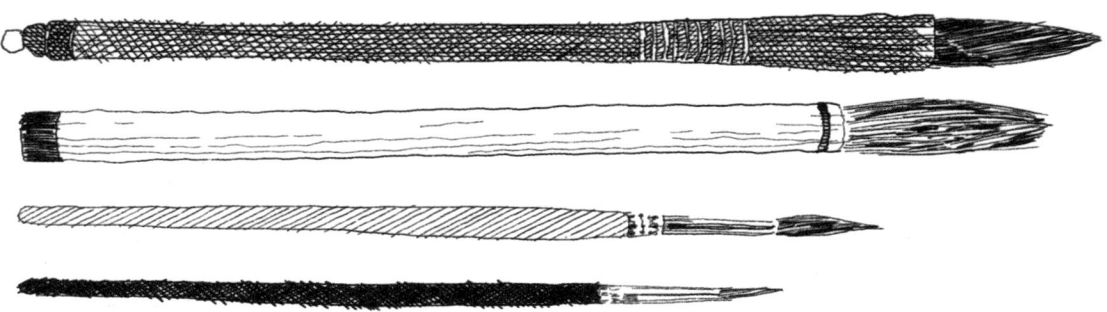

PINCELES TRADICIONALES

Dentro de la categoría de los pinceles tradicionales hay muchos parámetros para elegir, como el tipo de cerdas, la longitud o el grosor. En función de la cantidad y la calidad de las cerdas, los pinceles pueden cargarse con más o menos tinta, pero siempre deben ir acompañados de un recipiente con tinta aparte. Por eso están más indicados para trabajar sin prisas y sobre una mesa, donde hay espacio para el material.

Papel

Lejos de ser un mero soporte, el papel constituye un vasto universo que hay que descubrir, y su elección es importante para que la experiencia del dibujante resulte satisfactoria. Procure que tenga una buena absorción que le permita mantener un flujo de trabajo constante, así como una textura adecuada al tipo de trabajo que realice y al tipo de tinta que utilice.

Cuando se trabaja con tinta, hay que tener en cuenta el peso del papel. El que está indicado para este tipo de dibujo suele tener un gramaje mínimo de 80 gramos por metro cuadrado (g/m^2). Es ideal para esbozos rápidos, sobre todo si no requieren un relleno pesado, puesto que la tinta tiende a filtrarse.

La mejor opción es el papel de entre 100 y 200 g/m^2. Dentro de este margen, el papel tiene la capacidad de absorber la tinta de manera uniforme, lo que garantiza que no traspasa la hoja.

Por encima de 200 g/m^2, el papel es lo bastante robusto para utilizar la tinta en húmedo. Con este gramaje, pueden aplicarse aguadas y otras técnicas que requieren una mayor carga de líquido sin que esto afecte negativamente al papel.

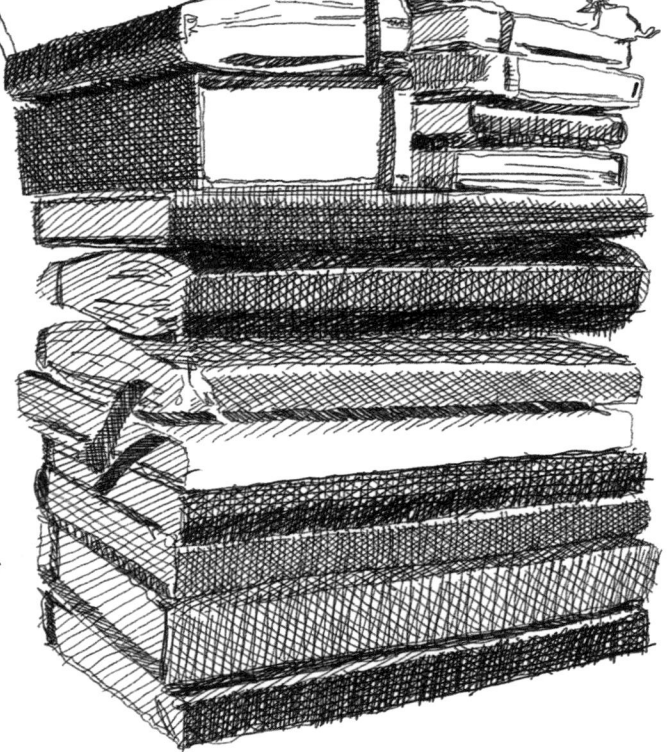

Cuando elija un cuaderno de dibujo, piense no solo en el tipo y el gramaje del papel, sino también en la presentación y el formato. Una de las cosas en las que más me fijo es que, al abrirlo, quede completamente plano. Esto es fundamental porque permite trabajar sin el engorro de la unión de las páginas, lo que facilita la creación a doble página y garantiza una experiencia de dibujo fluida y sin obstáculos.

Material adicional

Desde soportes y accesorios hasta estuches y utensilios adicionales, el mundo del dibujo ofrece una variedad de materiales que pueden enriquecer o complicar el proceso artístico. En este apartado enumero algunas de las cosas que suelo emplear cuando dibujo.

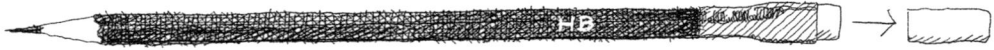

LÁPICES Y GOMAS DE BORRAR

Cuando tengo que elegir un lápiz para mis primeros esbozos con tinta, principalmente tengo en cuenta la dureza del grafito. Prefiero un lápiz de mina resistente pero no demasiado dura, lo que equivale a un HB. Tenga en cuenta que, en algunas marcas, la designación HB puede indicarse con otro nombre. Lo más importante es que se trata de un lápiz de dureza media. En cuanto a las gomas de borrar, cuanto más suaves, mejor, para no estropear el papel cuando las utilice.

Puede comprar lápices con gomas intercambiables, así combinará ambos elementos en uno solo y reducirá la cantidad de utensilios que necesita llevar encima.

SILLA PLEGABLE PARA DIBUJAR

A menudo, cuando no se dibuja en una mesa o en el estudio, puede resultar difícil encontrar un lugar adecuado para sentarse y tener una vista precisa del motivo. Muchos artistas no se sienten cómodos cuando dibujan de pie. Por eso no está de más añadir una silla plegable diseñada especialmente para dibujar al kit básico.

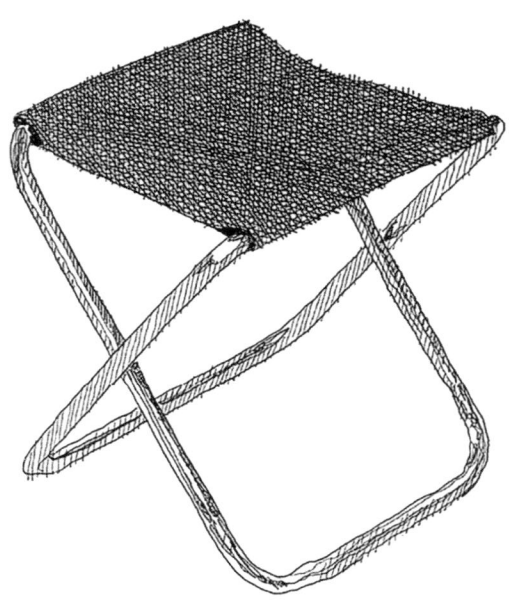

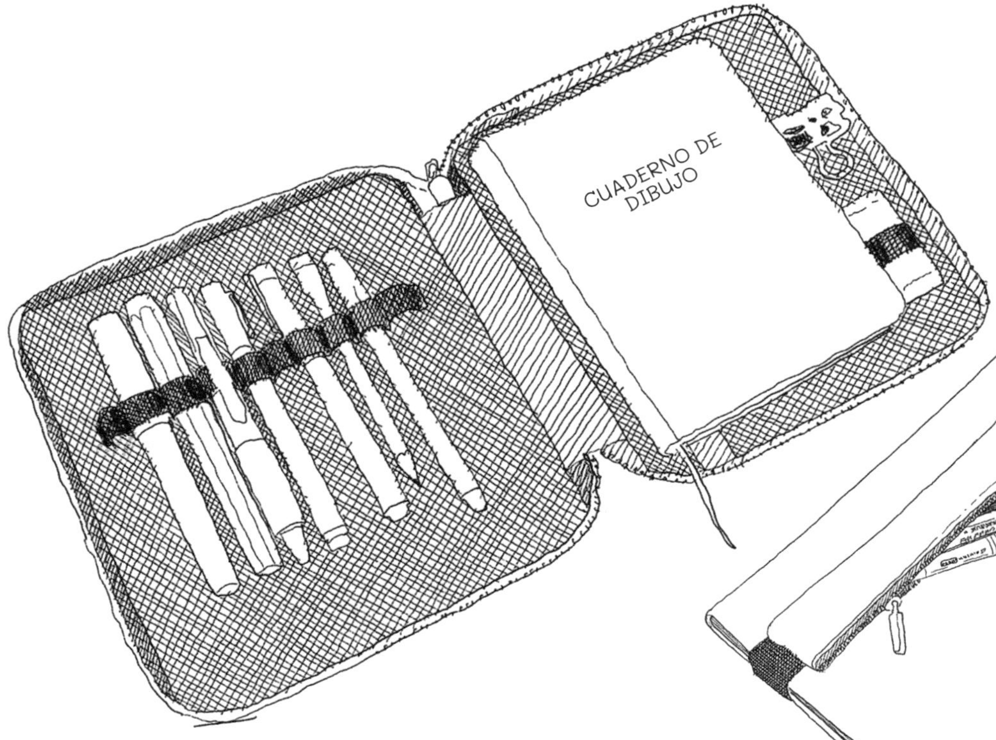

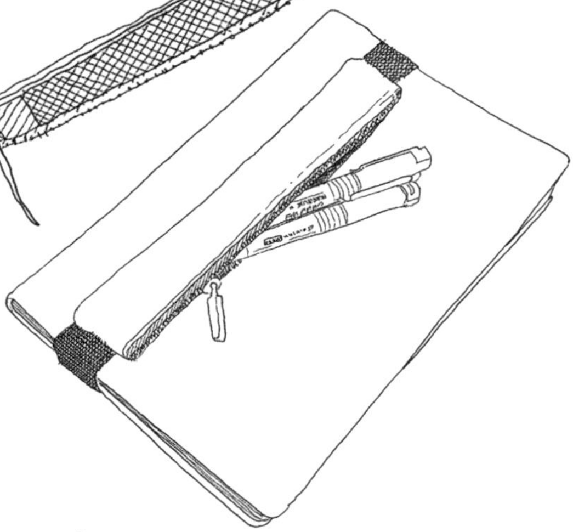

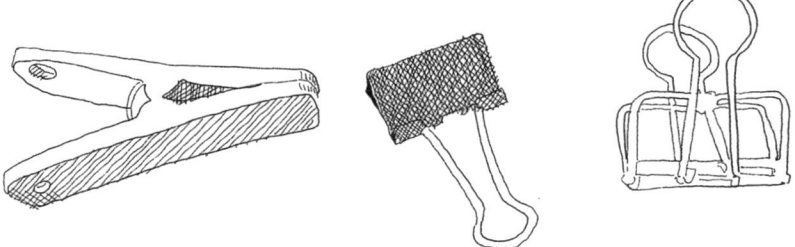

ESTUCHES Y GOMAS ELÁSTICAS

Su objetivo debería ser tener siempre a mano todo lo que necesita para dibujar, esté donde esté. En este sentido, resultan imprescindibles los estuches. En algunos caben el cuaderno de dibujo y otros materiales, mientras que otros están diseñados para acoplarse al cuaderno. Los primeros permiten llevar más objetos, y los segundos son más ligeros y ocupan menos espacio.

CLIPS

Tanto si dibuja en una mesa como al aire libre, le irán muy bien un par de clips para sujetar las hojas.

TÉCNICAS

Este capítulo es una guía práctica de las técnicas de ilustración con tinta. Primero, veremos cómo agarrar el bolígrafo para realizar trazos efectivos y, después, estudiaremos las técnicas básicas con la utilización de diversas herramientas de dibujo. Hablaremos del rayado, el rayado cruzado, el rayado de contorno, el punteado, el rayado corto, la trama y los garabatos, y descubriremos que cada técnica crea efectos únicos. Analizaremos la importancia de dar grosor a las líneas y variar la presión, así como de emplear valores tonales y texturas para insuflar vida a los dibujos. También veremos algunos errores habituales, y compartiré mis preferencias con usted.

Además, encontrará una serie de ejercicios prácticos que combinan varias técnicas para que consolide su dominio del arte de la ilustración con tinta.

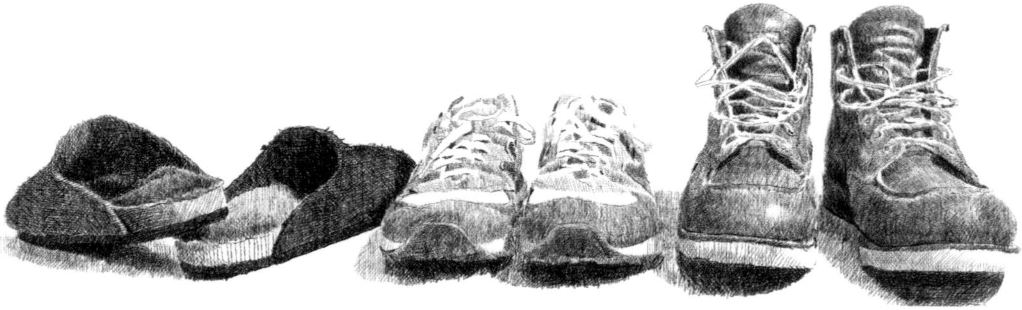

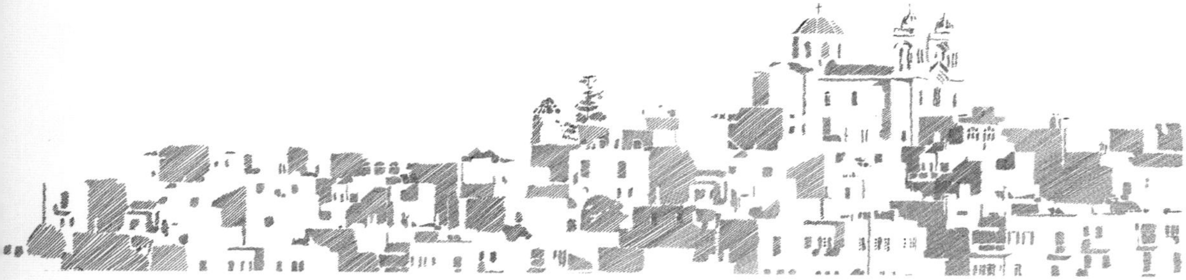

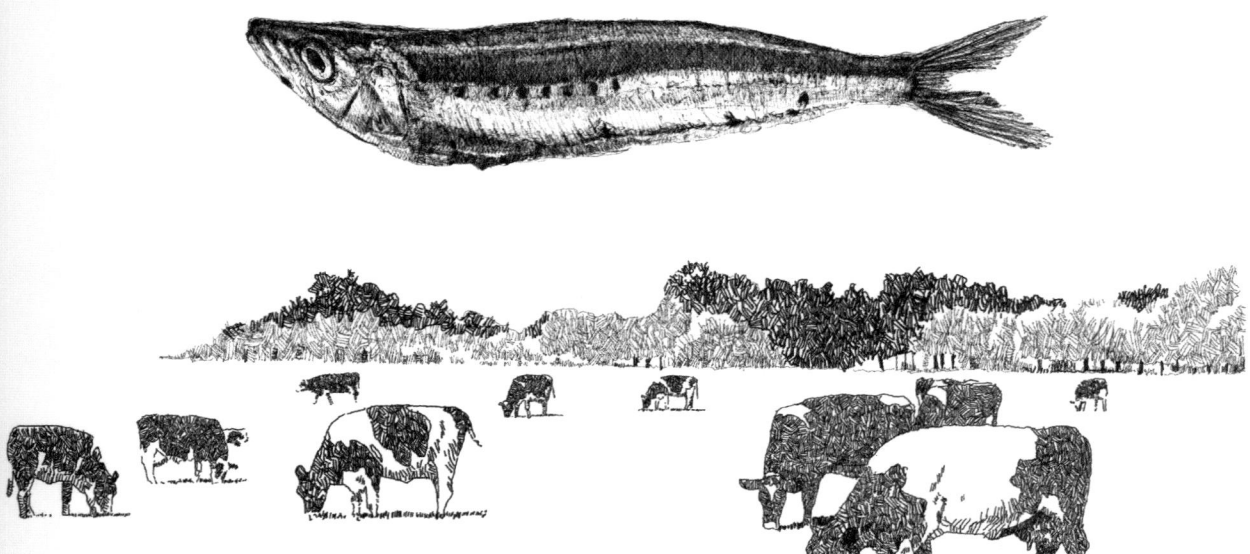

Cómo agarrar el bolígrafo

El modo en el que agarra el bolígrafo cuando dibuja es una expresión personal de su relación con el arte. No existe una única forma de hacerlo, puesto que cada quien adapta la mano y los trazos en función de la manera en la que lo sujeta naturalmente.

AGARRE

No se limite a un solo agarre. Pruebe distintas posiciones hasta que encuentre la que le resulte más cómoda y le dé más libertad de movimientos.

1. Si sujeta el bolígrafo de manera relajada, agarrándolo lejos de la punta, sus trazos quedarán libres y fluidos, con lo que imprimirá una mayor personalidad a sus dibujos.

2. Para los detalles más pequeños, ajuste un poco el agarre y acerque más los dedos a la punta. Así, las líneas de las zonas delicadas del dibujo quedarán más bien definidas.

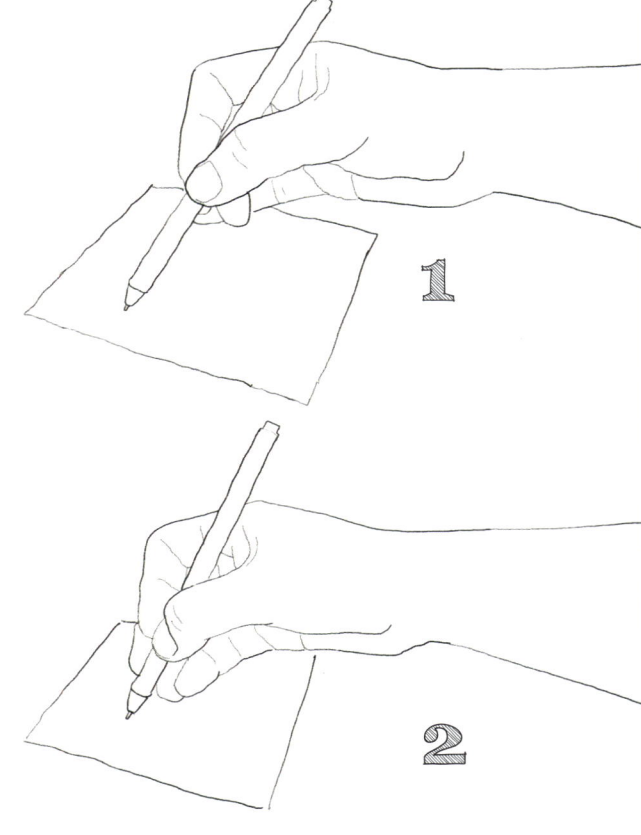

MI PREFERENCIA

En mi caso, con la práctica he descubierto que, si agarro el bolígrafo lejos de la punta de manera relajada, doy más libertad de movimientos a los trazos. Esta sujeción menos tensa también tiene se refleja positivamente en mi comodidad y mi bienestar físico cuando dibujo. Al ejercer menos presión con la mano y la muñeca, puedo alargar las sesiones sin padecer la fatiga o la tensión muscular que se producen cuando agarro el bolígrafo con fuerza.

Con esta técnica también obtengo más control sobre el grosor y la variación de las líneas, lo que facilita la transición entre los

COMODIDAD FÍSICA Y SUPERFICIES

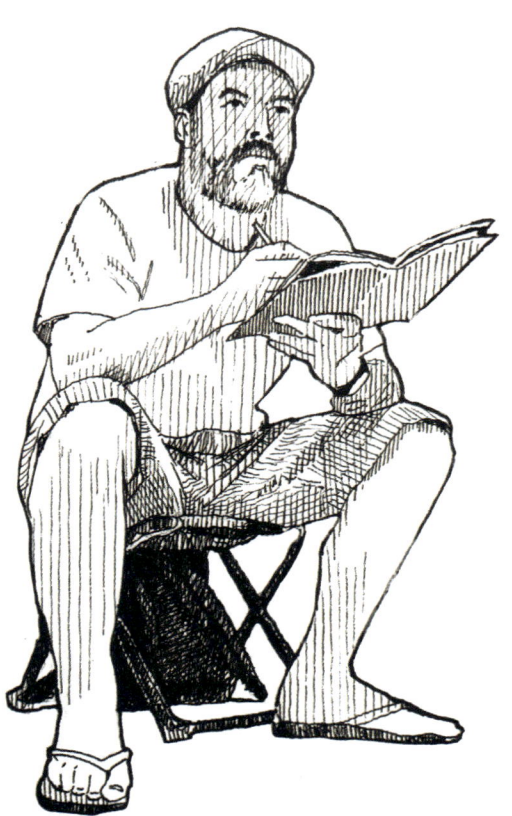

La manera de sujetar el bolígrafo influye en la comodidad física y puede marcar la diferencia del proceso creativo. La adopción de un agarre más relajado y la ampliación de los puntos de apoyo de la mano no solo mejoran la experiencia, sino que también influyen directamente en la productividad.

Es fundamental distinguir entre dibujar al aire libre, cuando no siempre es posible apoyar cómodamente el cuaderno y la mano, y dibujar en una superficie estable, como una mesa. En la calle cuesta encontrar puntos de apoyo, por lo que la mano tiene menos estabilidad. Por el contrario, sentados cómodamente en una mesa con ambos brazos apoyados en ella tenemos una base sólida que mejora tanto el control como la precisión.

Es imprescindible ser consciente de las limitaciones del entorno físico y adaptarse en consecuencia. Por consiguiente, la comodidad física se convierte en un aliado indispensable para mejorar la expresión artística, tanto en medio del bullicio de la calle como en la tranquilidad de su espacio de trabajo.

distintos trazos. Sin embargo, para los detalles más pequeños, ajusto ligeramente el agarre y acerco más los dedos a la punta para obtener líneas más precisas.

Al fin y al cabo, agarrar el bolígrafo sin apretar no es solo una técnica, sino también una invitación a explorar un nuevo tipo de

expresión artística. Nos recuerda que la relación que mantenemos con nuestras herramientas de dibujo es igual de importante que la técnica, y puede llevarnos a descubrir todo un mundo de nuevas posibilidades creativas.

Tipos de líneas

En la técnica de la ilustración con tinta, es imprescindible dominar el trazo de líneas de diferentes longitudes y estilos. Existen tres tipos de líneas fundamentales que se adaptan a distintas necesidades y expresiones artísticas. Desde las líneas más cortas ejecutadas con la delicadeza de los dedos hasta las líneas más largas trazadas con la fuerza del codo, cada tipología se diferencia no solo por la longitud, sino también por la parte del brazo en la que se basa y el punto de apoyo requerido.

LÍNEAS DE DEDOS

Las líneas de dedos son trazos cortos de 0 a 5 cm de largo. Esta medida se corresponde con la amplitud natural de movimiento de los dedos cuando agarramos el bolígrafo. Para ampliar y flexibilizar este tipo de trazo, agarre el bolígrafo de manera más relajada.

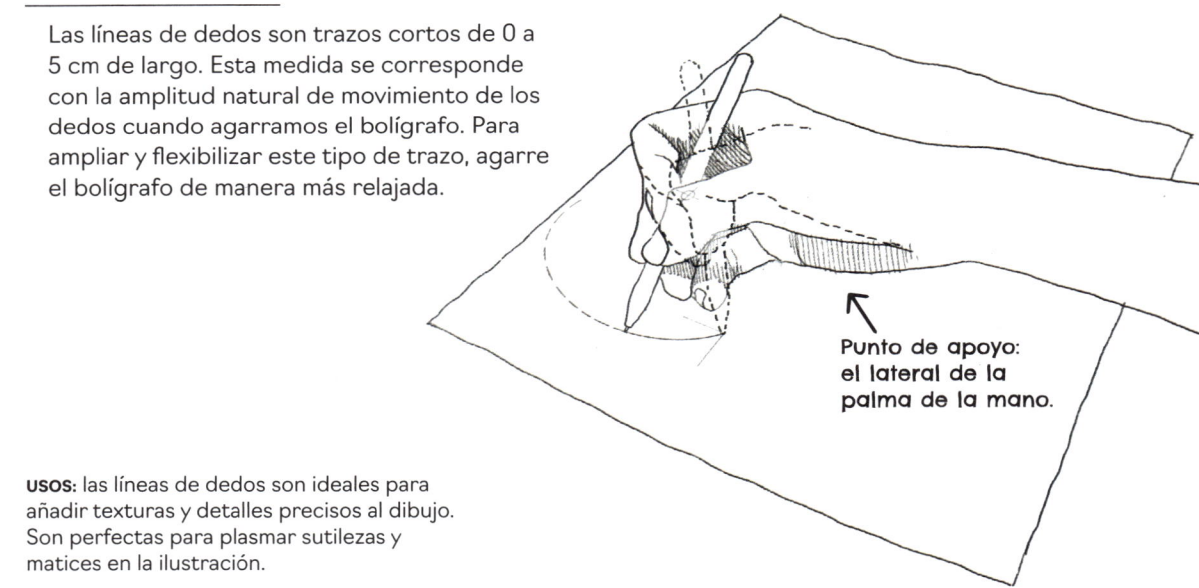

Punto de apoyo: el lateral de la palma de la mano.

USOS: las líneas de dedos son ideales para añadir texturas y detalles precisos al dibujo. Son perfectas para plasmar sutilezas y matices en la ilustración.

POR QUÉ DEBERÍA CONOCER LOS TRES TIPOS DE LÍNEAS

Cuando entienda estos tipos de líneas y practique con ellos, no solo mejorará su técnica, sino que podrá plasmar muchos más detalles y emociones en sus dibujos. Si bien es natural que dibujar líneas distintas a las habituales resulte pesado, una buena manera de mitigar esta sensación y alargar las sesiones de práctica consiste en pensar en distintos puntos de apoyo de la mano y controlar la respiración. Cuando domine a la perfección

LÍNEAS DE MUÑECA

Estas líneas son algo más largas, entre 5 y 20 cm. Para ejecutarlas, utilice la muñeca como punto de giro para mover el bolígrafo de una posición a otra. El punto de apoyo preferente suele ser el antebrazo, puesto que la mano necesita separarse del papel para permitir el movimiento de la muñeca.

LÍNEAS DE HOMBRO

Las líneas de hombro son los trazos más largos que pueden realizarse. La base es todo el brazo, por lo que son ideales para realizar trazos a gran escala. Su aplicación más habitual es la creación de contornos en dibujos de mayor tamaño.

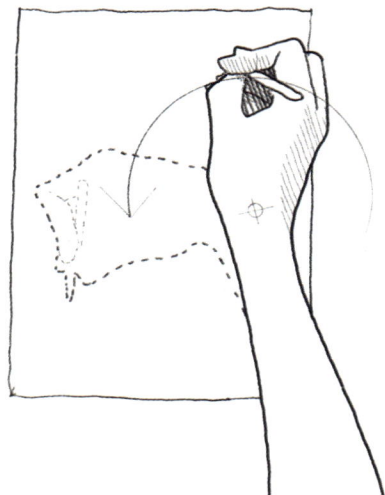

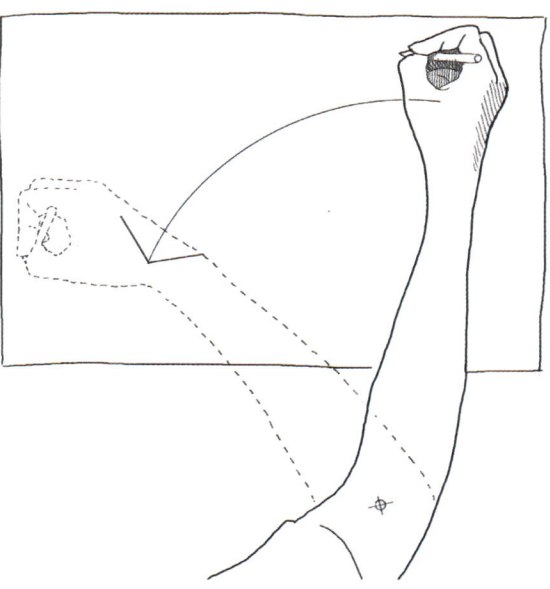

USOS: las líneas de muñeca son esenciales para definir los contornos del dibujo. Además, ayudan a crear tonos y valores, añadiendo profundidad y forma a las composiciones.

USOS: las líneas de hombro dan amplitud y fluidez a los trazos, por lo que son imprescindibles para definir contornos en dibujos a gran escala. Son la herramienta principal cuando se requiere precisión y continuidad en trabajos de mayor tamaño.

los tres tipos de líneas, se le abrirán las puertas a un mundo infinito de posibilidades creativas y afianzará su capacidad de plasmar la visión única que cada artista lleva dentro.

Contornos: líneas rectas

Las líneas rectas son trazos continuos y uniformes que unen dos puntos en una misma dirección. Carecen de curvas o ángulos, manteniendo una trayectoria constante. Las líneas rectas son imprescindibles para definir contornos, bordes y estructuras geométricas. De longitudes, grosores y orientaciones diversas, se utilizan para representar distintos elementos visuales, desde la sencillez de un contorno bien definido hasta la complejidad de motivos como el rayado.

LÍNEAS CONTINUAS

Las líneas continuas se utilizan para definir el contorno externo de los objetos.

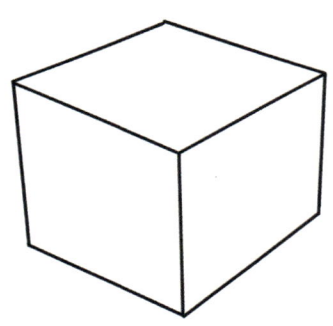

LÍNEAS DISCONTINUAS

Formadas por segmentos cortos y espacios intermedios, las líneas discontinuas crean un efecto visual que podrían sugerir bordes lisos o líneas ocultas.

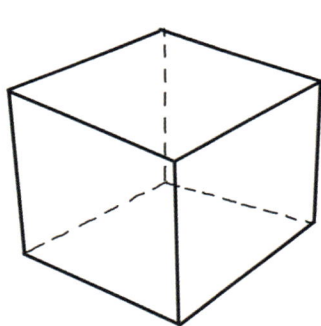

CONSIDERACIONES

- Adopte una postura cómoda y procure mantener un buen control del brazo para realizar movimientos fluidos y precisos.

- Para lograr un aspecto uniforme, dibuje la línea con un movimiento continuo en lugar de intervalos cortos.

- Concéntrese en un punto de referencia al final de la línea prevista. Mientras dibuja, observe este punto en lugar de mirar la punta del bolígrafo. Esto lo ayudará a guiar la mano y mantener recta la línea.

- Controle la presión que ejerce en el bolígrafo para trazar líneas uniformes. Ajústela en función del trazo previsto.

- No pierda de vista el trazo y el punto de referencia de la línea, y ajústelo si fuera necesario.

RAYADO

Estas líneas paralelas se utilizan para representar sombras, texturas o tonos en varias direcciones y de distintas densidades.

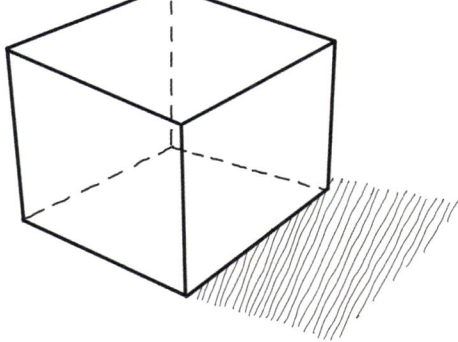

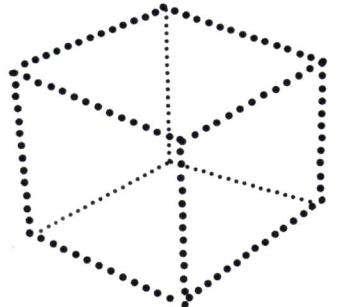

LÍNEAS DE PUNTOS

Las líneas de puntos van bien para dibujar contornos con más sutileza o realzar objetos con personalidad y delicadeza.

- Procure mantener un ritmo continuo cuando trace líneas. Si la velocidad es constante, la línea quedará uniforme y evitará que se produzcan variaciones innecesarias.

- Pruebe con líneas de distintos grosores para aportar dinamismo al dibujo y realzarlo. Para ello, ajuste la presión que ejerce con la herramienta de dibujo.

- Trace líneas rectas de longitudes y orientaciones diferentes para crear texturas. Si agrupa las líneas, obtendrá distintos efectos visuales.

- Procure mantener estable la mano para evitar temblores.

Contornos: líneas curvas

Las líneas curvas son trazos que siguen una trayectoria continua y no lineal, cambiando constantemente de dirección. Al contrario que las líneas rectas, exhiben ondulaciones y arcos a lo largo de su trayectoria. Las líneas curvas son esenciales para representar formas orgánicas, puesto que suavizan los contornos y crean una sensación de movimiento o fluidez. Pueden variar de amplitud, radio y dirección, desde la sencillez de un arco hasta la energía de una línea en espiral.

ARCOS

Un arco es una línea curva que representa una porción continua de un círculo. Este trazo, caracterizado por su uniformidad, se utiliza para plasmar una transición fluida y armoniosa entre dos puntos.

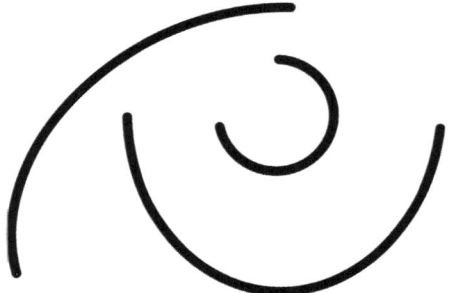

ONDAS

Las ondas son trazos curvos que imitan la ondulación de las olas del mar. Van muy bien para plasmar texturas suaves y fluidas. Además, son imprescindibles para crear efectos visuales que implican un movimiento continuo y fluido.

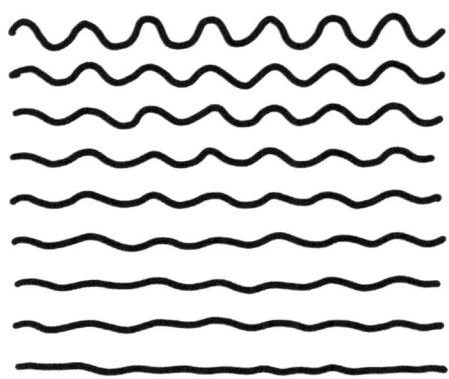

LÍNEAS SINUOSAS

Las líneas sinuosas son trazos suavemente curvos que siguen una trayectoria impredecible. Crean la sensación de senderos o cursos de agua serpenteantes, lo que infunde un toque natural y orgánico a la composición. Estas líneas aportan espontaneidad al dibujo al imitar los motivos irregulares de la naturaleza.

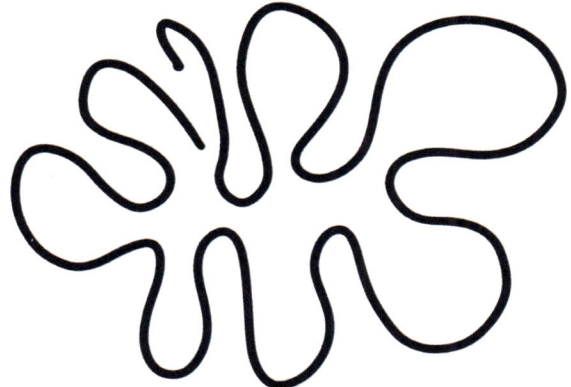

ESPIRALES

Las líneas espirales son trazos curvos que giran en torno a un punto central en forma de tirabuzón, y se utilizan para crear efectos visuales dinámicos o realzar zonas determinadas.

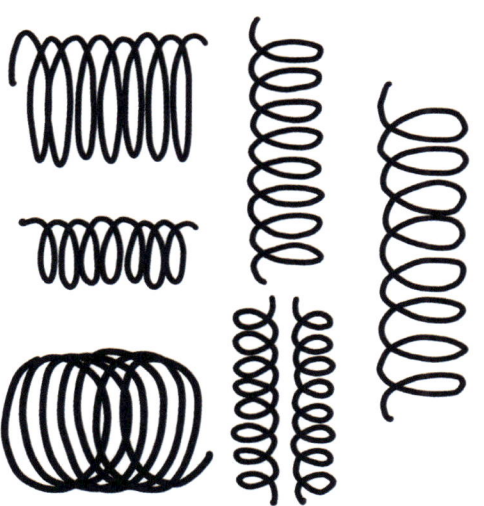

CONSIDERACIONES

- Dibuje las líneas curvas con un movimiento continuo y fluido. Evite movimientos bruscos para que queden más naturales.

- Deje la muñeca suelta para trazar los giros y los movimientos curvos sin rigidez, de este modo las curvas quedarán más orgánicas.

- Identifique el centro imaginario de rotación y ajuste el movimiento en consecuencia.

- Utilice puntos de referencia o marcadores visuales para mantener una forma coherente cuando dibuje líneas curvas más largas.

- Recuerde que, al igual que sucede con las líneas rectas, con la práctica habitual mejorará su habilidad para trazar líneas curvas con precisión y estilo.

Rayado

El rayado consiste en trazar una serie de líneas paralelas para crear sombras y profundidad. Al ajustar el espaciado (la densidad) y la anchura (la presión) de la línea, se obtienen sombreados sutiles y contrastes marcados. El rayado también se utiliza para delinear contornos.

ESTA PÁGINA Para crear ilustraciones como esta, conviene trazar las líneas de manera uniforme. Fíjese en que los trazos siguen la misma dirección, lo que confiere al dibujo un aspecto nítido y unos contornos fáciles de identificar.

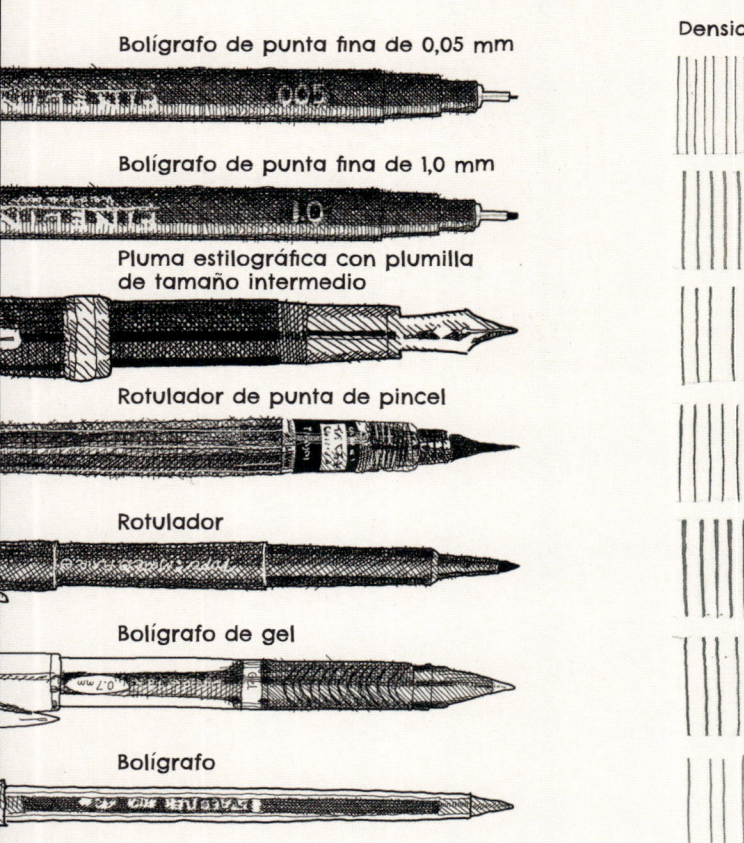

Bolígrafo de punta fina de 0,05 mm

Bolígrafo de punta fina de 1,0 mm

Pluma estilográfica con plumilla de tamaño intermedio

Rotulador de punta de pincel

Rotulador

Bolígrafo de gel

Bolígrafo

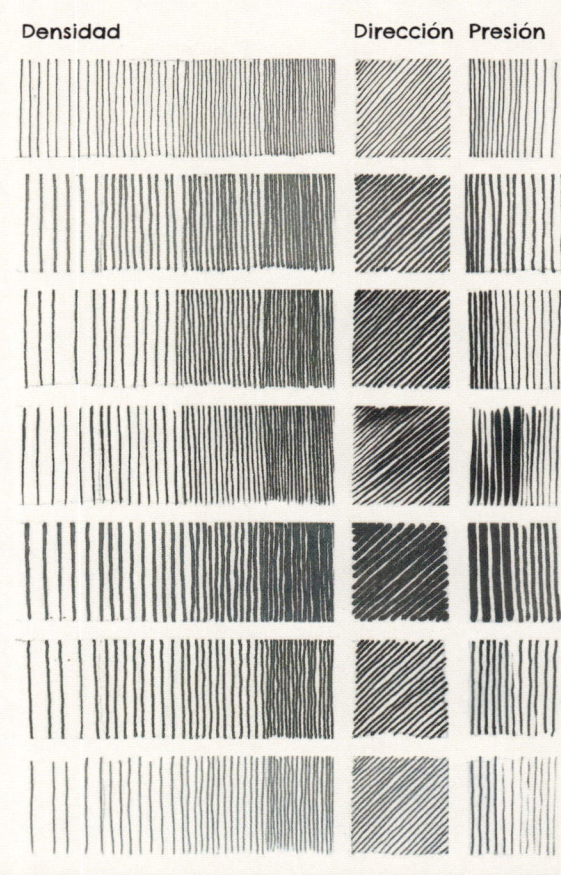

Densidad · Dirección · Presión

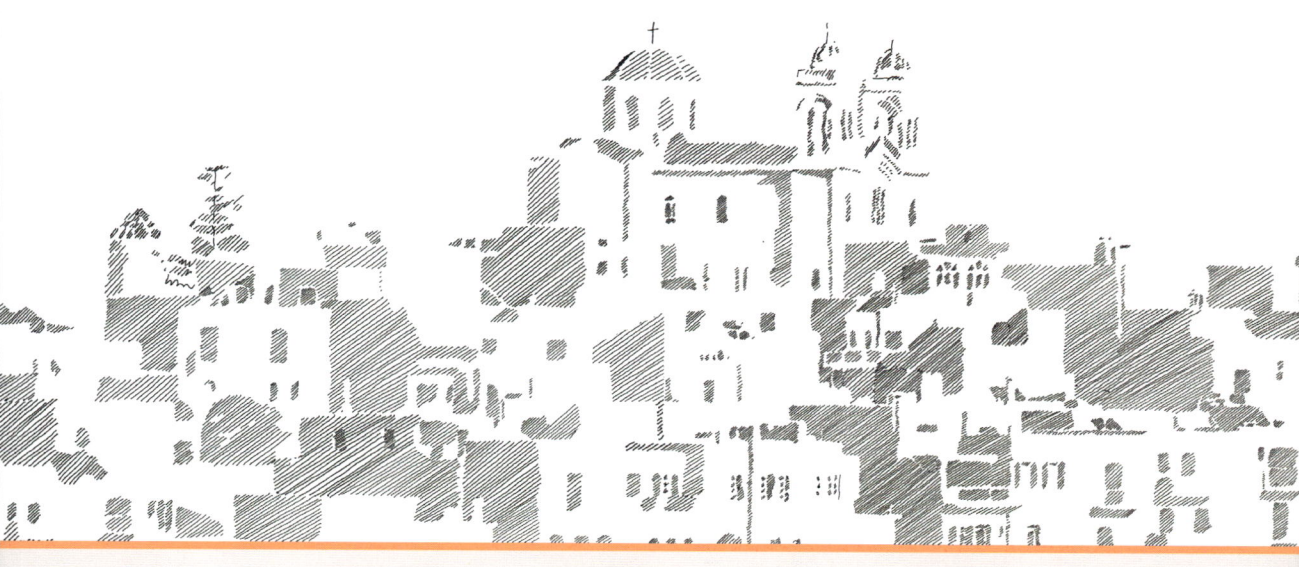

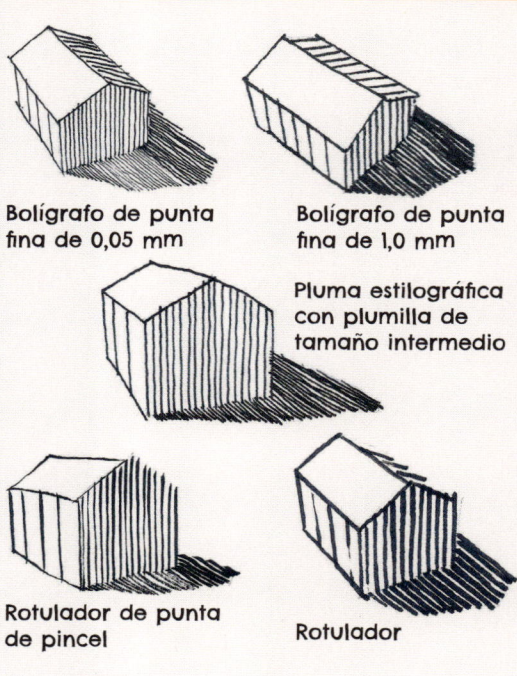

Bolígrafo de punta fina de 0,05 mm

Bolígrafo de punta fina de 1,0 mm

Pluma estilográfica con plumilla de tamaño intermedio

Rotulador de punta de pincel

Rotulador

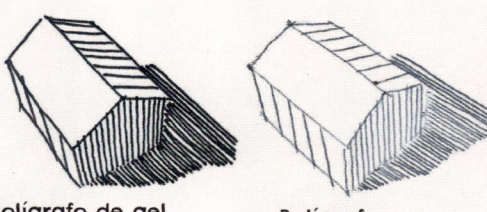

Bolígrafo de gel

Bolígrafo

MI PREFERENCIA

Cuando sombreo en una misma dirección, lo hago en vertical. Es la dirección que me sale con más naturalidad sin tener que mover el papel. Sin embargo, cuando dibujo arquitectura, me parecen más adecuadas las líneas en diagonal. Al trazarlas de este modo, se evita que se confundan con los contornos del motivo, con lo que la representación queda más clara y definida.

ERROR HABITUAL

Incoherencia de la densidad de la línea: es imprescindible mantener la coherencia en la densidad de las líneas para que el sombreado quede uniforme. Las variaciones de la cantidad de líneas pueden causar efectos inesperados o indeseables en el sombreado, creando zonas que se ven más oscuras o claras de lo que se pretendía.

EJERCICIO

Trace líneas en una misma dirección para definir los contornos y los detalles de un dibujo sencillo. Esto no solo mejorará su técnica del rayado, sino también su habilidad para trazar con eficacia el contorno de las formas.

Rayado cruzado

El rayado cruzado consiste en realizar una serie de líneas paralelas entrecruzadas. En general, las líneas se trazan en diagonal, y tanto la densidad como el grosor y la dirección pueden modificarse.

ESTA PÁGINA El nido de rayado cruzado se ha creado con un bolígrafo de punta fina para dibujar trazos en múltiples direcciones en las zonas sombreadas. Fíjese en que la profundidad del nido se ha conseguido al aumentar la presión y la densidad de los trazos, en contraste con el espacio negativo de los huevos, que centran la atención en el motivo.

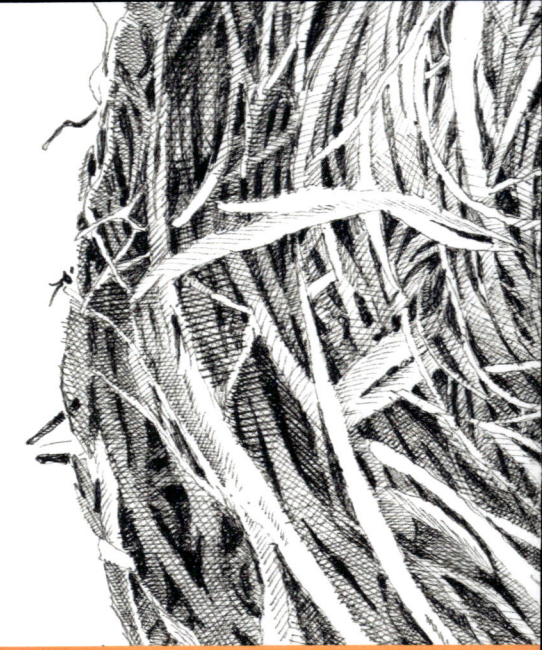

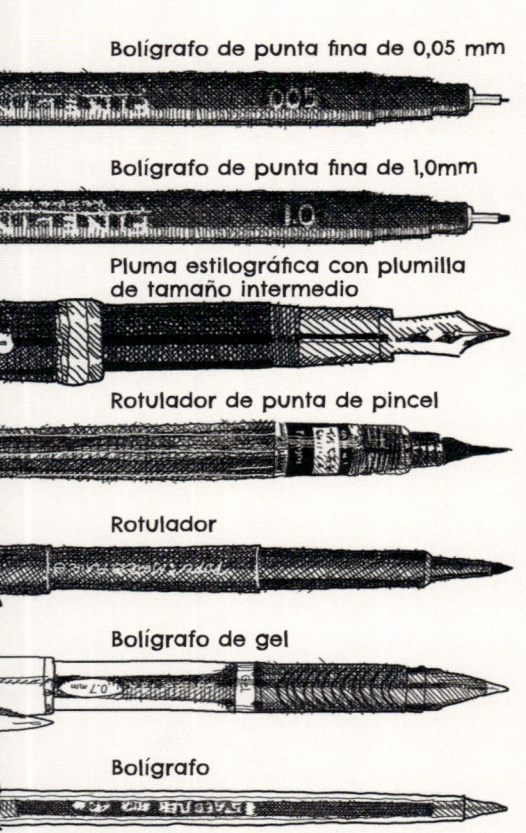

Bolígrafo de punta fina de 0,05 mm

Bolígrafo de punta fina de 1,0mm

Pluma estilográfica con plumilla de tamaño intermedio

Rotulador de punta de pincel

Rotulador

Bolígrafo de gel

Bolígrafo

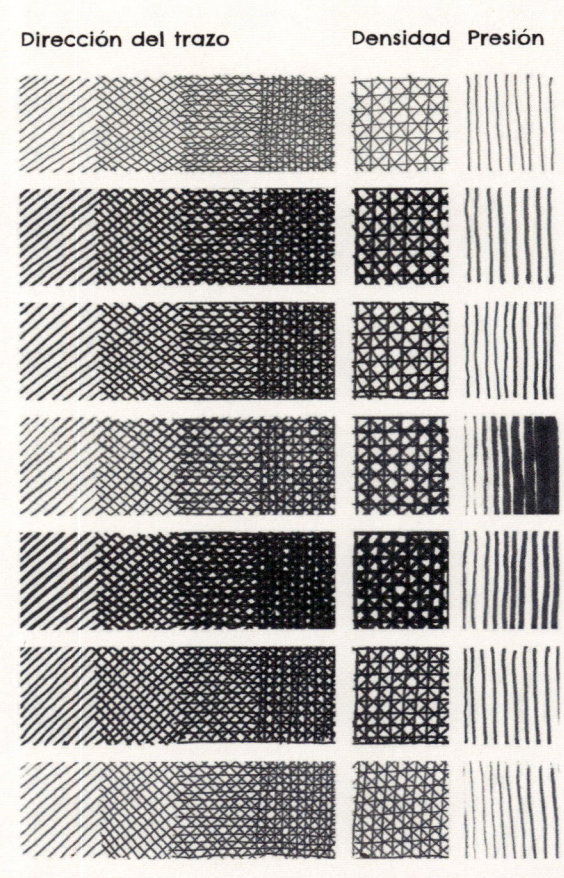

Dirección del trazo   Densidad Presión

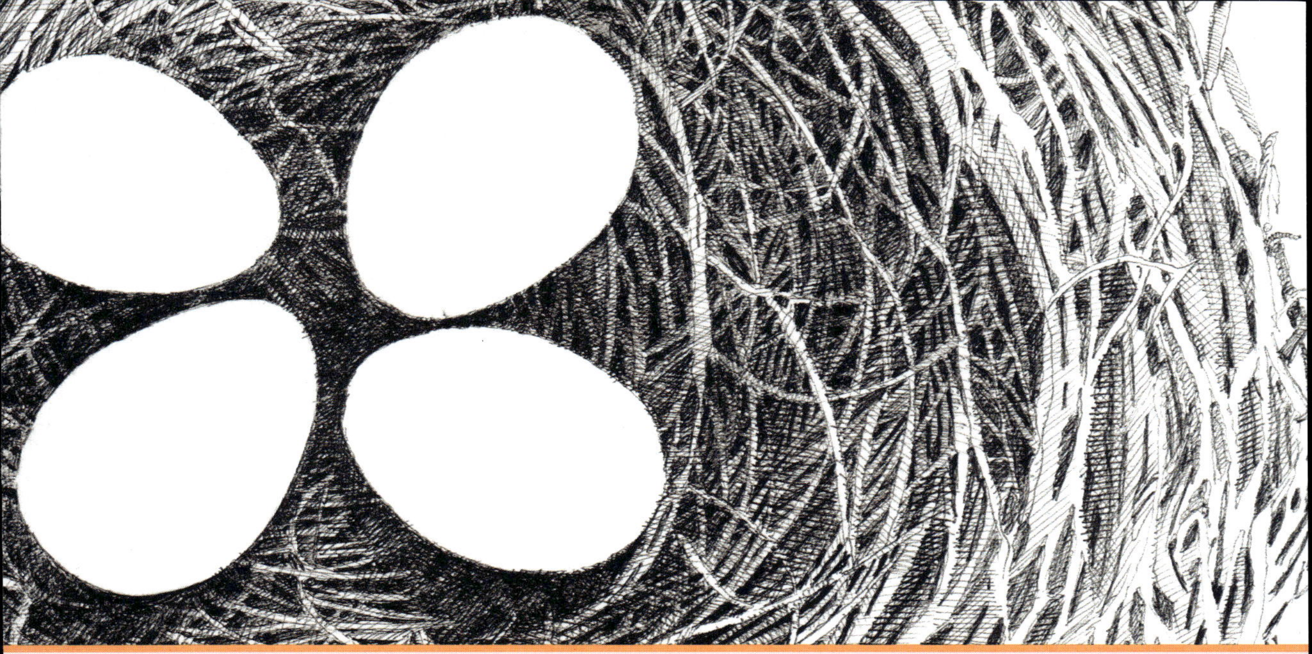

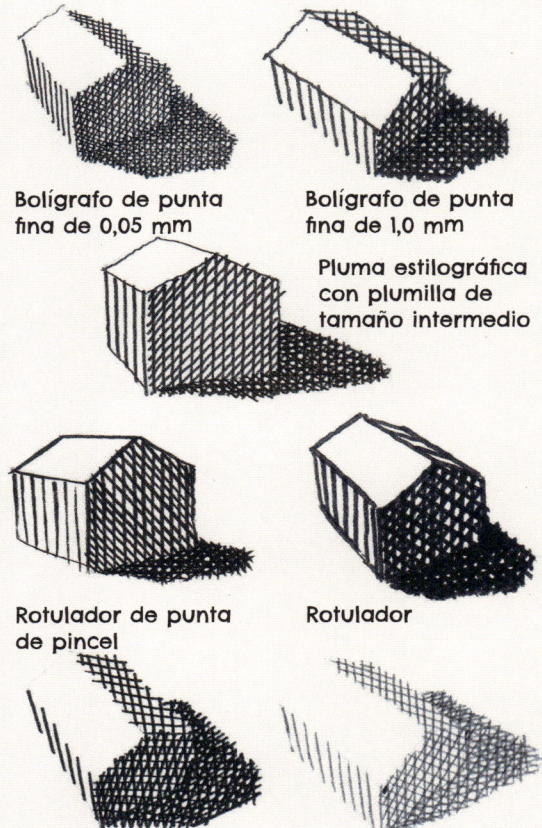

Bolígrafo de punta fina de 0,05 mm

Bolígrafo de punta fina de 1,0 mm

Pluma estilográfica con plumilla de tamaño intermedio

Rotulador de punta de pincel

Rotulador

Bolígrafo de gel

Bolígrafo

MI PREFERENCIA

Para el rayado cruzado, utilizo un bolígrafo de punta fina de 0,05 mm. Las líneas finas ofrecen una escala de valores más amplia, lo que permite obtener tonos más variados.

ERROR HABITUAL

Espaciado irregular de las líneas del rayado: podría dar la impresión de un rayado descuidado y poco profesional. Cuando el espaciado entre las líneas es parejo, el resultado es más uniforme y depurado.

EJERCICIO

Trace líneas rectas en una hoja de papel, realizando el movimiento con el brazo y la muñeca. Trace las líneas en paralelo y con una longitud y un espaciado uniformes.

Concéntrese en la respiración y relaje la mano mientras dibuja. La tensión y el estrés pueden hacer que las líneas queden fluctuantes o irregulares, por lo que conviene mantener la calma y la concentración

Rayado de contorno

El rayado de contorno consiste en trazar líneas que siguen el contorno de los objetos, realzando tanto las sombras como los bordes. Esta técnica aporta dinamismo y detallismo al dibujo, realzando la estructura tridimensional del motivo.

ESTA PÁGINA Un retrato es el motivo ideal para practicar el rayado de contorno, puesto que concentra muchas cavidades, protuberancias y formas.

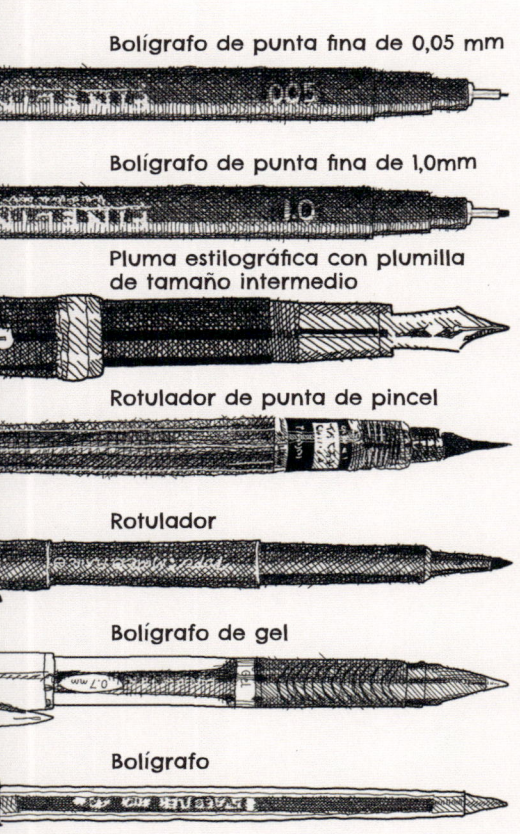

Bolígrafo de punta fina de 0,05 mm

Bolígrafo de punta fina de 1,0mm

Pluma estilográfica con plumilla de tamaño intermedio

Rotulador de punta de pincel

Rotulador

Bolígrafo de gel

Bolígrafo

Dirección

Forma

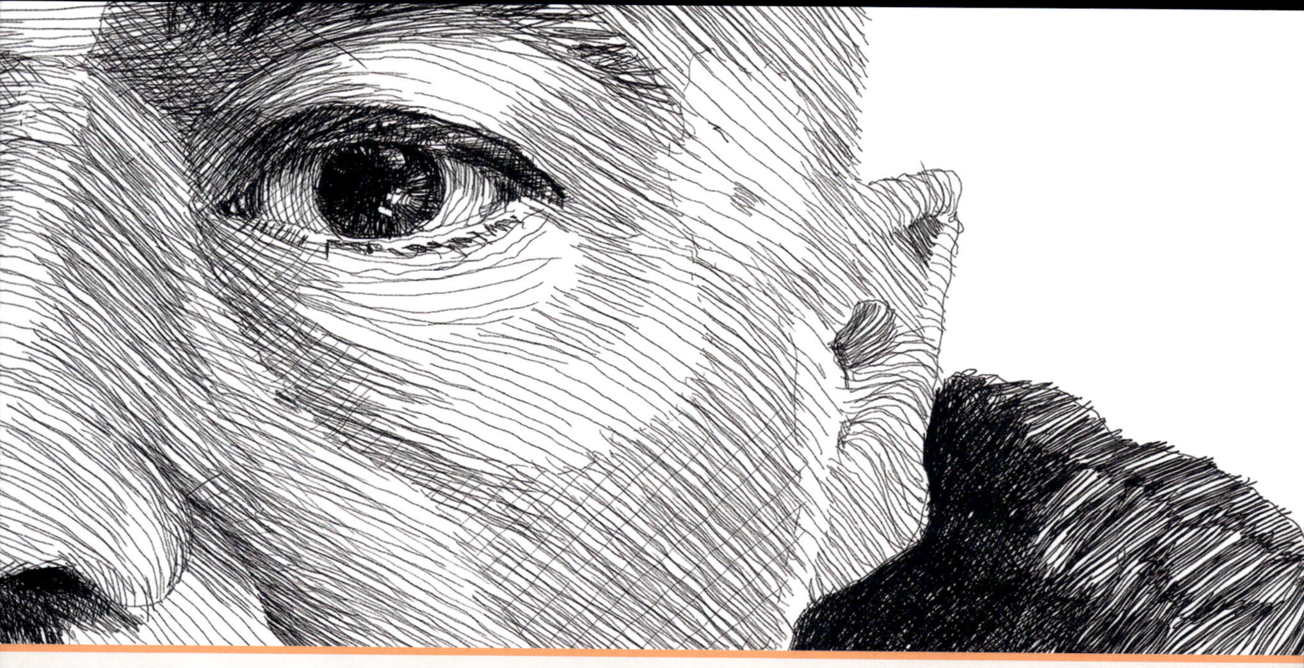

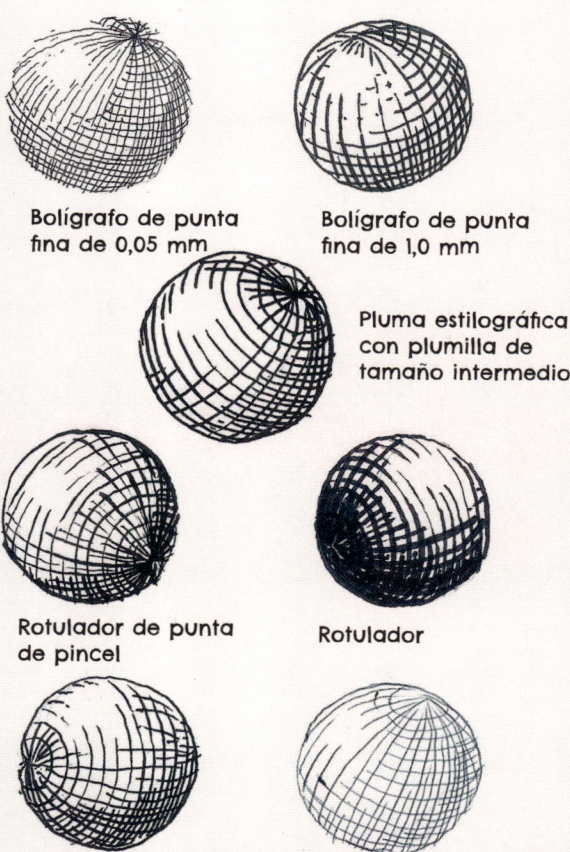

**Bolígrafo de punta
fina de 0,05 mm**

**Bolígrafo de punta
fina de 1,0 mm**

**Pluma estilográfica
con plumilla de
tamaño intermedio**

**Rotulador de punta
de pincel**

Rotulador

Bolígrafo de gel

Bolígrafo

MI PREFERENCIA

Para evitar perderse en la complejidad de esta técnica, a mí me gusta esbozar unas guías a lápiz que indiquen la forma que deberían seguir las líneas. Después, trazo con tinta las líneas entre dichas guías.

ERRORES HABITUALES

Delineación imprecisa de los contornos: el sombreado podría no corresponderse exactamente con la forma, con lo que el resultado sería una representación distorsionada.

Exceso de líneas de sombreado: esto, unido a un trazado demasiado denso de las líneas, podría saturar el dibujo, lo que complicaría la identificación de los contornos y, por tanto, llevaría a perder detalles fundamentales.

EJERCICIO

Trace líneas rectas en una hoja de papel. Dibuje un globo terráqueo, remarcando los paralelos y los meridianos. Observe cómo estas líneas definen la forma de la esfera.

Punteado

El punteado consiste en crear sombras y texturas mediante la aplicación de pequeños puntos de tinta con presiones y espaciados distintos. En lugar de trabajar con líneas continuas, esta técnica juega con las variaciones del tamaño (la presión), la proximidad (la densidad) y el orden (el diseño) de los puntos para lograr efectos tonales y detalles.

ESTA PÁGINA El punteado ha dado buenos resultados en esta ilustración de un pueblo japonés. El espaciado y la densidad de los puntos crean las jerarquías dentro del dibujo. Por tanto, los elementos que hay hacia los bordes y los más sutiles se dibujan con un punteado más disperso, mientras que las geometrías del centro se detallan con una mayor densidad de puntos.

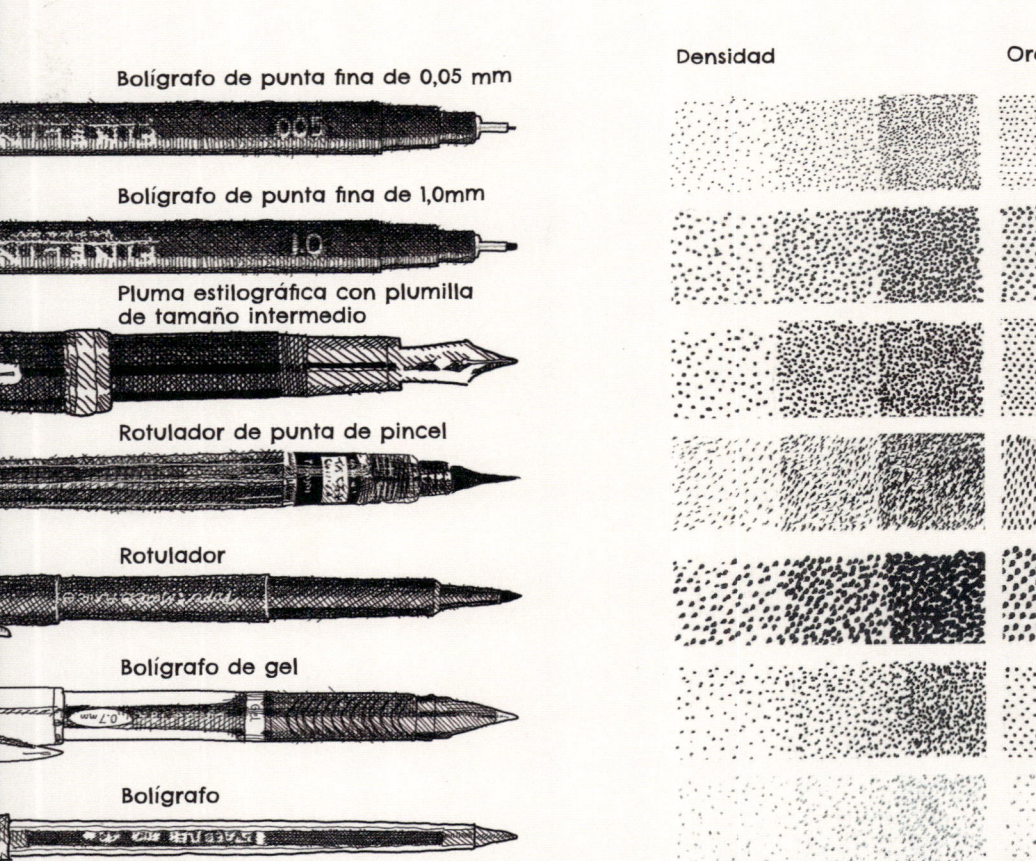

Bolígrafo de punta fina de 0,05 mm

Bolígrafo de punta fina de 1,0mm

Pluma estilográfica con plumilla de tamaño intermedio

Rotulador de punta de pincel

Rotulador

Bolígrafo de gel

Bolígrafo

Densidad   Orden   Presión

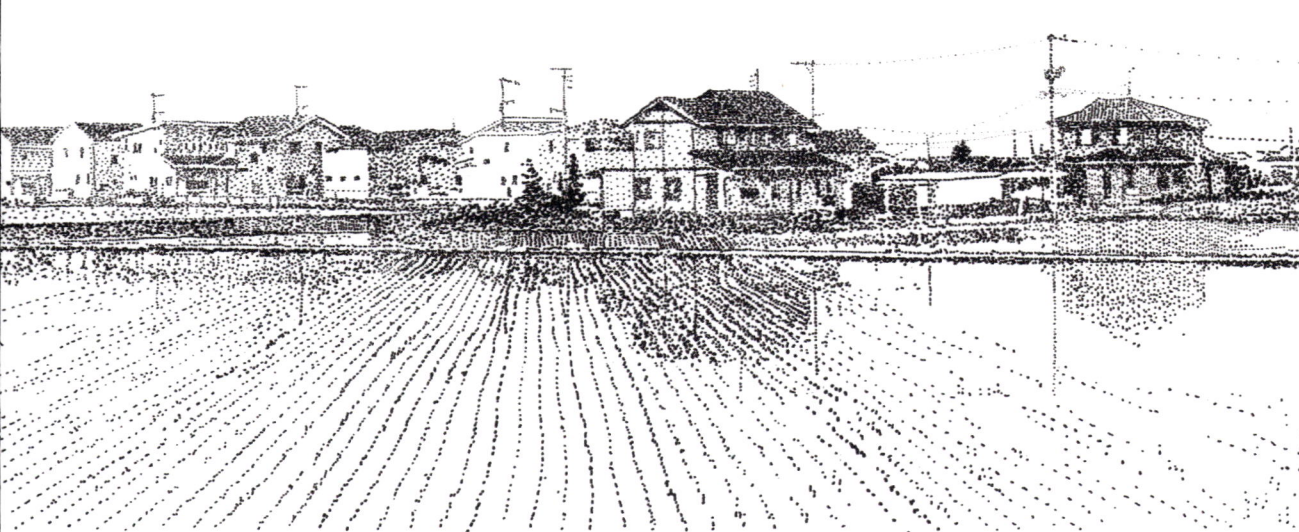

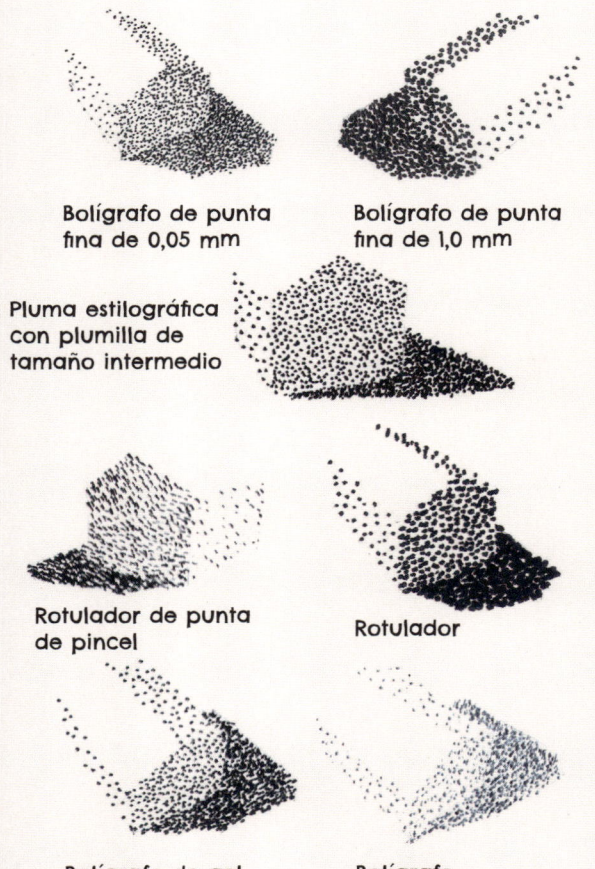

Bolígrafo de punta fina de 0,05 mm

Bolígrafo de punta fina de 1,0 mm

Pluma estilográfica con plumilla de tamaño intermedio

Rotulador de punta de pincel

Rotulador

Bolígrafo de gel

Bolígrafo

MI PREFERENCIA

Puesto que el punteado es un proceso que requiere mucho tiempo, para no desanimarme aplico los puntos de una forma ordenada. Normalmente, opto por uno de estos dos planteamientos: empezar por los bordes más externos y progresar hacia el interior de las formas, o seguir las líneas imaginarias formadas por los puntos a medida que los dibujo.

ERROR HABITUAL

Impaciencia: la técnica del punteado requiere paciencia. La impaciencia podría llevarle a aplicar los puntos apresuradamente, lo que comprometería la precisión y la calidad de su trabajo.

EJERCICIO

Cree una carta de tonos. Para ello, varíe la densidad de los puntos para generar gradaciones.

Practique el delineado de los contornos y los límites de formas simples con la técnica del punteado.

Rayado cruzado + punteado

PASO A PASO TAZA DE CAFÉ

Cuando se combina el punteado (para los valores tonales precisos de las zonas claras) con el rayado cruzado (para los tonos oscuros), los dibujos quedan precisos y detallados, con lo que se consigue un equilibrio ideal entre la velocidad y la riqueza visual.

1. LÍNEAS A LÁPIZ BÁSICAS

Para empezar, esboce el contorno de la taza a lápiz, marcando sutilmente las zonas tonales. Si lo prefiere, puede omitir los detalles, como la cucharilla.

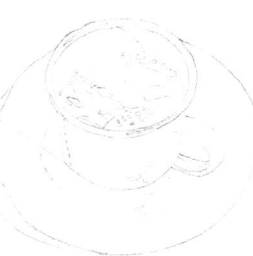

2. LOCALIZACIÓN DE LAS SOMBRAS

Con un bolígrafo de punta fina de 0,2 mm o similar, llene las sombras de la porcelana. De esta manera realzará las zonas más oscuras y definirá los tonos intermedios y los reflejos.

3. TONOS INTERMEDIOS

Complete las otras zonas con paciencia, prestando atención a las variaciones de tonos. Aproveche la lentitud de esta técnica para concentrarse en los detalles.

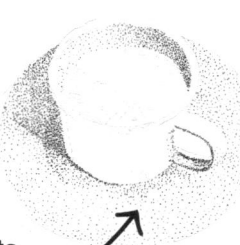

Controle en todo momento la velocidad cuando aplique los puntos para que no se conviertan en líneas o formas indeseadas.

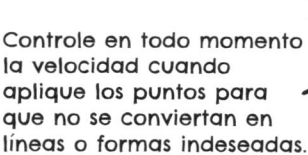

4. AJUSTE DE LAS RELACIONES DE LOS VALORES

Una vez haya definido la taza y el plato, trabaje las proyecciones de las sombras y ajuste la relación entre la luz y la oscuridad en toda la composición. Añada puntos en los espacios vacíos para redefinir el tono si fuera necesario.

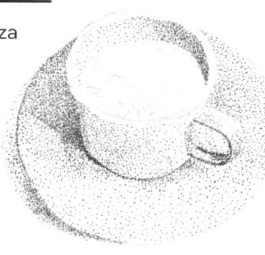

Evite dibujar los contornos, así obtendrá mejores resultados.

5. RAYADO CRUZADO

Para el café, trace un rayado cruzado con líneas en las cuatro direcciones. Empiece por las dos primeras capas de las zonas más oscuras predefinidas. En lugar de delinear el contorno del dibujo, deje que las diferencias de los valores definan los volúmenes.

6. MÁS RAYADO CRUZADO

Aplique una tercera capa en todo el dibujo, salvo en la espuma, que es la parte más clara del café. A continuación, aplique la última capa de rayado cruzado, cubriendo toda la superficie.

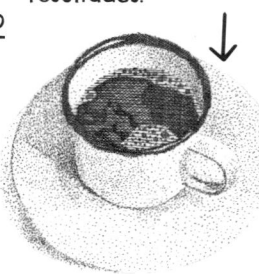

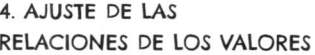

7. AJUSTE DE LOS VALORES

Para terminar, añada puntos adicionales en las zonas más oscuras para ajustar los valores y crear más contraste en el dibujo.

VÉASE TAMBIÉN
Rayado cruzado, página 38
Punteado, página 42

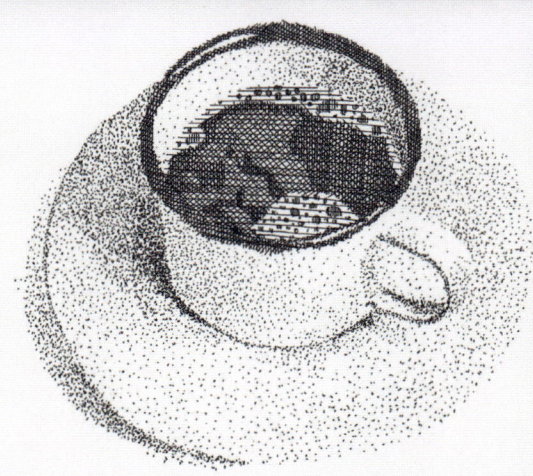

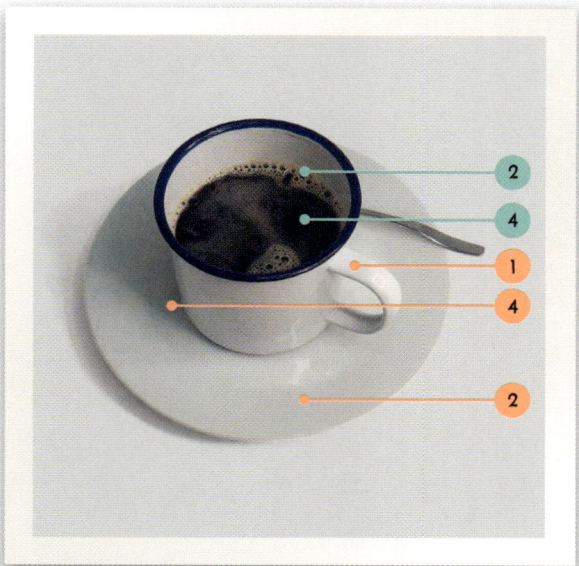

VALORES

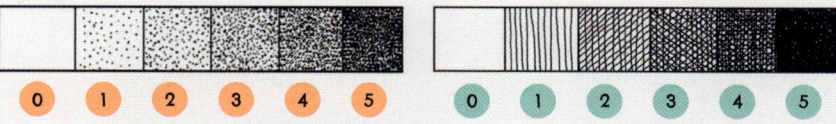

Rayado corto

El rayado corto crea variaciones de tonos con pequeñas líneas paralelas que pueden juntarse o separarse, en función de las necesidades. Es una técnica muy efectiva cuando se dibuja a una determinada velocidad, puesto que permite ajustar la densidad de las líneas para lograr variaciones tonales.

ESTA PÁGINA El rayado corto crea textura en estos distintos tipos de zapatos. Al aumentar la densidad y la cantidad de direcciones, se crea una sensación de profundidad para las sombras de debajo de los zapatos.

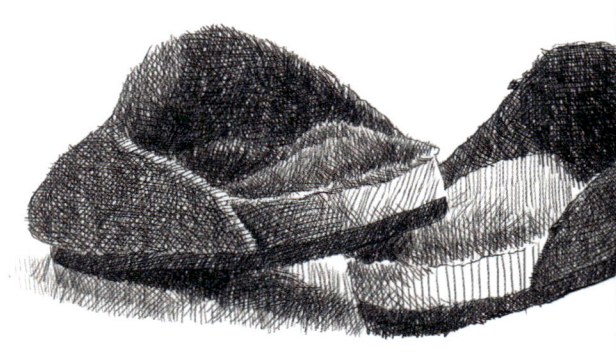

Bolígrafo de punta fina de 0,05 mm

Bolígrafo de punta fina de 1,0 mm

Pluma estilográfica con plumilla de tamaño intermedio

Rotulador de punta de pincel

Rotulador

Bolígrafo de gel

Bolígrafo

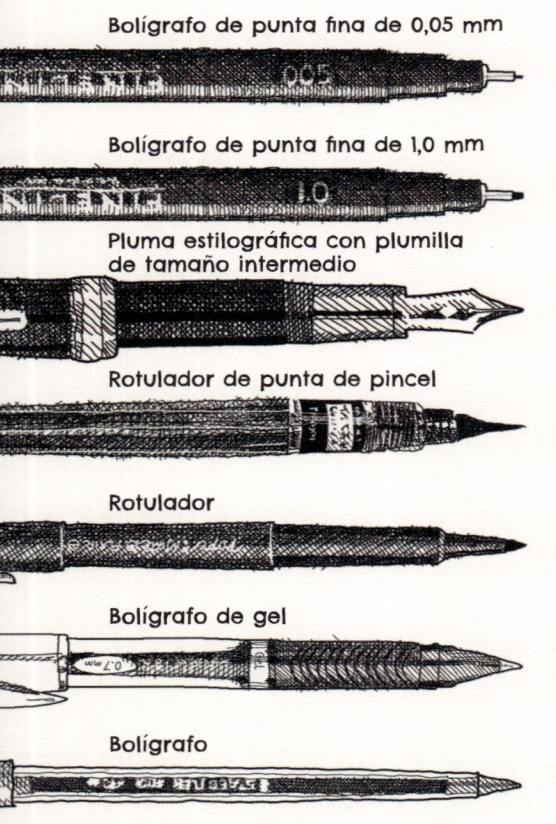

Densidad

Múltiples direcciones

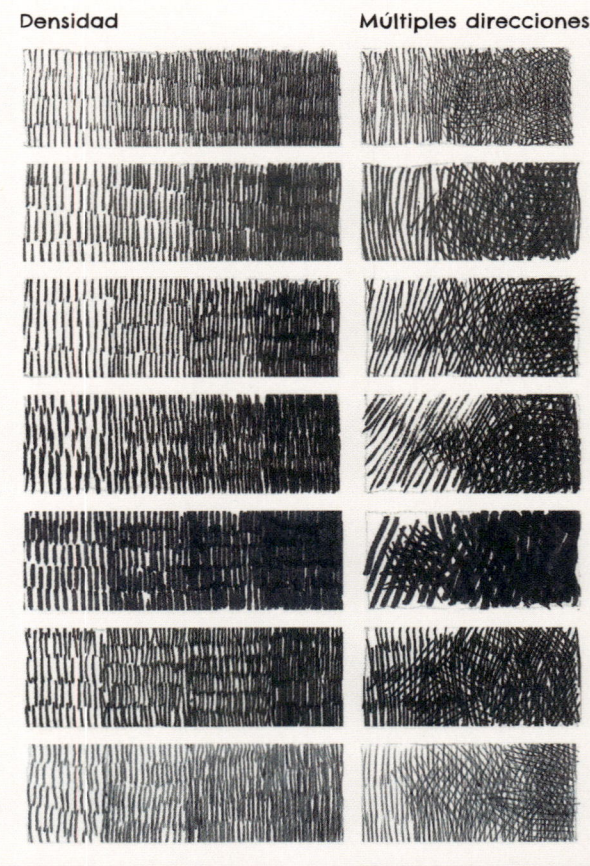

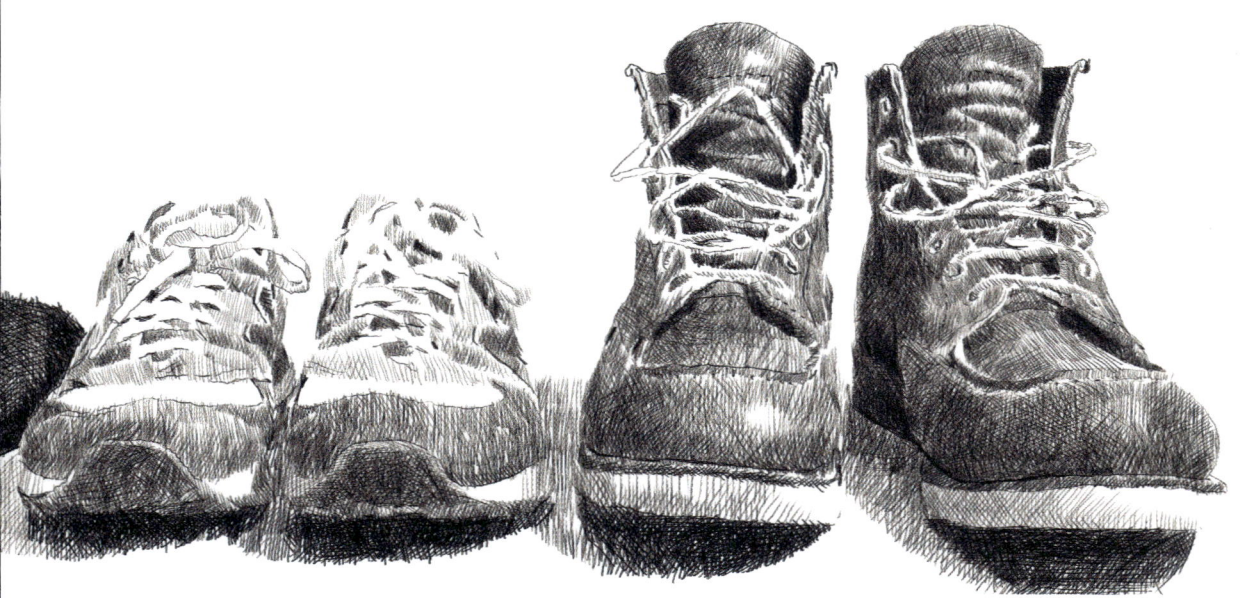

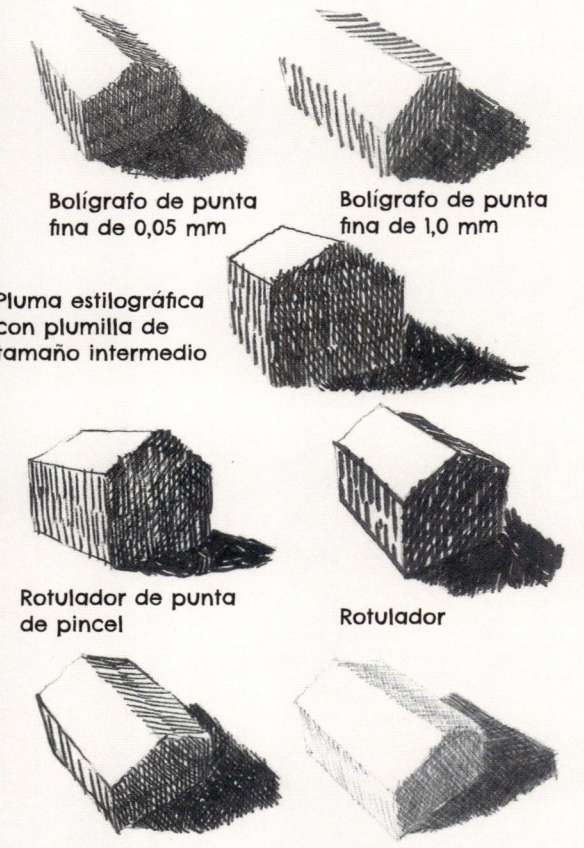

Bolígrafo de punta fina de 0,05 mm

Bolígrafo de punta fina de 1,0 mm

Pluma estilográfica con plumilla de tamaño intermedio

Rotulador de punta de pincel

Rotulador

Bolígrafo de gel

Bolígrafo

MI PREFERENCIA

Prefiero las puntas finas, puesto que me permiten ampliar la gama de tonos del dibujo. Aunque en esta técnica hay que realizar trazos rápidos y se corre el riesgo de estropear las puntas, prefiero ir con cuidado porque los resultados merecen la pena.

ERRORES HABITUALES

Longitud irregular de los trazos: la falta de uniformidad en la longitud de los trazos podría afectar a la coherencia del sombreado.

Velocidad inconstante: la velocidad a la que trace las rayas podría influir en el aspecto y la uniformidad del sombreado.

EJERCICIO

Cree el mismo tono con variaciones de velocidad para entender cómo influye esta en el aspecto del sombreado.

Aplique estos trazos en pequeñas zonas sin traspasar el contorno para mejorar la precisión.

Grosores de línea

Esta técnica consiste en variar el grosor de las líneas para realzar determinados elementos del dibujo. De esta forma se crea profundidad y se guía la atención del observador. La variación del grosor ayuda a dar una sensación de peso y dimensión a la composición.

ESTA PÁGINA El uso de líneas gruesas para realzar el cuerpo de las casas es una manera de añadir profundidad a la imagen y mostrar cómo se inserta en el tejado.

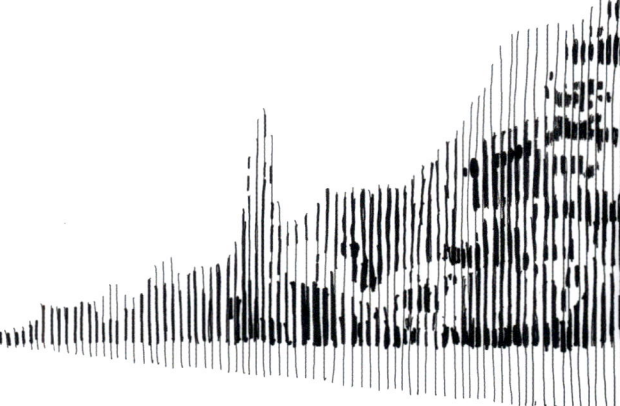

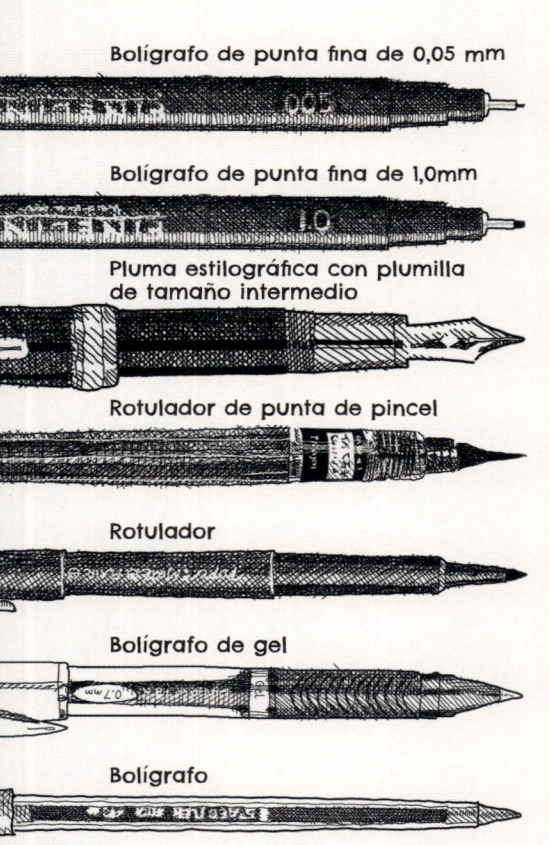

Bolígrafo de punta fina de 0,05 mm

Bolígrafo de punta fina de 1,0mm

Pluma estilográfica con plumilla de tamaño intermedio

Rotulador de punta de pincel

Rotulador

Bolígrafo de gel

Bolígrafo

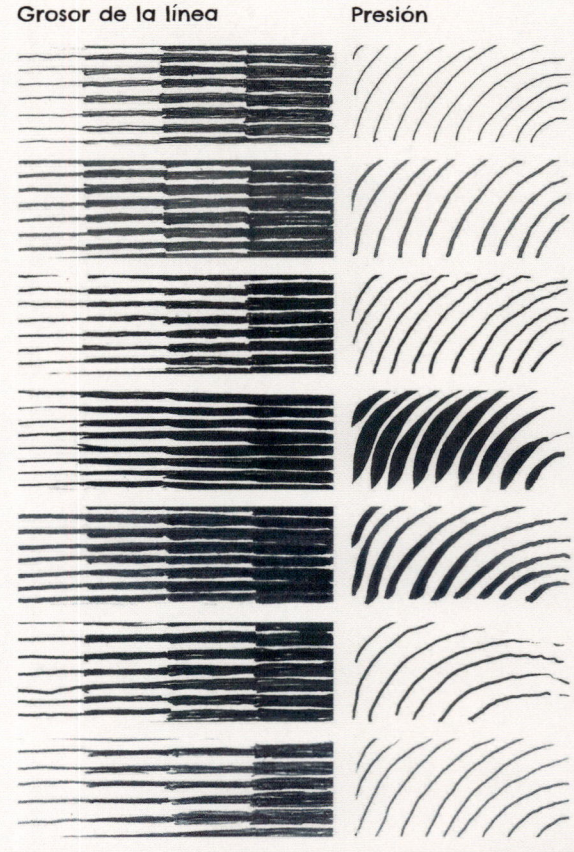

Grosor de la línea

Presión

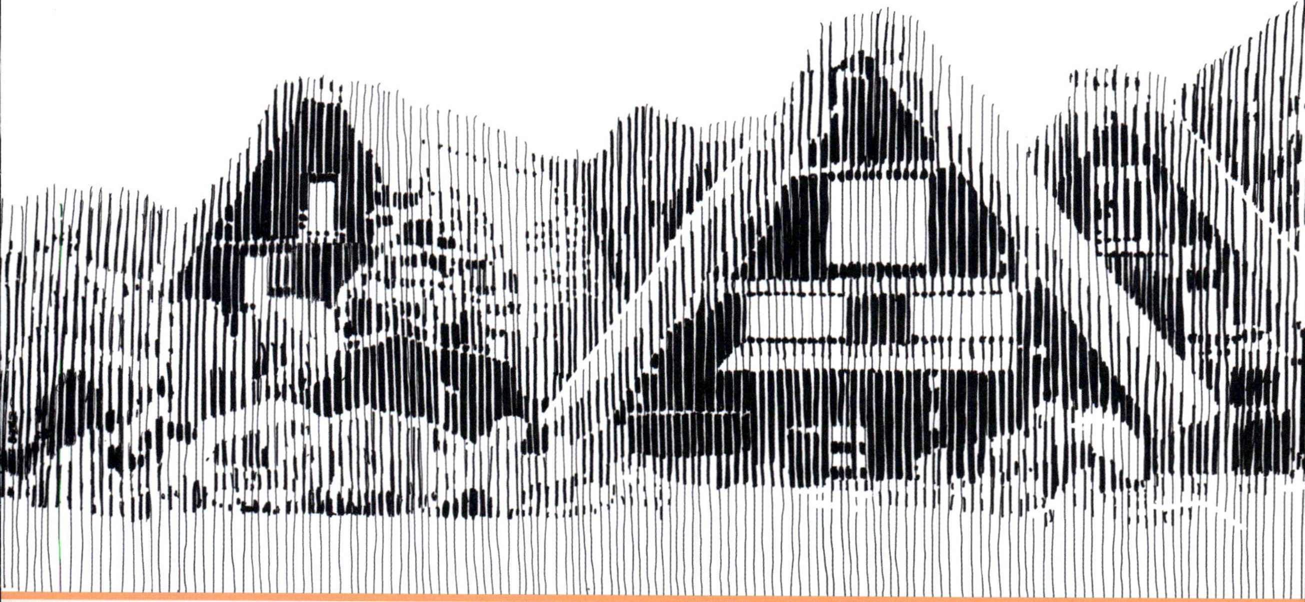

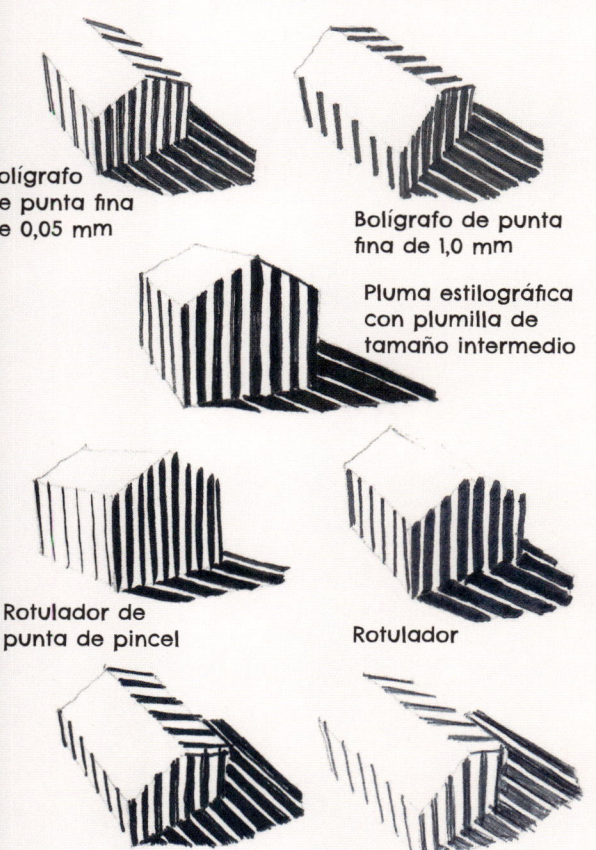

Bolígrafo de punta fina de 0,05 mm

Bolígrafo de punta fina de 1,0 mm

Pluma estilográfica con plumilla de tamaño intermedio

Rotulador de punta de pincel

Rotulador

Bolígrafo de gel

Bolígrafo

MI PREFERENCIA

En general, no utilizo esta técnica como base principal de mis dibujos, puesto que requiere cierta planificación y no me sale espontáneamente. Aun así, suelo recurrir a ella para realzar figuras o enmarcar compositivamente el dibujo. Al trazar líneas más gruesas en determinadas partes de la composición, puedo desviar rápida y eficazmente la atención hacia ellas.

ERRORES HABITUALES

Exageración del grosor de las líneas: hacer esto sin un razonamiento visual podría influir negativamente en la estética global y la coherencia del dibujo.

Trazado de líneas demasiado gruesas: si hace esto en los detalles menos importantes, podría desviar la atención del motivo principal y romper el equilibrio visual.

EJERCICIO

Esboce diseños sencillos y utilice líneas más gruesas en determinados elementos para darles importancia.

Grosores de línea + rayado de contorno

PASO A PASO: CEBOLLA

Esta combinación permite controlar de una manera clara y precisa los valores volumétricos y tonales. Mientras que el rayado de contorno crea un efecto tridimensional al indicar el volumen del objeto, el grosor de las líneas permite realzar los distintos valores y detalles específicos del dibujo.

1. LÍNEAS A LÁPIZ BÁSICAS

Trace líneas básicas, prestando atención al contorno y la relación entre las distintas capas de la cebolla. También puede esbozar las raíces.

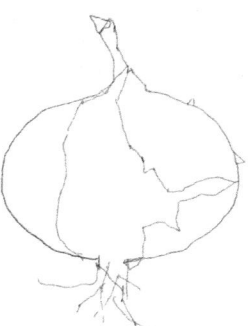

2. GUÍAS DEL CONTORNO

Indique sutilmente la dirección de las fibras de la cebolla para que le sirvan de guía cuando trace las líneas con tinta. Asimismo, delinee las distintas zonas tonales.

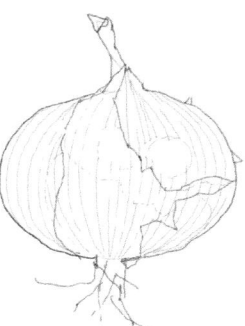

3. PRIMERA CAPA DE RAYADO

Con un rotulador de 0,05 mm o similar, delinee las líneas del contorno de todo el volumen, evitando las zonas indicadas para potenciar la iluminación.

Dibuje líneas con tinta entre las líneas de referencia siguiendo la misma dirección.

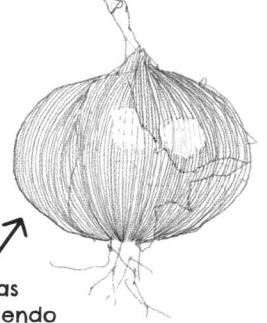

4. SEGUNDA CAPA DE RAYADO

Con el mismo rotulador, realce las zonas más oscuras correspondientes a la sombra de la derecha y la base de la cebolla, evitando de nuevo los valores más claros. Ahora es el momento de dibujar el contorno de las raíces.

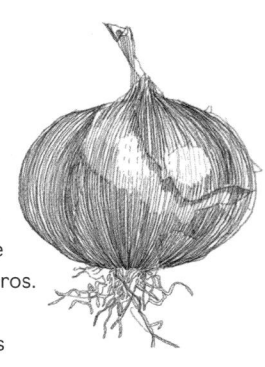

5. TERCERA CAPA DE RAYADO

Para esta capa, utilice un rotulador más grueso y repase las líneas dibujadas previamente dentro de los valores más oscuros.

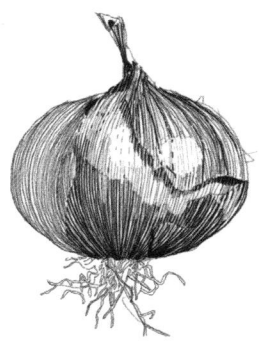

6. CUARTA CAPA DE RAYADO

Destaque las líneas según sea necesario, siguiendo siempre la dirección de las líneas a lápiz, hasta que obtenga los valores deseados.

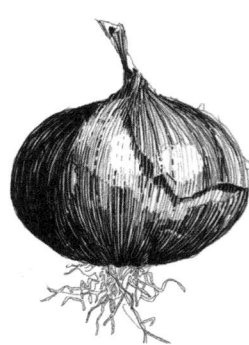

7. DETALLES

Finalmente, dedique algunas líneas
gruesas a los pequeños detalles,
como las raíces o los trocitos de
piel que se despegan del lateral, y
delinee las sombras, realzando el
cambio de las capas de la cebolla.

VÉASE TAMBIÉN
Grosores de línea, página 48
Rayado de contorno, página 40

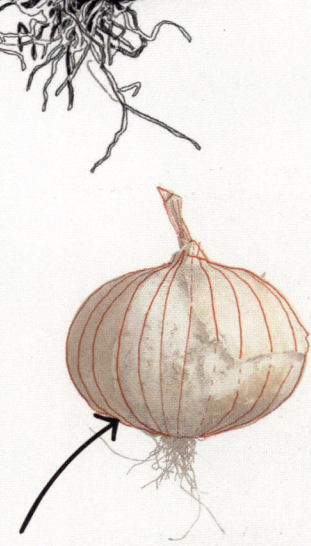

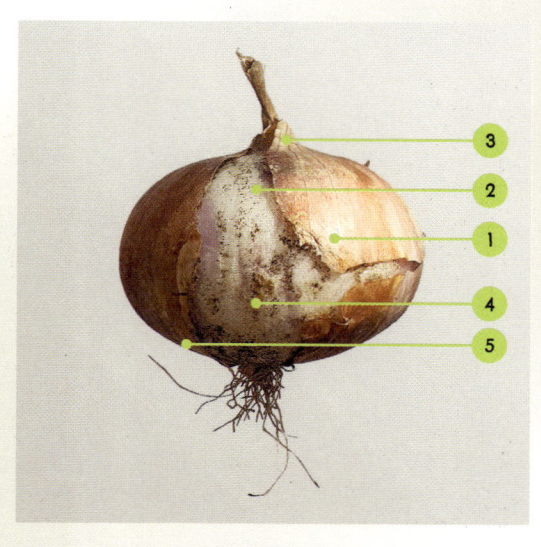

Las fibras de la cebolla nos
permiten seguir fácilmente
la dirección de las líneas
del rayado de contorno.

VALORES

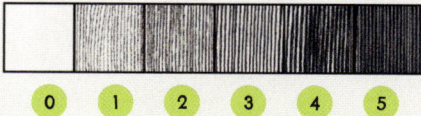

0 1 2 3 4 5

Trama

Esta técnica consiste en entrelazar líneas por encima y por debajo de otras para crear sombreados y texturas, con el resultado de un diseño parecido a un tejido que aporta profundidad y dimensión a la composición.

ESTA PÁGINA La trama plasma a la perfección los rasgos de estas vacas frisonas, que se distinguen fácilmente en primer plano. De fondo, la dirección, la longitud del trazo y la velocidad se alternan entre las filas de árboles para representar la profundidad del bosque.

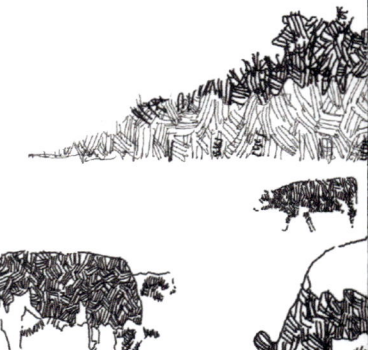
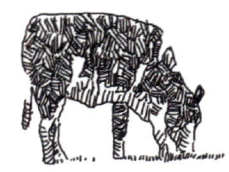
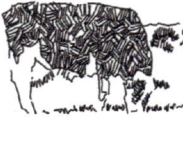
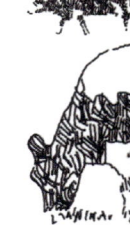

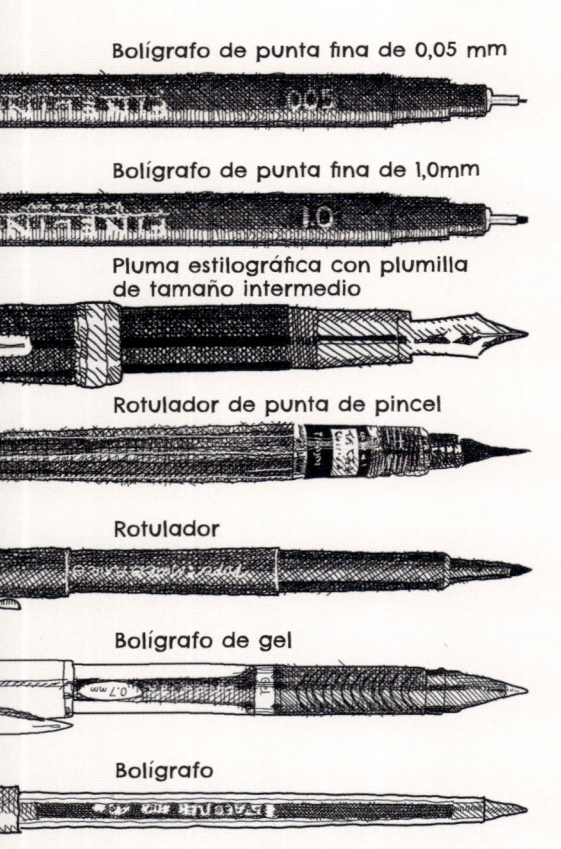

Bolígrafo de punta fina de 0,05 mm

Bolígrafo de punta fina de 1,0mm

Pluma estilográfica con plumilla de tamaño intermedio

Rotulador de punta de pincel

Rotulador

Bolígrafo de gel

Bolígrafo

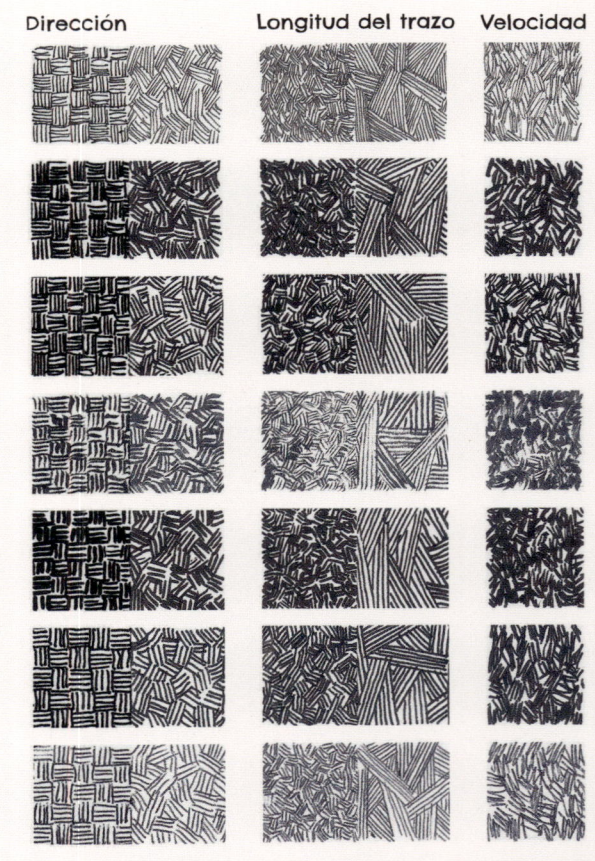

Dirección   Longitud del trazo   Velocidad

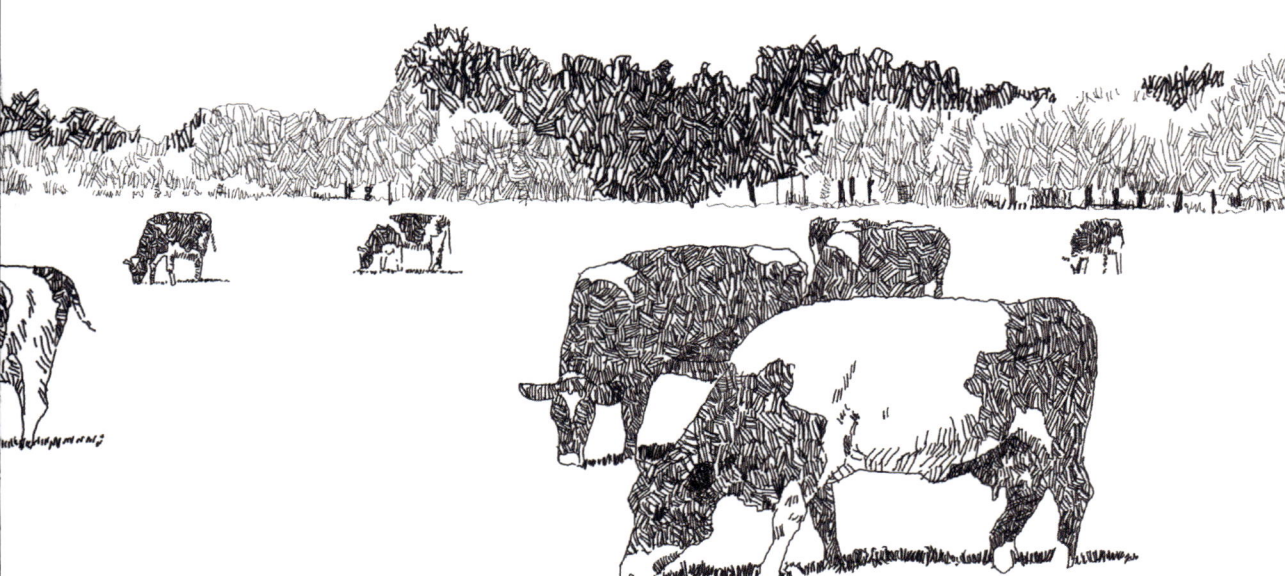

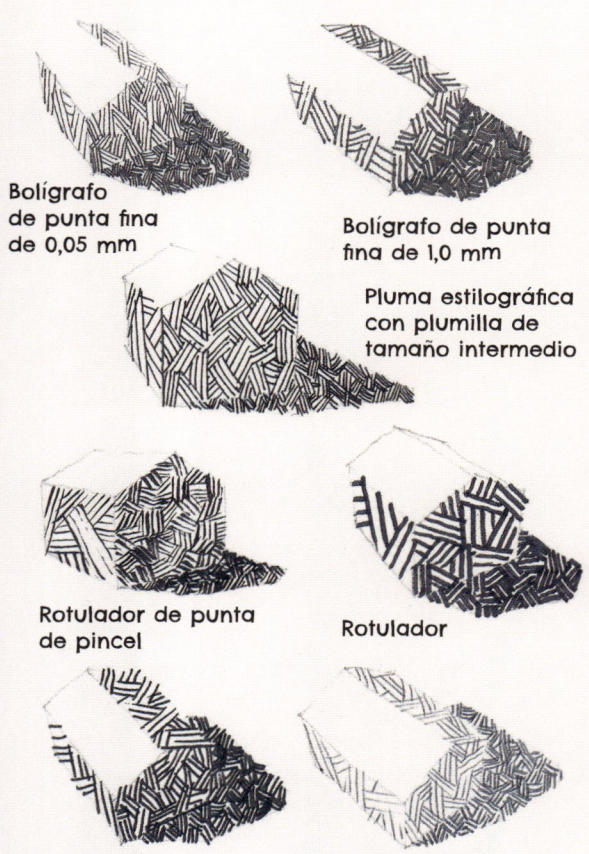

Bolígrafo de punta fina de 0,05 mm

Bolígrafo de punta fina de 1,0 mm

Pluma estilográfica con plumilla de tamaño intermedio

Rotulador de punta de pincel

Rotulador

Bolígrafo de gel

Bolígrafo

MI PREFERENCIA

Prefiero los plumines flexibles para las tramas, puesto que me permiten variar el grosor de las líneas mediante la presión, lo que facilita la obtención los valores necesarios.

ERRORES HABITUALES

Espaciado irregular: podría generar contrastes indeseados e influir en la coherencia visual. Además, el dibujo podría verse desorganizado.

Concentración de trazos en una zona: dedicar demasiado tiempo a un fragmento o intervenir en él repetidamente podría emborronar el dibujo o dejar marcas indeseadas en el mismo.

EJERCICIO

Dibuje una serie de cuadrados o rectángulos y rellénelos con una trama, variando el espaciado entre las líneas para crear distintos valores de claros a oscuros. Este ejercicio lo ayudará a controlar la herramienta de dibujo y la tinta y a mejorar su habilidad para crear escalas de tonos.

Garabatos

Esta técnica consiste en realizar trazos rápidos y desordenados que se entrecruzan caóticamente para crear texturas y sombras. Al contrario que las líneas controladas, este planteamiento espontáneo y libre aporta vitalidad y dinamismo, capturando el movimiento y la expresividad individual.

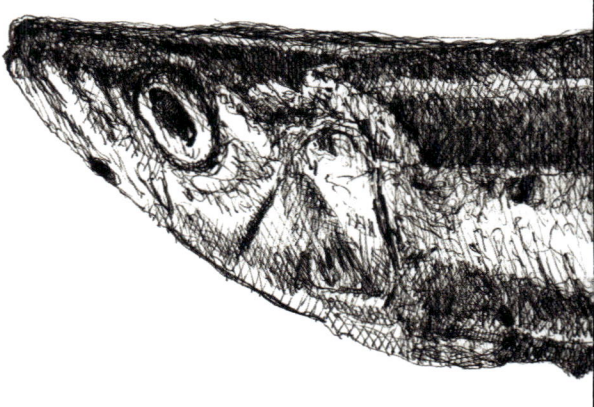

ESTA PÁGINA Los garabatos dan muy buenos resultados en esta ilustración de una sardina porque, al no seguir un orden y ser espontáneos, dan naturalidad al dibujo y permiten variaciones rápidas en las sombras de las brillantes escamas.

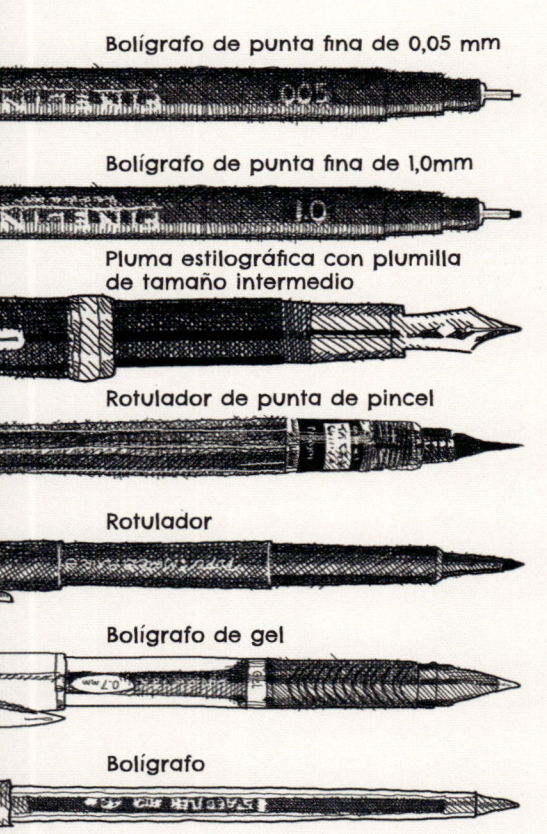

Bolígrafo de punta fina de 0,05 mm

Bolígrafo de punta fina de 1,0mm

Pluma estilográfica con plumilla de tamaño intermedio

Rotulador de punta de pincel

Rotulador

Bolígrafo de gel

Bolígrafo

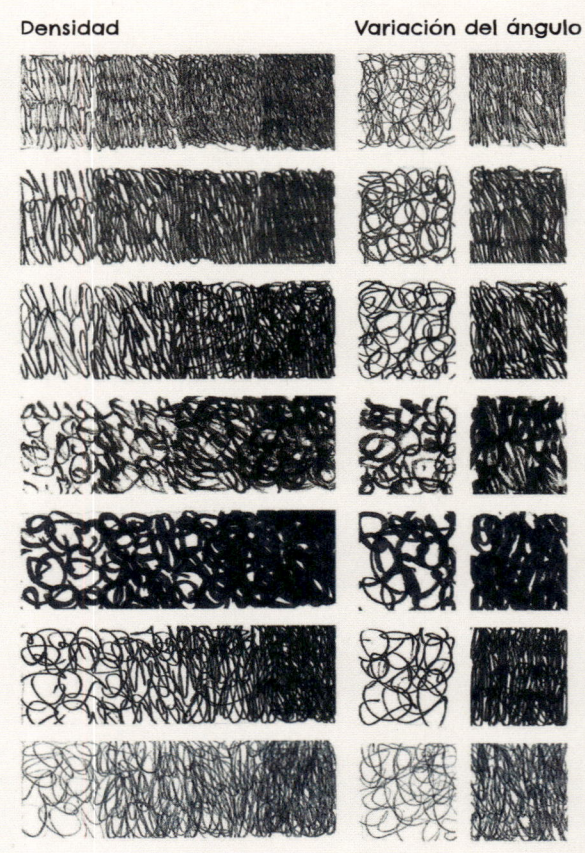

Densidad

Variación del ángulo

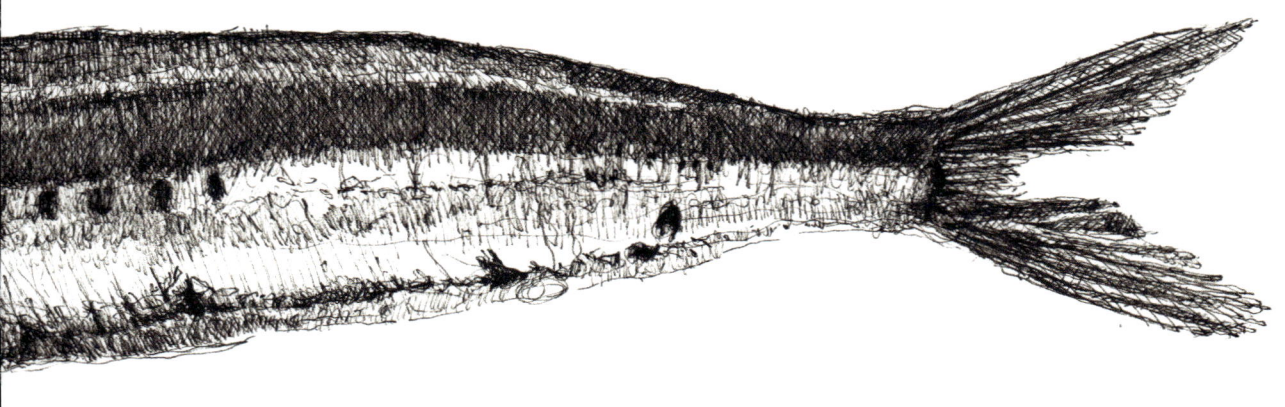

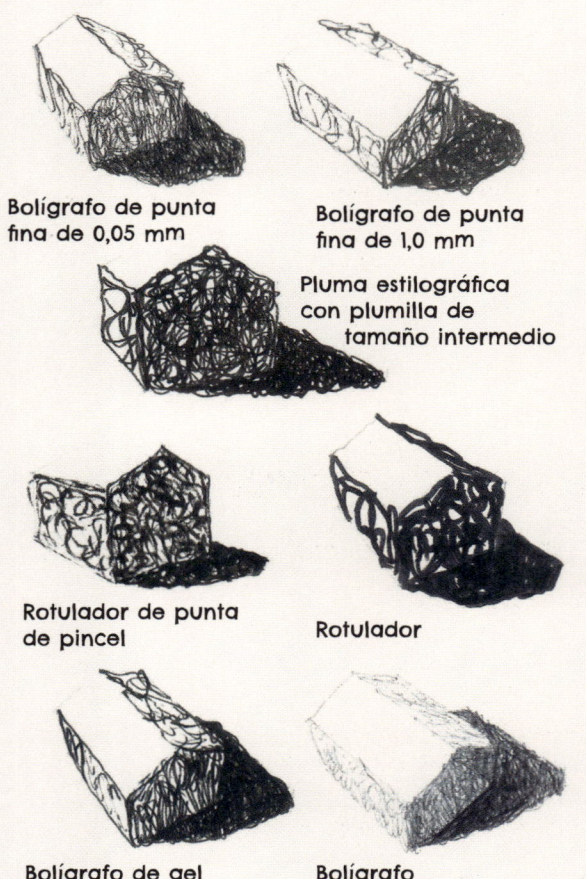

Bolígrafo de punta fina de 0,05 mm

Bolígrafo de punta fina de 1,0 mm

Pluma estilográfica con plumilla de tamaño intermedio

Rotulador de punta de pincel

Rotulador

Bolígrafo de gel

Bolígrafo

MI PREFERENCIA

Me encanta el carácter que este tipo de trazos imprimen al dibujo. Suelo utilizarlos cuando quiero crear una sensación de espontaneidad y, casi siempre, los aplico encima del rayado cruzado, principalmente en los valores más oscuros, para suavizar la rigidez propia de la cuadrícula, sobre todo cuando dibujo el entorno natural.

ERRORES HABITUALES

Aplicación incoherente de los garabatos: podría crear discordancia visual.

Alteración de la velocidad: si se precisan contornos definidos, el cambio de la velocidad de aplicación podría desencadenar una falta de control.

EJERCICIO

Genere formas geométricas simples con garabatos controlados para mejorar la precisión y la coherencia. Aplique los garabatos por capas, empezando con trazos ligeros y aumentando la intensidad progresivamente para crear efectos de sombreado.

Variación de la presión

La variación de la presión es un elemento fundamental de la ilustración con tinta. Si ajusta la presión del instrumento de dibujo, logrará un control preciso del grosor y la intensidad de las líneas. El dominio de esta técnica facilita la creación de jerarquías visuales, texturas y matices en el sombreado.

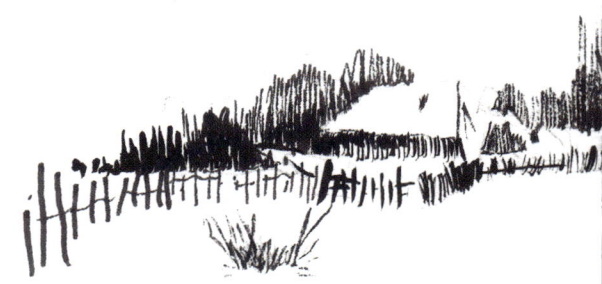

ESTA PÁGINA Los árboles más lejanos se representan con líneas sutiles y delicadas, mientras que los más cercanos se dibujan ejerciendo más presión para obtener un trazo más definido, lo que crea una evocadora sensación de distancia.

Pluma estilográfica con plumilla de tamaño intermedio

100% de presión

50% de presión

10% de presión

Rotulador de punta de pincel

100% de presión

50% de presión

10% de presión

Rotulador

100% de presión

50% de presión

10% de presión

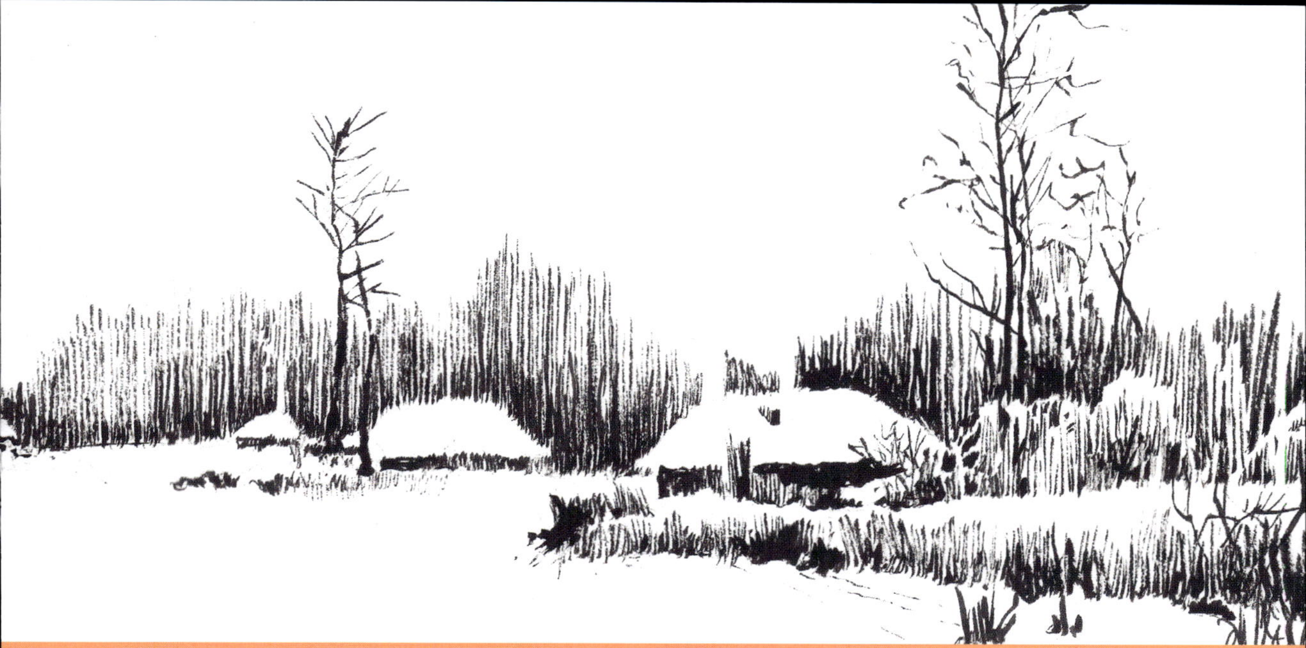

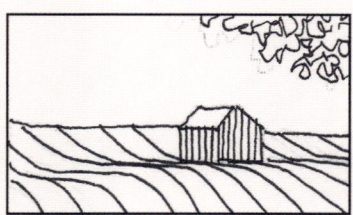

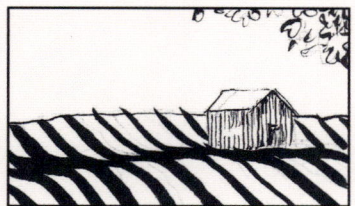

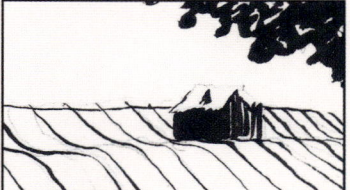

En este primer dibujo, todas las líneas tienen la misma intensidad y no se ha creado ninguna jerarquía.

Las líneas gruesas del suelo atraen la atención y se convierten en el punto de interés principal del dibujo.

Como alternativa, si traza más gruesas las líneas de la casa y el árbol, creará una sensación de profundidad de la que carecían los dibujos anteriores.

ERRORES HABITUALES

Grosor de línea incorrecto: herramientas de dibujo como los rotuladores calibrados tienen un grosor de línea predeterminado y ofrecen una respuesta limitada a las variaciones de presión, mientras que otras, como los rotuladores con punta de pincel, se prestan mucho más a estos cambios. Aprender a reconocer estas diferencias y ejercer la variación de presión acorde a las características de cada herramienta de dibujo es fundamental para lograr el resultado deseado.

Presión irregular: fruto de la fatiga o el descuido, una presión irregular puede traducirse en variaciones del grosor de las líneas brusco e impredecible. Para obtener un resultado coherente, hay que ejercer una presión uniforme en las líneas similares. Al evitar cambios inesperados de presión, mejora la fluidez global y la armonía estética de la ilustración.

EJERCICIO

Trace una serie de líneas con rotuladores calibrados de varios grosores. Con un rotulador con punta de pincel, replique cada línea ejerciendo la presión necesaria para equipararla al grosor correspondiente. Este ejercicio mejorará su habilidad para ajustar la presión en función de los requisitos del dibujo.

Rayado cruzado + garabatos

PASO A PASO: PIÑA

La combinación del rayado cruzado y los garabatos permite crear composiciones dinámicas y expresivas. El rayado cruzado proporciona los valores, mientras que los garabatos aportan fluidez y rompen la rigidez de los trazos paralelos para lograr un efecto más natural.

1. LÍNEAS A LÁPIZ BÁSICAS

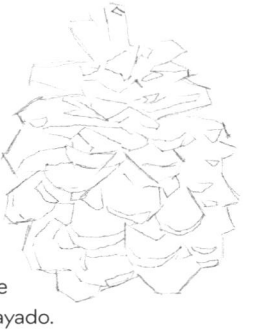

Esboce unas sencillas líneas a lápiz para que las proporciones y las relaciones entre las escamas de la piña sean las correctas. Delinee el contorno de las zonas más claras y más oscuras para que luego sea más fácil aplicar el rayado.

2. DELINEACIÓN CON TINTA

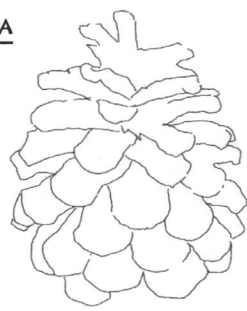

Con un bolígrafo de punta fina de 0,2 mm (o similar), repase la forma de la piña y las escamas que ha esbozado a lápiz. Procure aplicar trazos fluidos y seguros.

3. PRIMERA CAPA DE RAYADO

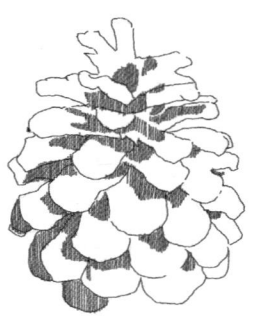

Primero, trace las líneas del rayado en la dirección que desee. Por ejemplo, si se le dan mejor las líneas verticales, empiece por estas. Aplique el rayado en el área dibujada a lápiz que se corresponde con el valor más oscuro.

4. SEGUNDA CAPA DE RAYADO

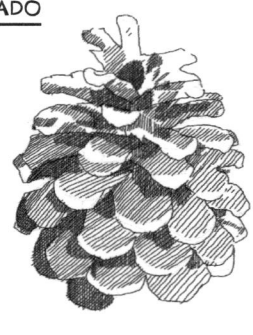

Para empezar a aplicar los tonos intermedios de la piña, añada otra capa de rayado en un ángulo de 45 grados con respecto a la anterior. Esta capa debería cubrir buena parte de la piña, pero evite las zonas más claras para preservar el contraste.

5. TERCERA CAPA DE RAYADO

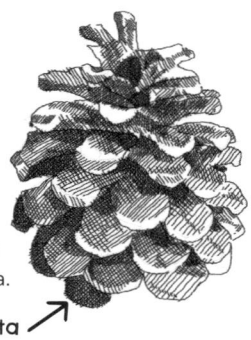

Para distinguir los tonos intermedios, aplique una nueva capa de rayado en la dirección contraria a la capa anterior, modificando la densidad de las líneas en las zonas más oscuras de la piña.

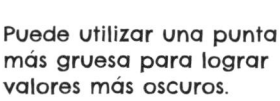

Puede utilizar una punta más gruesa para lograr valores más oscuros.

6. CUARTA CAPA DE RAYADO

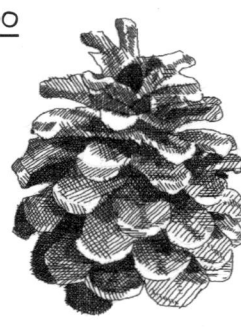

El contraste es esencial para que el dibujo adquiera volumen. Si aplica una última capa de rayado en la dirección contraria a la primera capa, acentuará los valores más oscuros y algunos tonos intermedios, y logrará el contraste y la dimensión deseados.

7. ÚLTIMA CAPA DE GARABATOS

Para crear la textura y las marcas de las escamas de la piña, ahora puede aplicar la técnica de los garabatos. Sin embargo, hay que hacerlo con sentido común para evitar trabajar demasiado los distintos valores del dibujo.

VÉASE TAMBIÉN
Rayado cruzado, página 38
Garabatos, página 54

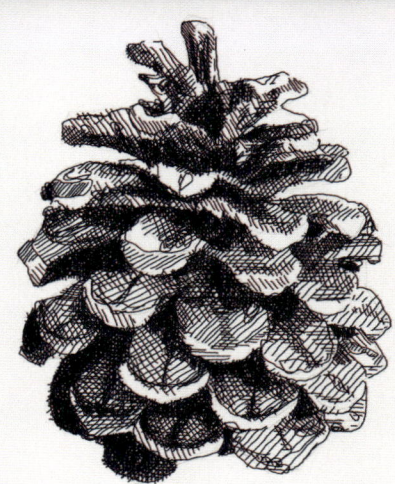

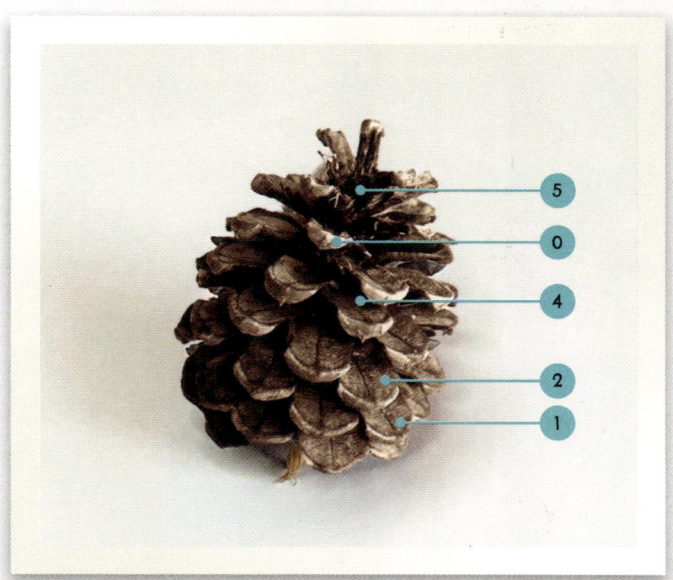

VALORES

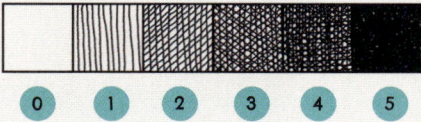

0   1   2   3   4   5

Interpretación de los valores

El término «valor» (o «tono») se refiere a la claridad o la oscuridad relativas de las distintas zonas de una composición. En la ilustración con tinta, los valores se crean con la variación de la densidad de las líneas. Los valores son imprescindibles para crear profundidad y obtener una imagen tridimensional.

ESTA PÁGINA Los distintos valores de las plantas no solo sugieren las variaciones de color, sino también las zonas sombreadas de debajo. Asimismo, los recovecos oscuros de las ventanas indican que están a la sombra, al contrario que la fachada iluminada por el sol del edificio.

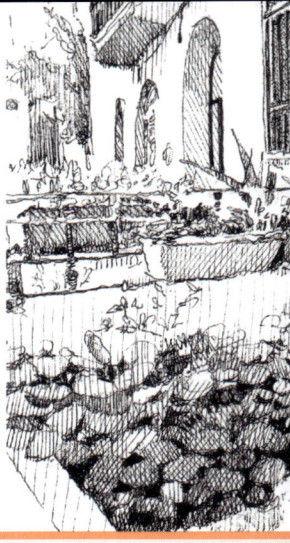

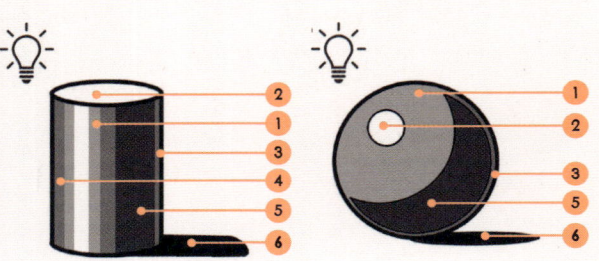

INTERPRETACIÓN DE LA LUZ Y LA SOMBRA

1. **Luz intermedia**
2. **Luz intensa**
3. **Reflejo**
4. **Sombra intermedia**
5. **Sombra profunda**
6. **Sombra proyectada**

EXPERIMENTACIÓN CON ESCALAS DE VALORES PARA OBTENER DISTINTOS RESULTADOS

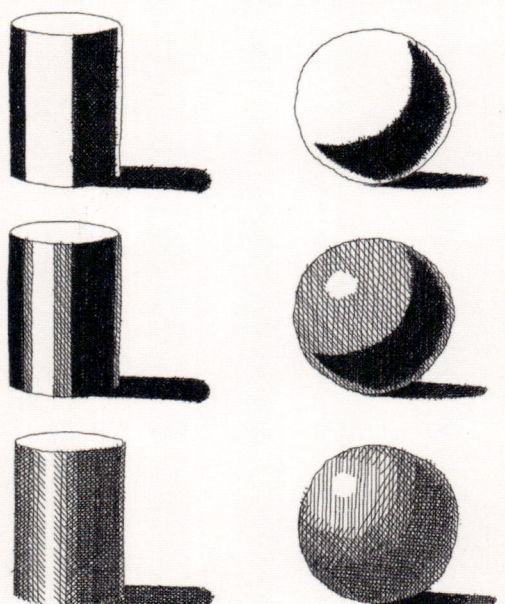

Alto contraste, valores en dos fases

Contraste intermedio, valores en tres fases

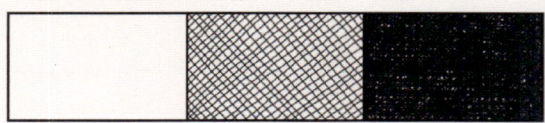

Contraste sutil, valores en seis fases

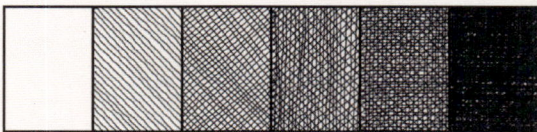

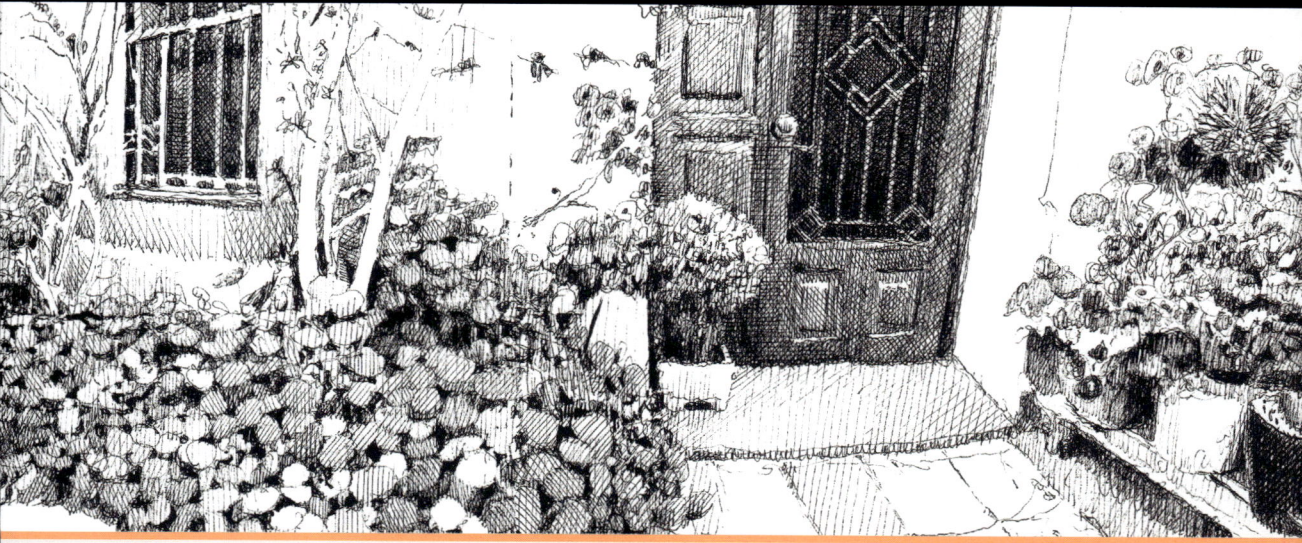

TÉCNICAS DISTINTAS PARA UN MISMO CONCEPTO FUNDAMENTAL

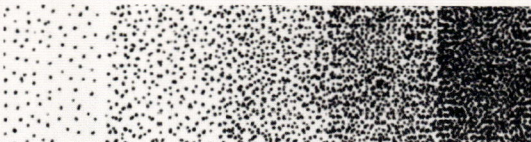

Punteado

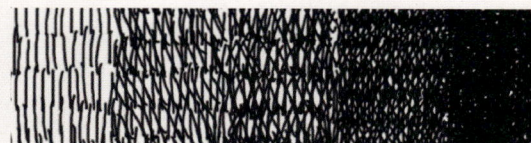

Rayado corto

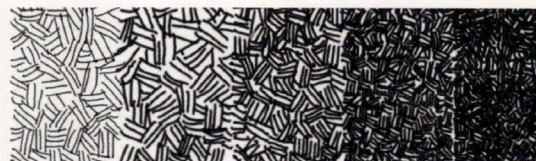

Trama

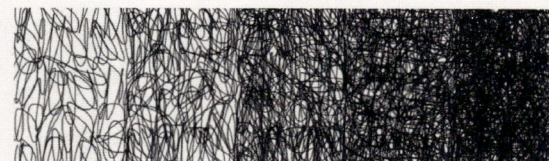

Garabatos

ERRORES HABITUALES

A la hora de dibujar valores, pueden cometerse varios errores, muchos de los cuales solo pueden identificarse con la práctica. Hay dos errores principales que me gustaría destacar.

Trabajo en exceso del dibujo: cuando se intenta crear una serie de valores, es fácil dejarse llevar y empezar a añadir cada vez más líneas. El resultado suele ser un dibujo que se ve recargado o confuso, sin un sentido claro de la luz y la sombra.

Falta de espacios en blanco: los blancos son igual de importantes que las líneas. Si no dejamos suficientes espacios en blanco, el dibujo podría verse confuso, de modo que hay que procurar dejar los que sean necesarios para crear contraste y mejorar el impacto global de la composición.

EJERCICIO

Elija un objeto sencillo, como una fruta o una taza, y colóquelo bajo una única fuente de luz para crear sombras y reflejos. Después, aplique distintas técnicas para crear una serie de valores que representen la forma del objeto. Además, pruebe a dejar blancos para crear contraste.

Grosores de línea + rayado

PASO A PASO: MACETA DE CACTUS

La combinación de estas dos técnicas permite establecer eficazmente jerarquías visuales, distinguiendo volúmenes y tonalidades con rapidez. Esta combinación ses perfecta para los esbozos rápidos que no requieren muchos detalles o una gran complejidad.

1. LÍNEAS A LÁPIZ BÁSICAS

Con un lápiz, esboce sutilmente las líneas, delineando el contorno de las formas geométricas y los distintos valores creados por las sombras.

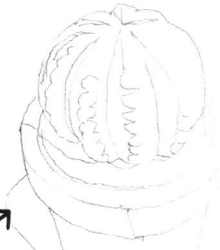

Puede utilizar un lápiz H o HB.

2. GUÍAS DEL CONTORNO

Con un rotulador de punta de pincel o un bolígrafo de punta fina grueso, delinee el contorno de las formas geométricas externas.

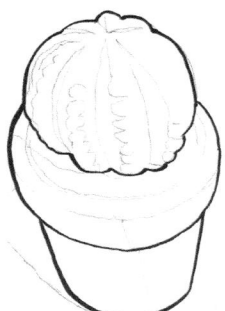

3. PRIMERA CAPA DE RAYADO

Con un bolígrafo de punta fina de 0,05 mm o similar, repase los contornos internos y los límites de las sombras. Es imprescindible que las dos herramientas de dibujo que utilice tengan una diferencia perceptible de grosor.

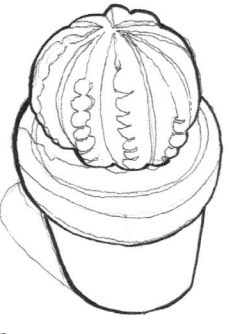

4. SEGUNDA CAPA DE RAYADO

Aplique un rayado denso para los valores más oscuros, como las sombras proyectadas por el cactus y la maceta.

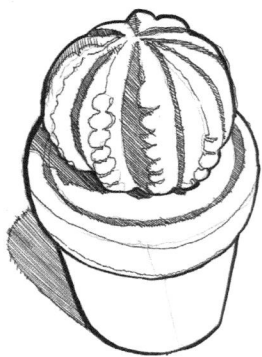

5. TERCERA CAPA DE RAYADO

Una vez haya llenado las sombras, añada los tonos intermedios, procurando dejar blancos para realzar los valores más claros. Es fundamental dejar estas zonas en blanco para crear reflejos.

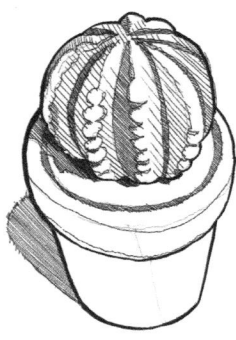

6. CUARTA CAPA DE RAYADO

Repita el mismo proceso para la maceta.

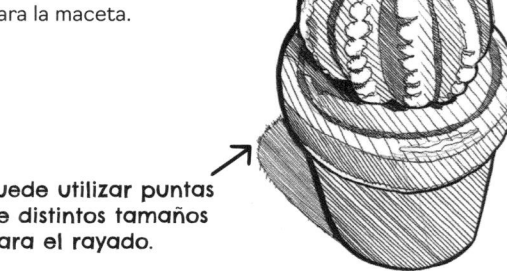

Puede utilizar puntas de distintos tamaños para el rayado.

7. DETALLES

Por último, repase los valores más
oscuros con el rotulador con punta
de pincel. De este modo, logrará
más contraste, lo que potenciará
la profundidad del dibujo.

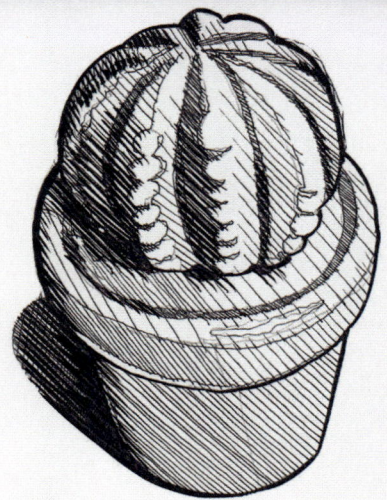

VÉASE TAMBIÉN
Rayado, página 36
Grosores de línea, página 48

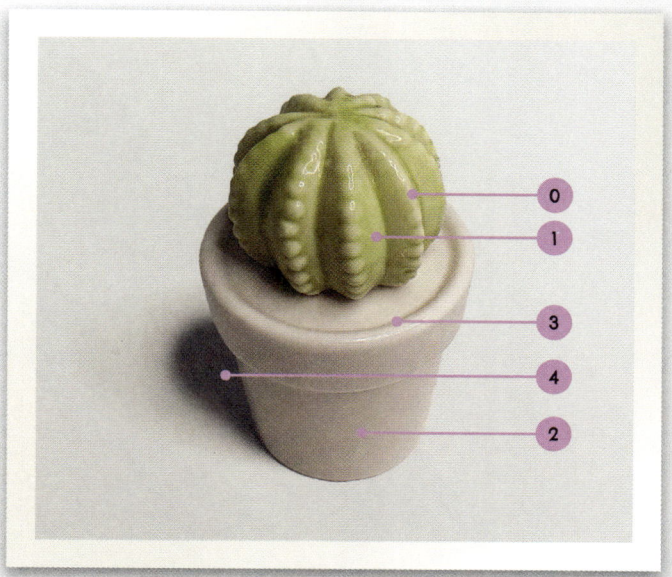

VALORES

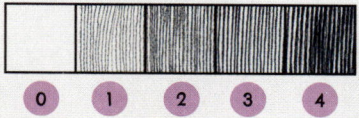

Texturas

A veces, dibujar todos los objetos de una escena resulta poco práctico por la distancia, el tamaño o las preferencias. En situaciones como esta, puede recurrir a las texturas para aportar encanto visual y cualidades táctiles al dibujo. Las texturas permiten al observador establecer una conexión más íntima con la ilustración e interpretar su naturaleza y su carácter.

ESTA PÁGINA. Fíjese en la cantidad de texturas distintas que se han representado en esta imagen, desde las líneas definidas y angulosas de las ramas en primer plano hasta el comprimido rayado de las tejas.

Hay infinidad de maneras de representar las texturas y, con práctica, cada artista desarrolla sus propias técnicas. El resultado visual de estas texturas depende de varios factores, como la técnica utilizada, la herramienta de dibujo empleada y la velocidad de aplicación de las marcas. En este apartado me gustaría compartir con usted el proceso que suelo seguir para crear diseños con textura.

Imaginemos por un momento que vamos a aplicar distintas texturas a una esfera. Aunque esto es poco probable en la vida real, servirá para explicar el proceso de creación de texturas paso a paso.

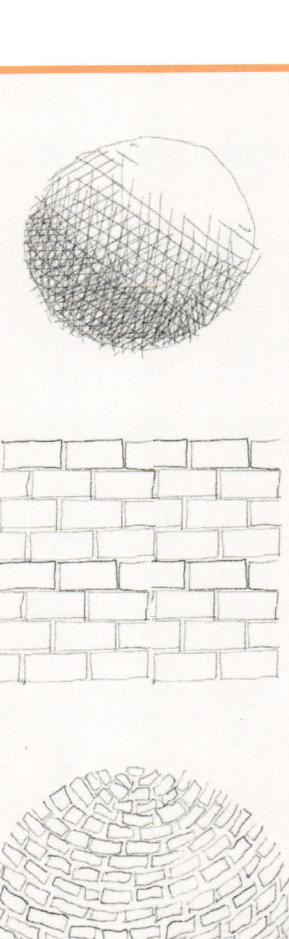

ABSTRACCIÓN DE LA TEXTURA

El primer paso consiste en analizar los trazos que conforman la textura deseada. Observe si son largos, cortos, sinuosos, verticales, horizontales o si forman algún diseño. Intente descubrir sus peculiaridades.

Pongamos, por ejemplo, la imagen de una pared de ladrillo, que está formada por líneas cortas horizontales y verticales.

APLICACIÓN DE LA ABSTRACCIÓN

Aplique la abstracción a la figura, siguiendo su forma. Fíjese en que ahora las líneas son más curvadas. En algunos casos, la forma quedará difuminada, puesto que se trata de texturas que, por su tamaño o naturaleza, no siguen o cubren la forma por completo, como el pelo largo o la hierba.

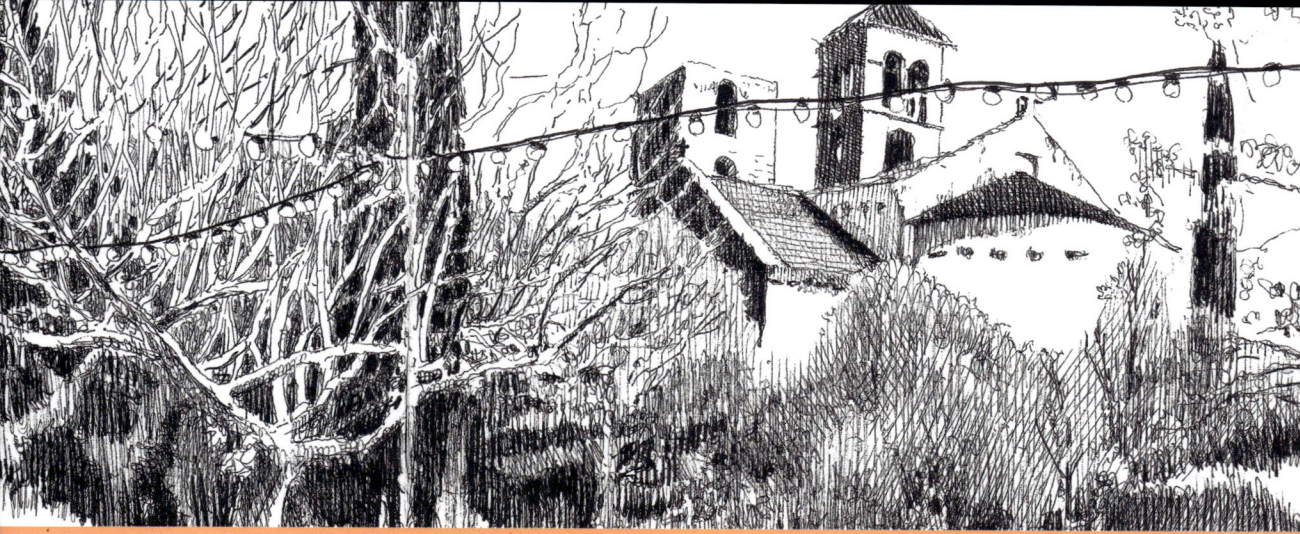

INCORPORACIÓN DE DETALLES

Ahora es el momento de añadir detalles a la textura. En función del motivo, puede agregar contraste, manchas u otros elementos que den un aspecto más natural u orgánico a la textura. Hay técnicas que se adaptan más fácilmente a determinadas texturas, pero, en general, puede crear estos detalles con cualquiera de ellas.

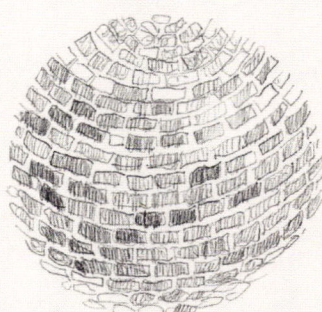

INCORPORACIÓN DE SOMBRAS ESPECÍFICAS

Por último, añada las sombras específicas de la esfera. Estas sombras, junto con las particularidades de la textura, transmiten información suficiente para que el observador pueda comprender la naturaleza y el volumen del objeto.

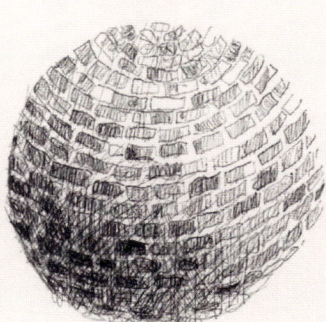

DEFINICIÓN DEL TAMAÑO

Es fundamental definir el tamaño en el que dibujará la imagen de referencia. Cuando más alejado esté y más pequeño sea el dibujo, menos definición y detalles de textura tendrá. Si destaca demasiado una textura lejana, podría alterar el sentido de escala.

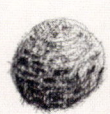

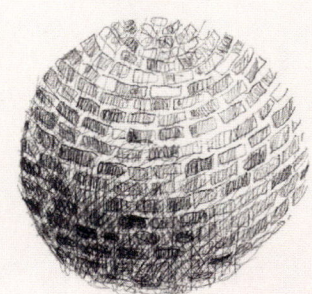

MADERA

Concéntrese en los nudos y la dirección sinuosa y vertical del tronco para crear la textura de la madera. Utilice estos elementos como punto de partida para representar una textura realista.

AGUA

Observe el movimiento horizontal del agua y las olas, creando sombras y reflejos característicos. Esto realza la naturaleza líquida del agua, en especial el suave vaivén de las olas.

HIERBA

Represente la hierba con líneas de distinta longitud en función del tipo del que se trate. Incluya sombras de las irregularidades del terreno y la densidad de la hierba para aportar dimensión y realismo.

PIEDRA

Podemos dibujar infinidad de formas y tipos de piedras. Además de la forma, observe los puntos de unión entre ellas: en este caso son más oscuros y dan volumen y claridad a la textura.

Abstracción

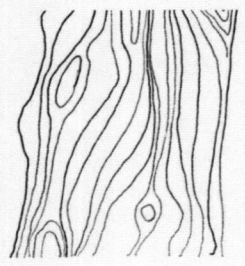 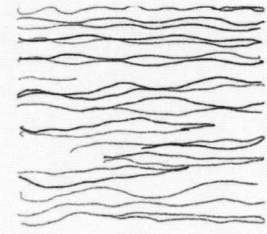 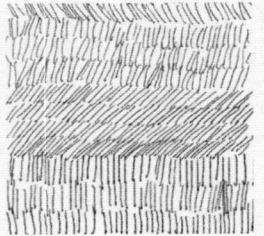 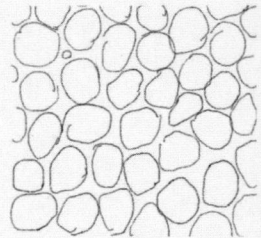

Textura

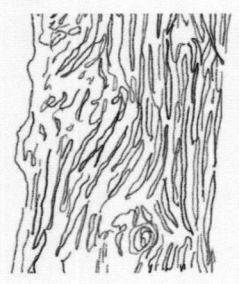 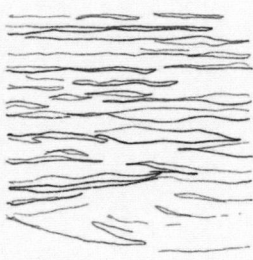 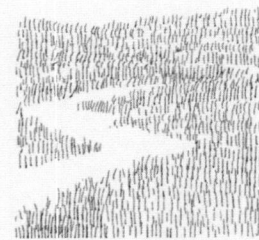 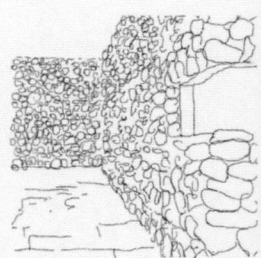

Textura + sombras

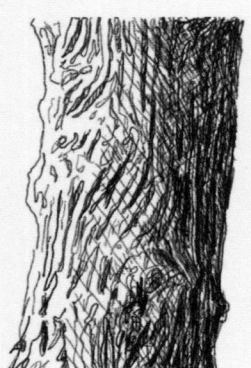 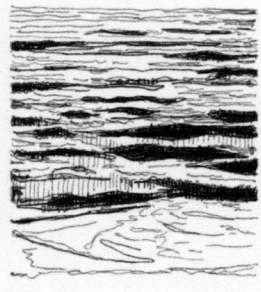 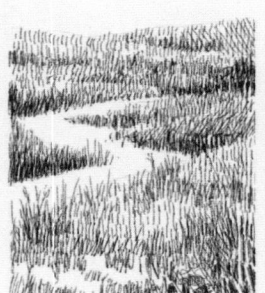 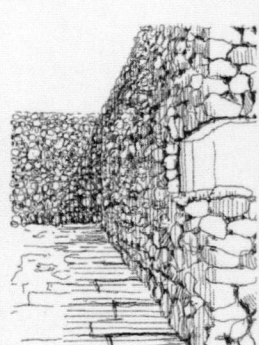

PELO/PELAJE

Tal vez sea una de las texturas más complejas de crear, puesto que sigue una dirección distinta para cada tipo de pelo. Observe estos detalles para representar texturas muy concretas del pelo y el pelaje.

PLUMAS

Las plumas, como el pelo, siguen una dirección determinada, pero también un diseño que cambia de tamaño y de ritmo según el caso.

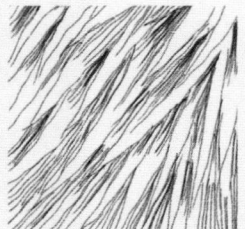

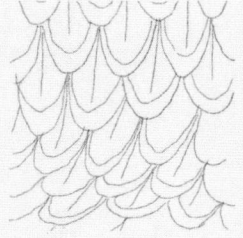

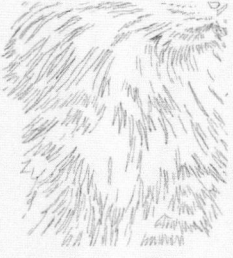

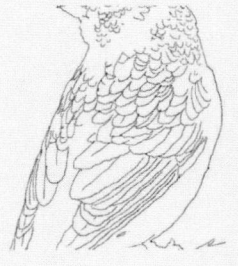

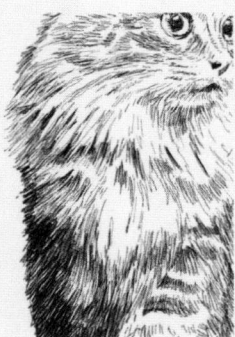

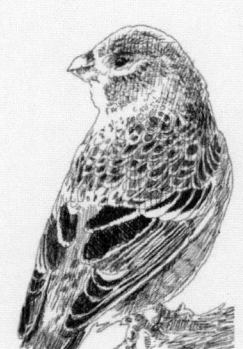

ERRORES HABITUALES

Importancia excesiva de los detalles: si se concentra demasiado en detalles intrincados de la textura, la composición podría perder coherencia y equilibrio visual.

Omisión de la escala y la proporción: la aplicación de texturas sin tener en cuenta su escala adecuada con relación a la composición global, podría causar incoherencias y distorsiones.

Uso de herramientas inadecuadas: elija una herramienta que le permita realizar el tipo de marcas que necesita para la textura en cuestión.

Falta de variedad: si no incorpora texturas variadas en una composición, el dibujo podría quedar plano y visualmente poco interesante.

Grosor incoherente de las líneas: la aplicación de grosores de línea irregulares o incoherentes a la hora de crear texturas que no lo requieren podría dar como resultado un aspecto desequilibrado y fragmentado.

Omisión de la fuente de luz: si no tiene en cuenta la dirección y la intensidad de la luz, los sombreados de las texturas podrían quedar poco realistas.

Impaciencia: cuando se crean texturas, las prisas podrían comprometer la calidad global del dibujo.

Complicación excesiva de los diseños: la incorporación de diseños excesivamente complejos a las texturas podrían abrumar al observador y desmerecer el atractivo del dibujo.

EJERCICIO

A partir de los ejemplos de esta página, elija un objeto que le llame la atención, simplifique y abstraiga su textura con líneas básicas y, por último, aplique dicha textura al objeto elegido. Intente ajustar la escala hasta que logre un resultado satisfactorio.

Aplicación del color

Se podría escribir un libro entero sobre el color, pero en este caso nos centraremos en el color como un compañero visual de los dibujos. Esta poderosa herramienta compositiva permite dirigir la atención a elementos o detalles específicos, alterado incluso la percepción global del dibujo.

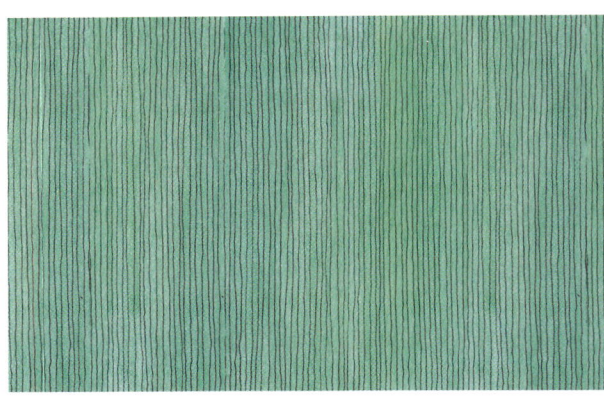

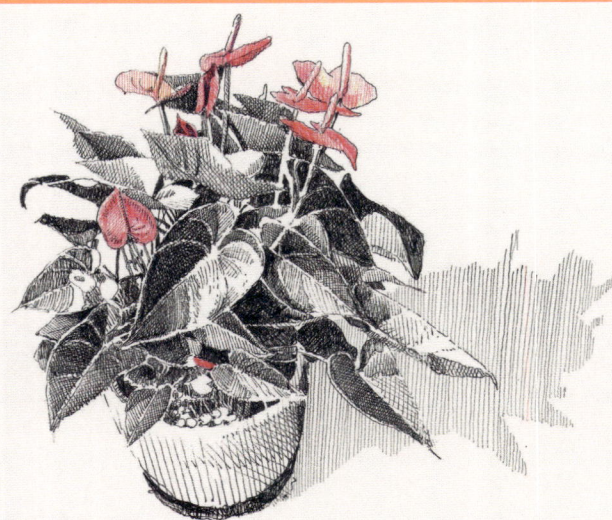

Color en una parte concreta del dibujo

Cuando añade color a una parte concreta de un dibujo, crea un punto de interés visual. De manera natural, la mirada del observador se siente atraída por los fragmentos coloreados en un entorno en blanco y negro.

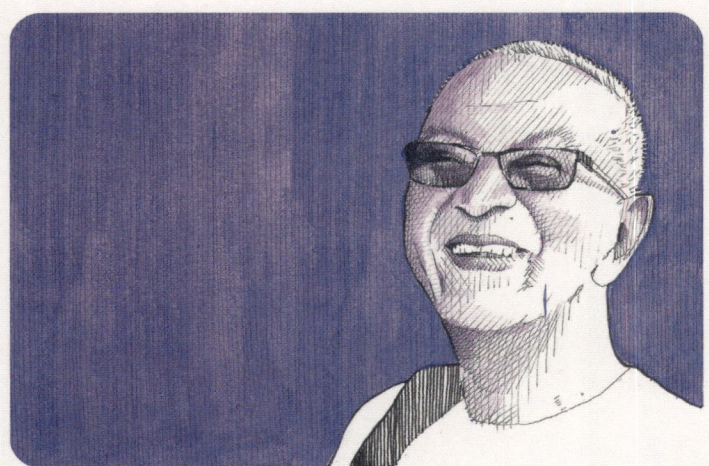

Uso del color como fondo

Cuando el color se utiliza como un fondo, se realzan las figuras dibujadas en blanco y negro, aprovechando la asociación del papel blanco con la iluminación de la figura. El ajuste de la intensidad y la tonalidad del fondo pueden potenciar las formas y los detalles.

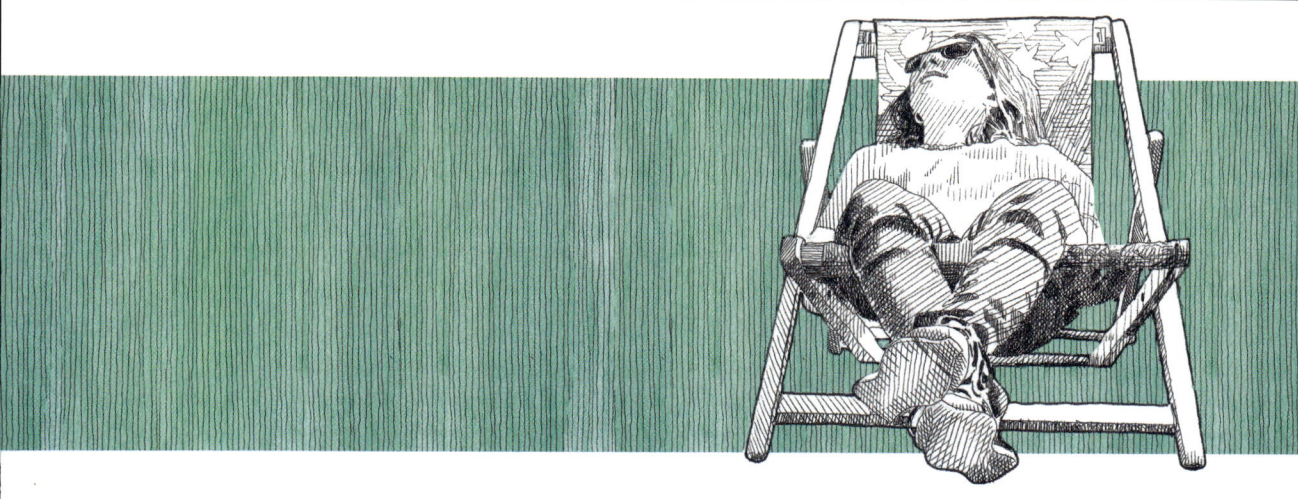

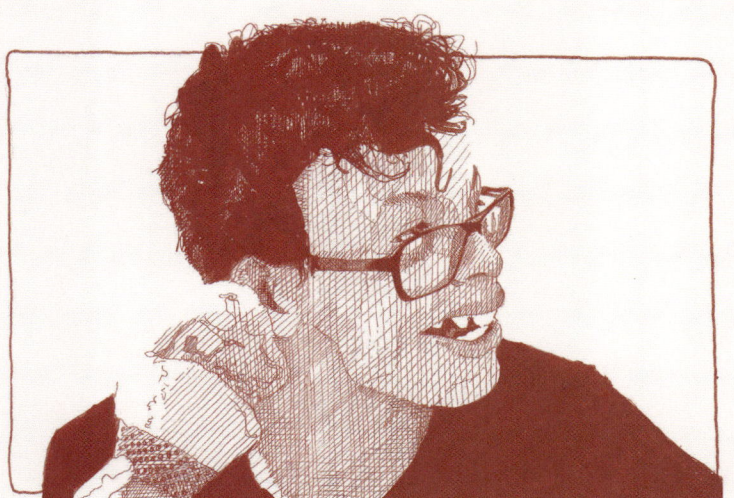

Uso de un solo color para todos los trazos

Cuando opta por un solo color para todos los trazos de un dibujo, infunde intención a la composición. Según el tono y la saturación elegidos, puede transmitir distintas emociones, desde serenidad hasta intensidad. Varíe la densidad y el grosor de los trazos para guiar la atención del observador.

Uso de distintos colores

Cuando decide utilizar distintos colores, incorpora nueva información al dibujo, proporcionando detalles sobre la cualidad material y la naturaleza del objeto que son imposibles de plasmar exclusivamente en blanco y negro.

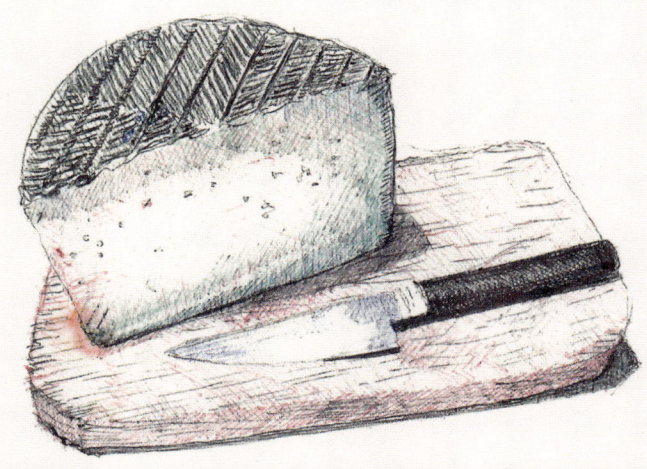

Trama + rayado corto

PASO A PASO: PAJARERA

Al combinar ambas técnicas puede potenciar la expresividad y la riqueza de los tonos de la composición. La trama permite obtener una textura densa y uniforme, mientras que el rayado corto ofrece una gran variedad de valores tonales.

1. LÍNEAS A LÁPIZ BÁSICAS

Para empezar, esboce a lápiz los contornos con trazos muy sutiles para evitar tener que borrarlos al final del proceso.

2. VALOR MÁS OSCURO

Aplique el valor más oscuro a bolígrafo, en una capa no muy densa y relativamente uniforme con la técnica del rayado corto.

Al principio, ejerza una ligera presión en el bolígrafo.

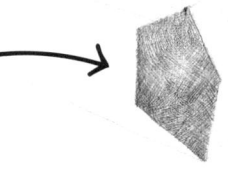

3. SEGUNDO VALOR MÁS OSCURO

Trabaje la siguiente cara del objeto. Al terminar, compruebe la relación tonal entre esta y la zona sombreada anterior. Ajuste la parte más oscura del dibujo para marcar la diferencia.

4. TERCERA CARA

Trabaje con cuidado la cara superior, más intrincada, prestando atención a la transición entre la parte más clara y la más oscura. Aplique las capas con una mínima presión, superponiéndolas hasta obtener el tono deseado.

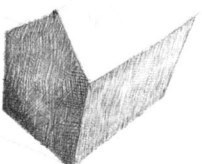

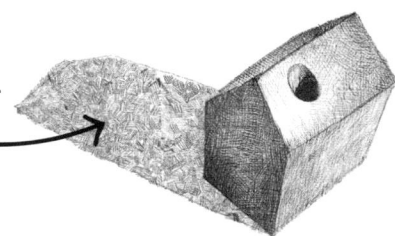

5. RETOQUE DE LOS VALORES

Reserve la cara más pequeña para los últimos retoques. Al terminar, compruebe de nuevo las relaciones tonales de la imagen de referencia y oscurezca las partes del dibujo que lo requieran.

6. TRAMA

Sombree el dibujo con una trama para crear rápidamente un tono uniforme con una textura interesante.

Modifique la presión del bolígrafo para obtener tonos con matices.

De vez en cuando, limpie el exceso de tinta de la punta del bolígrafo.

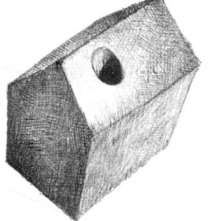

7. ÚLTIMOS RETOQUES

Compare su dibujo con el de referencia y añada capas cuando sea necesario para potenciar el contraste. Recuerde que siempre puede oscurecer el dibujo, pero aclararlo es más complicado. Por esta razón, se recomienda reservar los valores muy oscuros para las últimas fases del proceso.

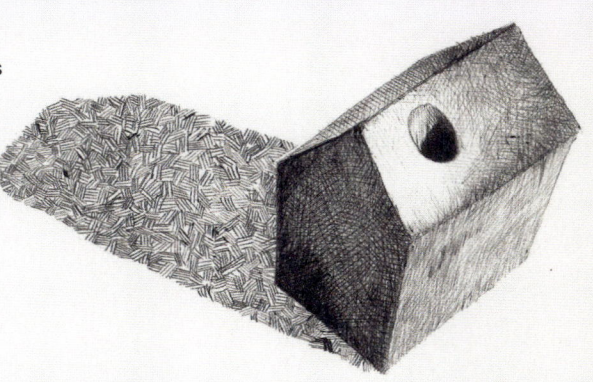

VÉASE TAMBIÉN
Trama, página 52
Rayado corto, página 46

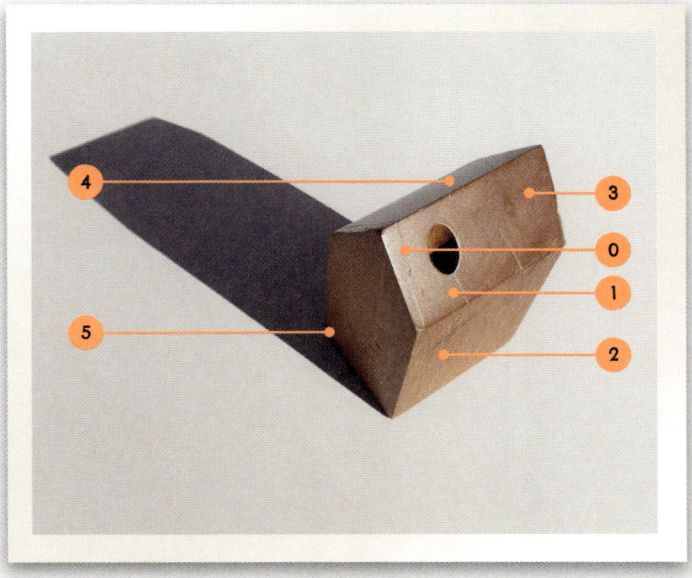

VALORES

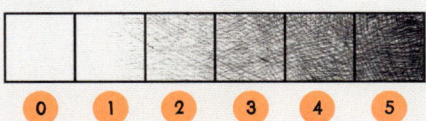

0 1 2 3 4 5

ANTES DE ENTRAR EN ACCIÓN

En este capítulo veremos los pasos que deberá seguir para comenzar su viaje al mundo de la ilustración en tinta. Analizaremos la importancia de elegir los proyectos en función de sus dotes artísticas y el tiempo de que dispone, algo fundamental para evitar frustraciones innecesarias, y aprenderemos a aplicar la observación consciente como un puente entre la realidad que nos rodea y el modo de expresarla en el papel. Además, desentrañaremos los principios fundamentales de la perspectiva y la composición, sentando las bases que lo guiarán en el camino para dominar la ilustración en tinta.

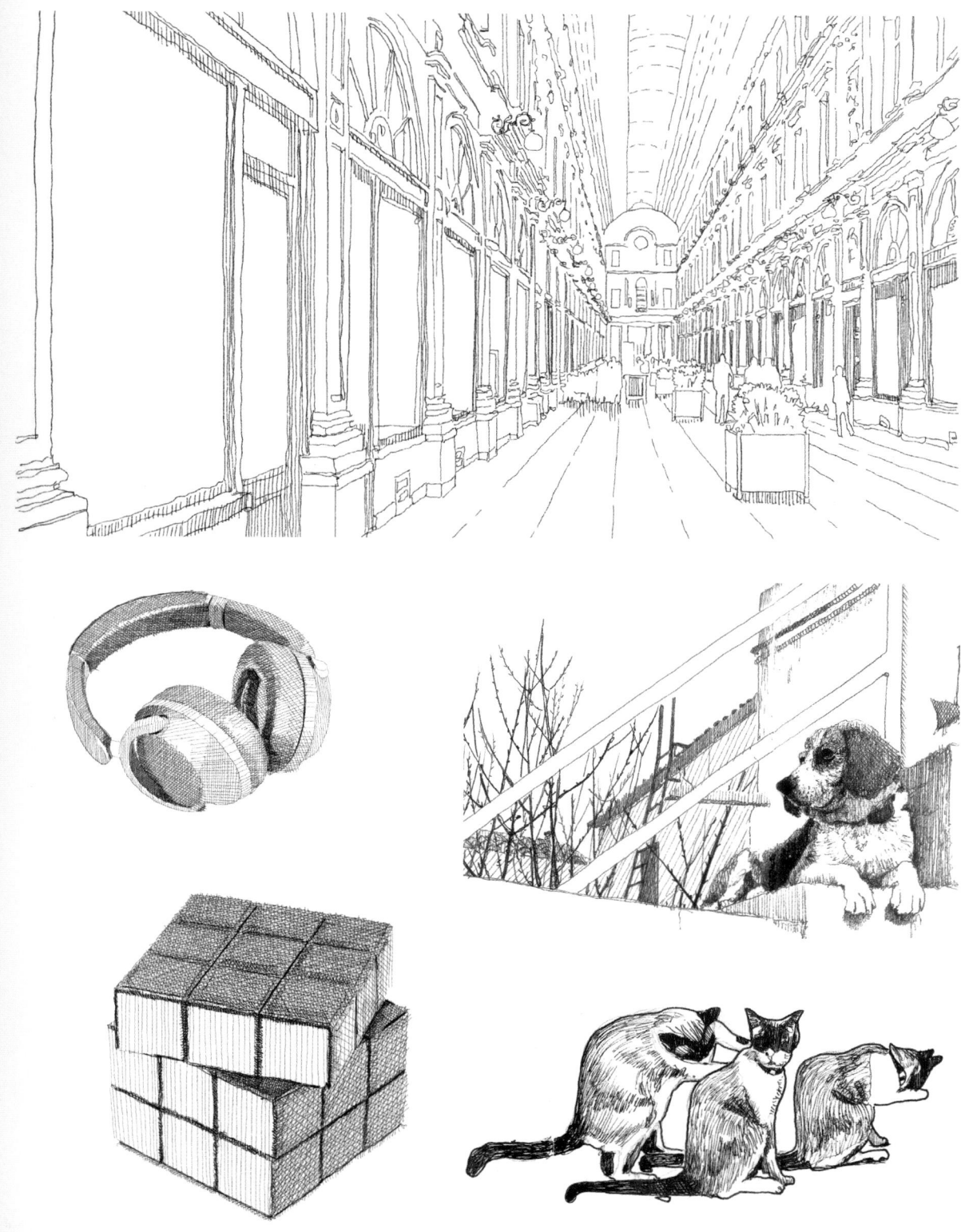

No se complique

Si es la primera vez que dibuja, empiece con motivos sencillos y poco complicados de lados rectos, como libros, bloques de construcción infantiles, cajas de cartón o incluso maletas. Así podrá concentrarse en los pilares del arte (la proporción, la perspectiva y la composición) sin tener que preocuparse mucho por las curvas complicadas, la superposición de elementos o las sutilezas del sombreado, sentando una base sólida para la construcción de sus proyectos artísticos.

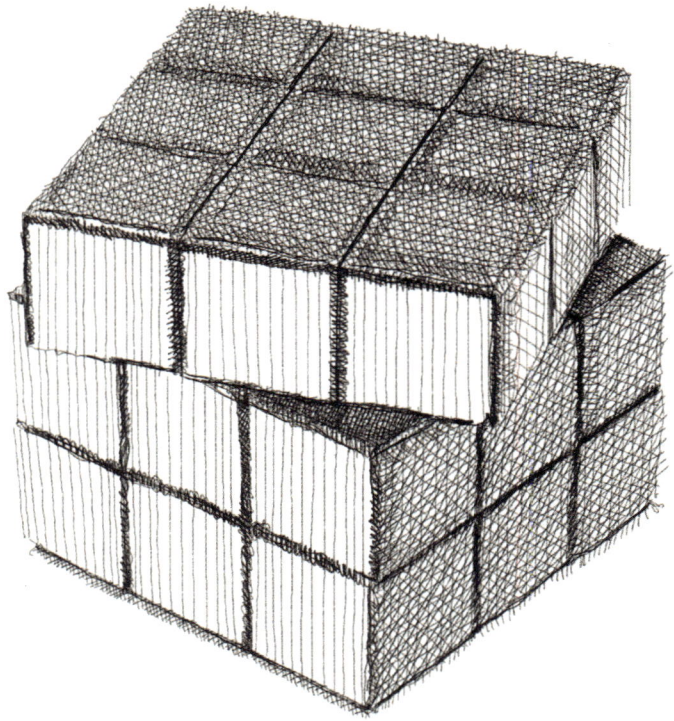

Los objetos sencillos pueden ser sus aliados a la hora de practicar. Al principio, puede que sus dibujos sean líneas rectas y poco más, pero, poco a poco, puede añadir capas de información, como sombras y detalles, para que resulten más atractivos.

EL CATALIZADOR

Más que una meta, realizar dibujos sencillos con buenos resultados es un catalizador. Aumentará su confianza y lo animará a asumir retos cada vez más complejos. Descubrirá que pronto aprenderá a evaluar mejor su trabajo y será capaz de abordar motivos más intrincados con determinación y curiosidad. Esto no solo potencia sus dotes artísticas, sino que también alimenta la sensación de logro.

Copie los libros de abajo: este rápido ejercicio, que consiste en dibujar libros en varias posiciones, no solo es una actividad divertida, sino también una manera eficaz de perfeccionar sus dotes de observación y comprensión. Como los libros cuentan con bordes rectos y líneas paralelas, no tiene que preocuparse por dibujar formas complicadas y curvas.

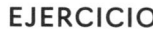

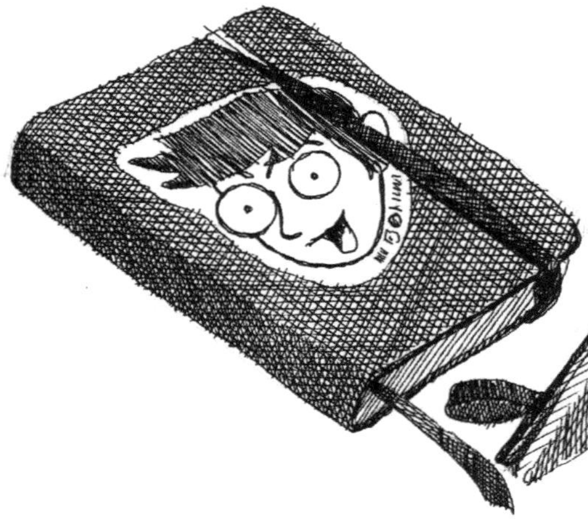

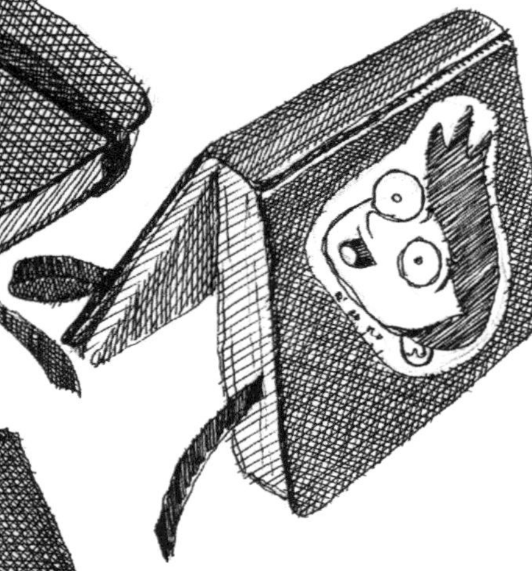

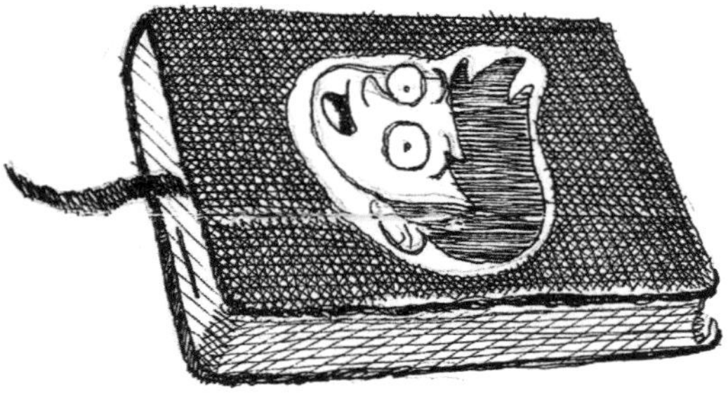

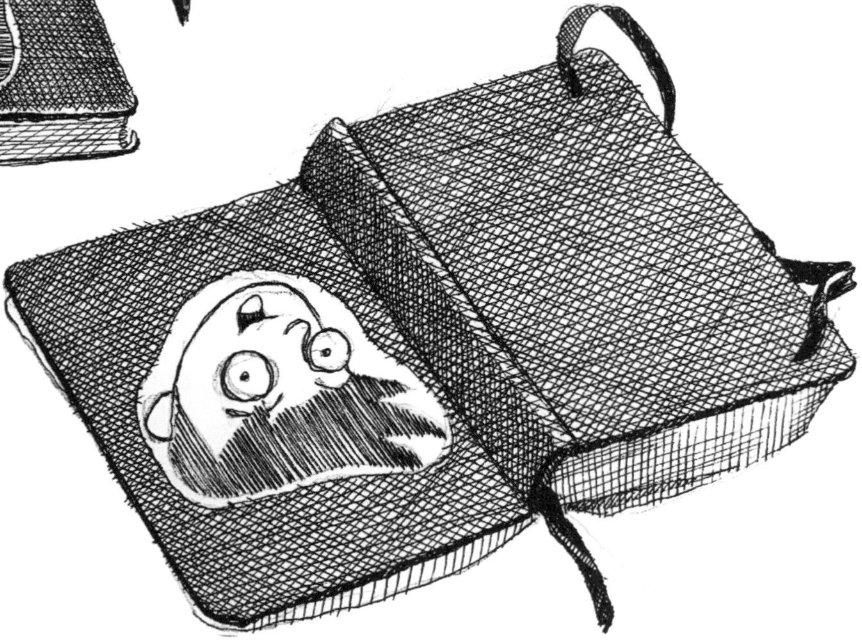

Si repite el mismo motivo en distintas «poses», entenderá las proporciones y mejorará sus dotes de observación. Piense en el ángulo desde el que está viendo el libro: ¿qué parte de cada lado resulta visible? Esto también lo ayudará a dejar la mano más suelta, para que pueda trabajar con más libertad.

Para no desanimarse cuando dibuje, va bien esbozar el mismo objeto desde distintos puntos de vista. Ya sea empezando con un sencillo esbozo de una vista frontal y, después, explorar distintas perspectivas, a la larga la práctica lo ayudará a lograr un resultado más realista.

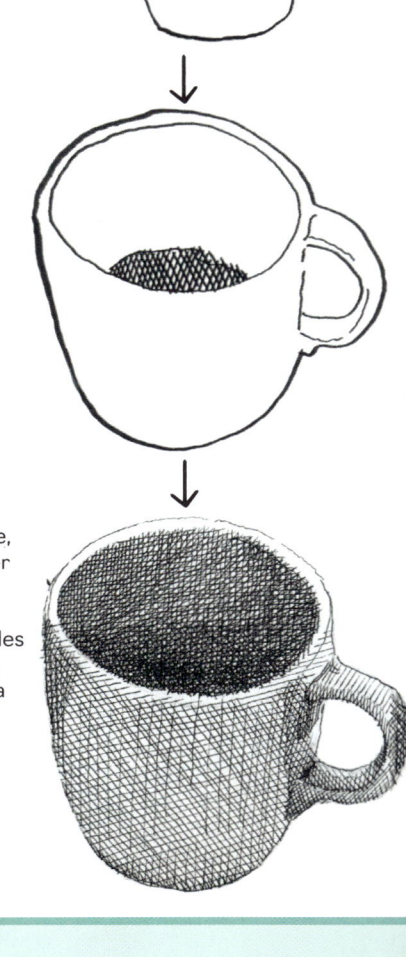

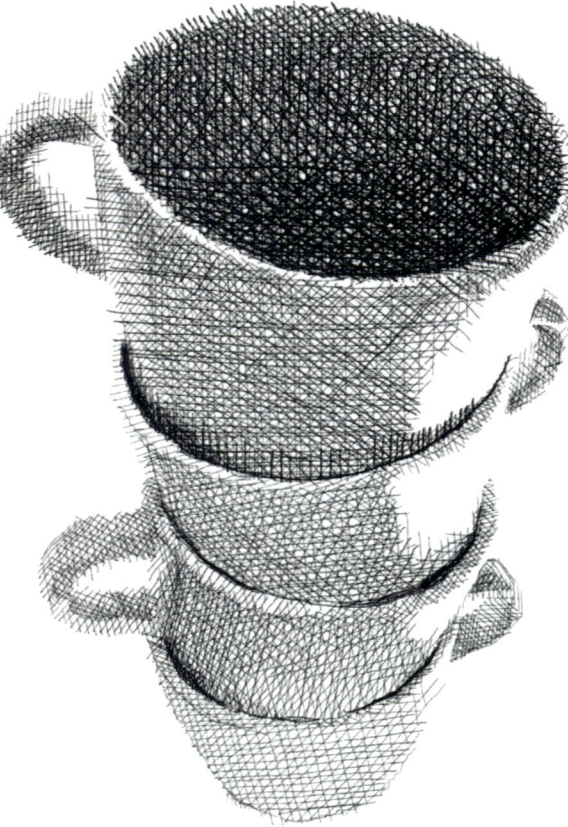

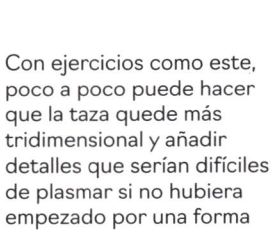

Con ejercicios como este, poco a poco puede hacer que la taza quede más tridimensional y añadir detalles que serían difíciles de plasmar si no hubiera empezado por una forma básica.

NO SE DESANIME

La frustración por que las cosas salgan «mal» puede llevar a abandonar por completo el dibujo, a menudo por haber intentado hacer demasiadas cosas demasiado deprisa. Si elije un objeto sencillo que pueda deconstruir en formas rudimentarias, adoptará un proceso creativo más gratificante que le proporcionará una base sólida para aumentar su confianza y sus dotes artísticas. También hay que ver los errores como pasos hacia la mejora. Considere el dibujo como una experiencia enriquecedora y liberadora; de hecho, la práctica es el objetivo, no solo un camino hacia la excelencia artística.

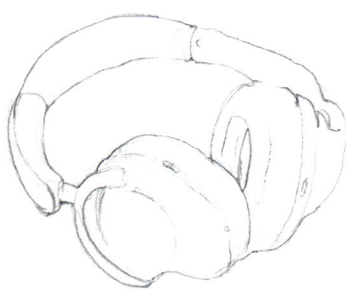

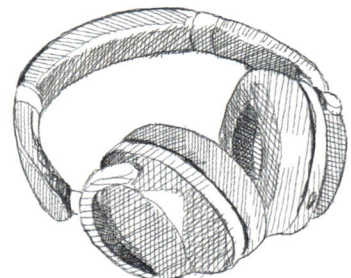

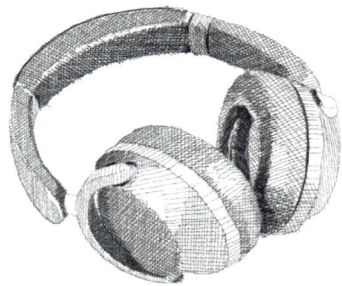

Si tengo cinco minutos, intento hacerme una idea rápida del objeto, tratar de plasmar las proporciones y trazar unas líneas básicas, normalmente a lápiz, para esbozarlo.

Con 15 minutos, puedo fijarme más en las proporciones. Una vez definidas, me concentro en representar los distintos tonos con trazos rápidos.

Con 30 minutos, los trazos quedan menos apresurados, lo que me permite prestar atención a las texturas y hacer un dibujo más coherente.

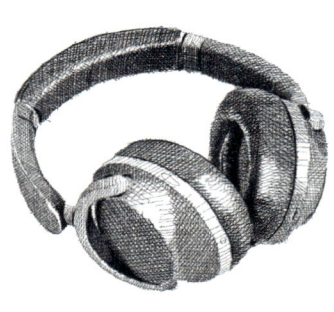

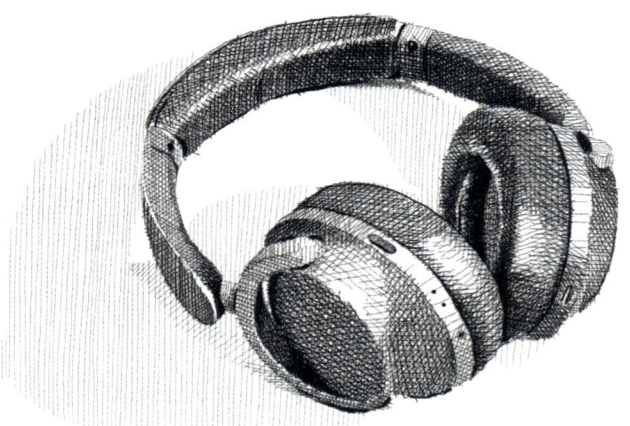

Si tengo una hora, puedo dedicarme a ajustar el contraste añadiendo todas las capas necesarias.

Con algo más de tiempo, me dedico a añadir los pequeños detalles o lo que rodea al objeto, la proyección de la sombra u otros elementos que aportan información al dibujo.

SEA REALISTA CON SU TIEMPO

Para lograr objetivos factibles, es imprescindible que sea realista con el tiempo de que dispone para dibujar. Si solo tiene unos minutos, le será imposible realizar un esbozo con todos los detalles y tendrá que conformarse con definir la forma básica y las proporciones.

Para empezar, simplifique la(s) forma(s) y, después, vaya avanzando poco a poco. Este método le resultará menos frustrante que ponerse a dibujar deprisa y corriendo y obtener un resultado que no está a la altura de sus expectativas.

Proporciones

En este apartado aprenderá a utilizar un lápiz para transferir las
medidas y las proporciones de un objeto real al papel. El lápiz es
una herramienta práctica y fácil de llevar encima para dibujar en
cualquier lugar, pero hay otras herramientas útiles. Elija las que mejor
se adapten a sus necesidades en función de la situación o el objeto.

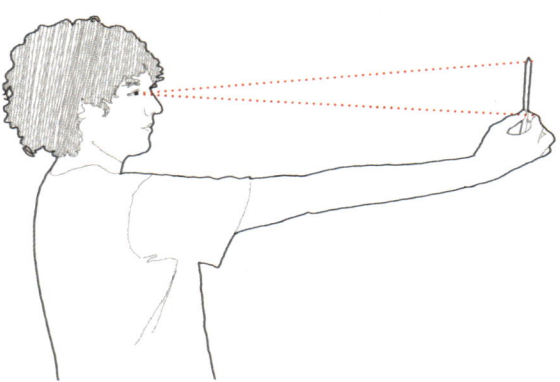

CÁLCULO DE MEDIDAS
A PARTIR DE LA OBSERVACIÓN

Para tomar medidas con precisión a partir de
la observación, colóquese a una distancia que
le permita observar el objeto que está a punto
de dibujar sin necesidad de mover la cabeza.
Alargue el brazo y sujete el lápiz en vertical.
Cierre un ojo y alinee el lápiz entre el otro ojo
y el objeto elegido. Con este método podrá
establecer una relación visual directa.

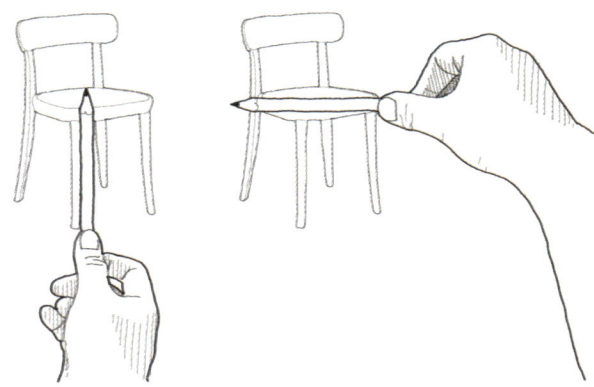

IDENTIFICACIÓN
DE LAS PROPORCIONES

Ahora, concéntrese en identificar las proporciones del objeto. Por ejemplo, fíjese en que la
distancia entre la base de la pata delantera
y la parte posterior del asiento es similar a la
anchura máxima de la silla. Este planteamiento
constituye un método sistemático de comparar todas las partes del objeto y comprender
sus relaciones y proporciones.

CONEXIÓN CON EL MOTIVO

Cuando se dedica mucho tiempo a contemplar
un objeto, se abre una puerta a una realidad
que suele pasar desapercibida. Invertir tiempo
en la observación mientras se dibuja crea
inevitablemente un vínculo con el objeto que
se está plasmando. Transforma el acto de
dibujar en más que una mera captura visual
y se convierte en la construcción de un
recuerdo perdurable del objeto, el tiempo
y el lugar representados.

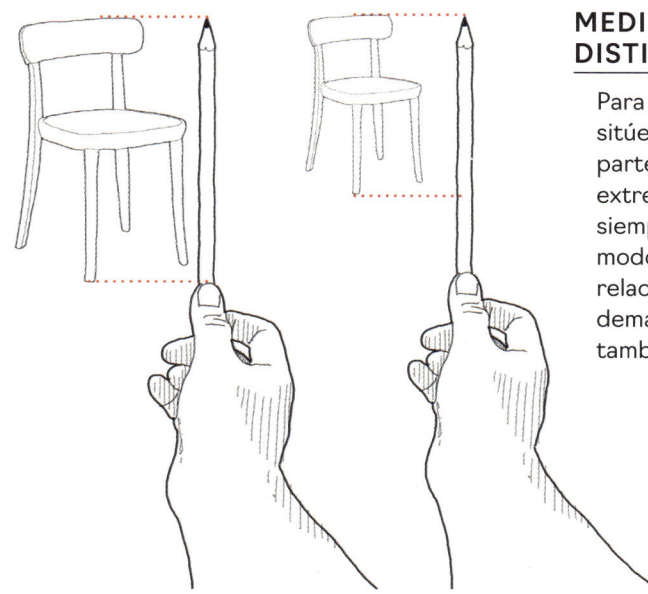

MEDICIÓN DE LOS DISTINTOS COMPONENTES

Para medir las distintas partes del objeto, sitúe la punta del lápiz en un extremo de la parte que quiere medir y el pulgar en el extremo opuesto. Hay que mantenerse siempre a la misma distancia del objeto, de modo que todas las medidas mantengan una relación coherente. Si se acerca o se aleja demasiado, las medidas relativas del lápiz también cambiarán.

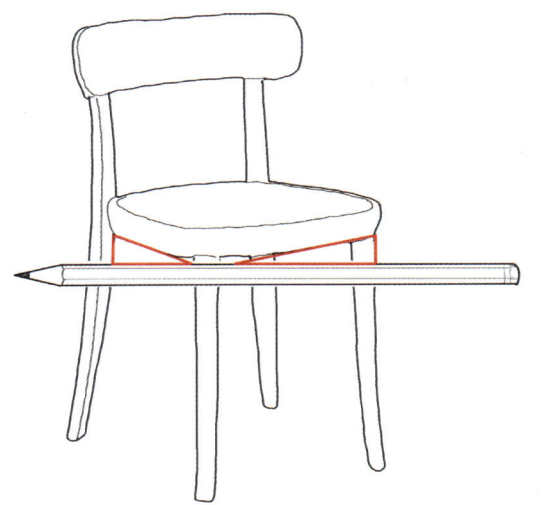

COMPROBACIÓN DE LOS ÁNGULOS

El lápiz también puede ayudar a definir los ángulos. Si en algún momento le surge alguna duda de si una línea sube o baja, sencillamente coloque el lápiz en horizontal y podrá averiguar enseguida la dirección de la línea. Este método también sirve para las líneas verticales.

TRANSFERENCIA AL PAPEL CON UN LÁPIZ

Para transferir las medidas al papel, utilizaremos el mismo planteamiento. Siempre que sea posible, empiece por la medida máxima, en este caso, la altura de la silla. En el papel, trace una línea que represente la altura total, no necesariamente de la medida exacta del lápiz. Recuerde que el lápiz sirve para definir las relaciones de los elementos de un objeto, por lo que puede dibujar la línea de la longitud que quiera.

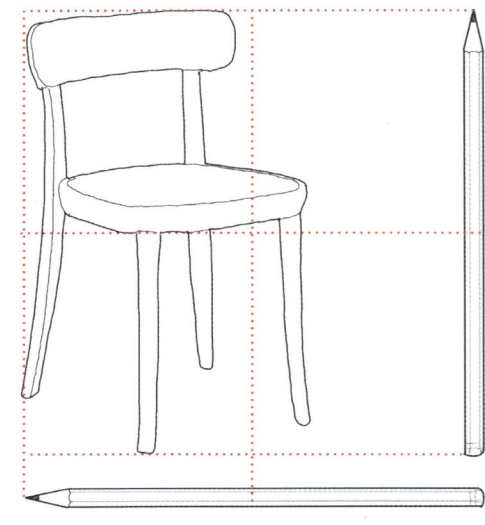

1. PRIMERAS MEDIDAS
Tomando las medidas con el lápiz, fíjese en que la pata delantera mide exactamente la mitad de la altura total. Gire el lápiz para comparar estas medidas con la silla y verá que es algo más ancha que larga, y que el respaldo es algo más corto. Aplique estas proporciones al esbozo.

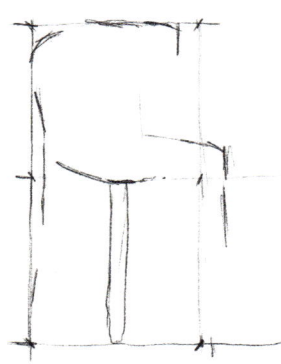

2. RELACIONES
Con el lápiz en horizontal, ahora puede calcular la longitud de las otras patas con relación a que ya ha dibujado. Lo mismo sucede con el hueco del respaldo.

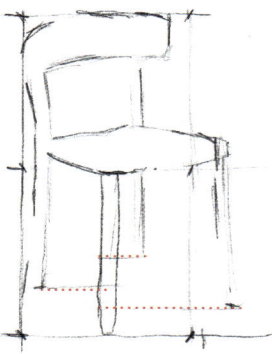

3. ÁNGULOS
Ahora ya tiene todas las líneas básicas para dibujar el resto de los elementos de la silla. Con el lápiz, identifique las líneas que no son completamente verticales u horizontales y calcule sus ángulos aproximados.

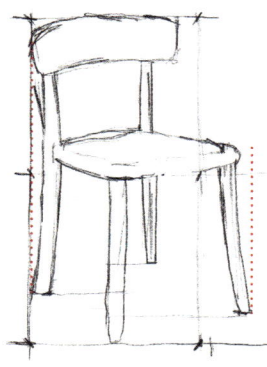

4. CONTORNO
Por último, borre las líneas provisionales del dibujo y delinee el contorno definitivo. Si ha dibujado a lápiz, plantéese hacer el contorno a bolígrafo. De esta manera, destacará las líneas correctas, lo que potenciará la definición global del dibujo.

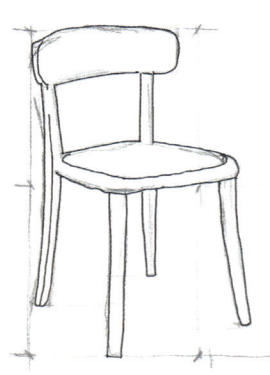

INSTRUMENTOS DE OBSERVACIÓN

REJILLA DE VISUALIZACIÓN

Esta herramienta de dibujo creada en el Renacimiento consiste en una estructura en forma de cuadrícula y un tubo de visión para ajustar el punto de vista. Al alinear el objeto con la rejilla mediante una retícula en el papel, se obtiene una representación más precisa y proporcionada del objeto observado.

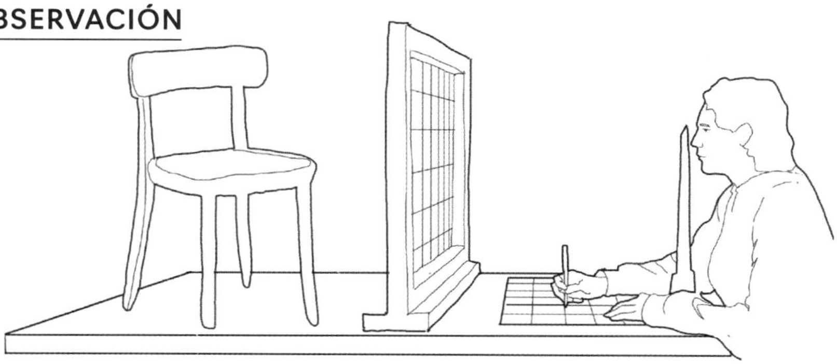

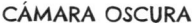

CÁMARA OSCURA

También muy popular en el Renacimiento, una cámara oscura consiste en una caja cerrada en la que la imagen de un objeto o una escena se proyecta mediante el paso de la luz. Esta proyección se utiliza de referencia para dibujar una representación proporcional y precisa en el papel.

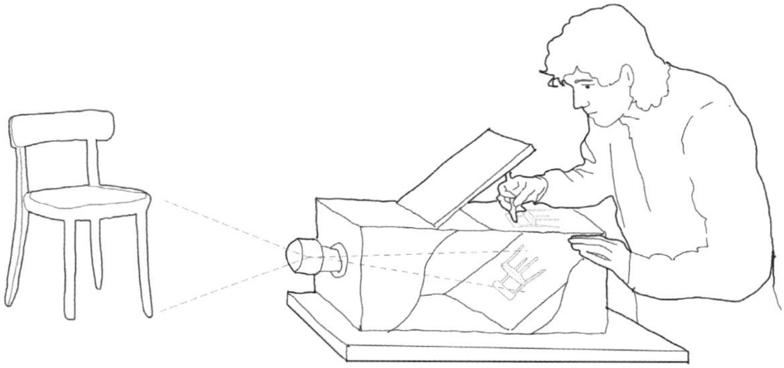

CÁMARA LÚCIDA

La cámara lúcida es un sistema óptico que, a través de un prisma o un espejo, crea la ilusión de que el objeto observado se proyecta en el papel. Con este dispositivo puede verse tanto la imagen reflejada como la mano en el papel, lo que permite trazar con precisión los contornos y los detalles del objeto directamente en el papel.

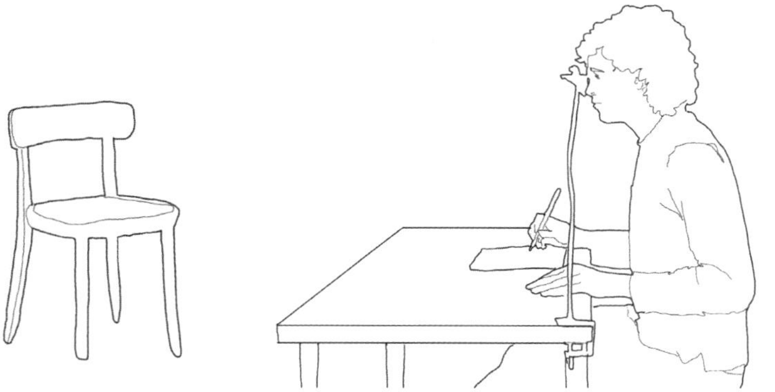

EQUIVALENTES MODERNOS

Con el tiempo, los artistas y los ingenieros han inventado una serie de artilugios para plasmar la realidad en una superficie bidimensional: espejos, rejillas y cámaras son instrumentos que ayudan en este proceso. Hoy día, buena parte de las funciones de estos dispositivos pueden sustituirse por aplicaciones de móvil.

Tomar fotos y usarlas de referencia es equiparable a la función de la cámara oscura, mientras que la aplicación de cuadrículas a estas fotos puede ser el equivalente a la rejilla de visualización. Independientemente del periodo histórico, la tecnología puede desempeñar un papel fundamental en el mundo de la observación.

Composición

El término «composición» se refiere al modo en el que los elementos visuales de un dibujo están distribuidos. Esto raramente es fruto de la casualidad. Al contrario, se aplican una serie de pautas para que la ilustración resulte agradable, quede vistosa o llame la atención del observador. La composición implica tomar decisiones acerca de la manera de distribuir los elementos. El objetivo de estas decisiones es lograr un equilibrio visual y una narrativa estética coherente. Es imprescindible entender la importancia de la composición para crear obras que no solo resulten visualmente atractivas, sino que también transmitan emociones, cuenten historias o comuniquen mensajes concretos.

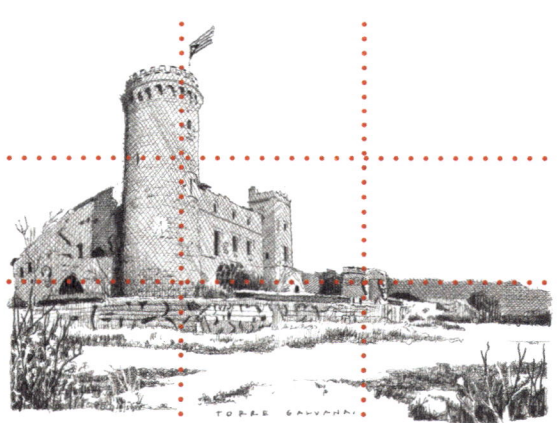

LA REGLA DE LOS TERCIOS

La regla de los tercios divide la composición en nueve partes iguales mediante dos líneas horizontales y dos verticales, creando una serie de cuadrados o rectángulos más pequeños. La idea fundamental es que los puntos de interés o los elementos clave de la composición deberían colocarse cerca de las intersecciones de estas líneas.

EXPERIMENTE CON DISTINTAS COMPOSICIONES

Por muy sencillo que sea un dibujo, plantéese siempre dónde conviene colocar los elementos que quiere representar. El tiempo que dedique a esta decisión nunca es en vano y marcará la diferencia una vez termine la ilustración.

En este apartado veremos una serie de pautas de composición. Aun así, cabe mencionar que existen otras directrices y variaciones aparte de las que se muestran aquí. Aplique las que considere oportunas y experimente para descubrir cuáles se adaptan mejor a sus preferencias. Pruebe distintas composiciones del mismo motivo y analice los estados de ánimo y las emociones que generan. Si explora estas pautas y las aplica con flexibilidad, desarrollará un estilo personal en sus dibujos.

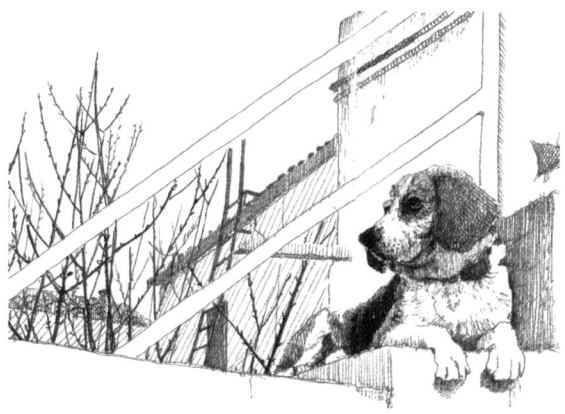

LA LEY DE LA MIRADA

De acuerdo con la ley de la mirada, los elementos deberían tener más espacio libre delante que detrás de ellos. Así, se proporciona espacio adicional en la dirección hacia la que se orienta la mirada o la atención del motivo.

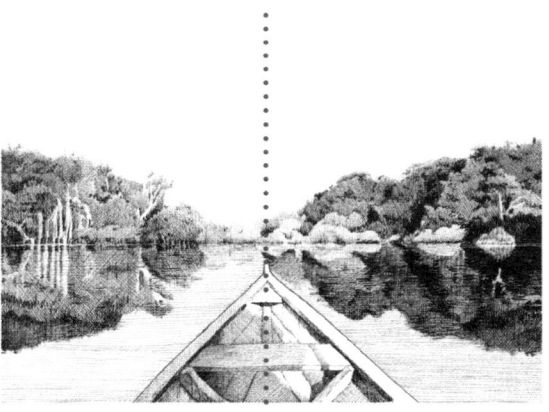

LA LEY DE SIMETRÍA

La ley de simetría se basa en la creación de un equilibrio visual mediante la distribución simétrica de los elementos. En resumidas cuentas, consiste en dividir la imagen en dos mitades, reflejando simétricamente los elementos a ambos lados de un eje central, ya sea horizontal o vertical (como en esta imagen). Este tipo de composición suele transmitir una sensación de calma y equilibrio.

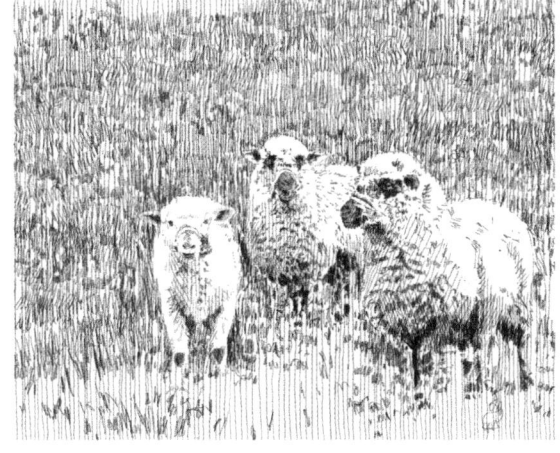

LA REGLA DE LOS NÚMEROS IMPARES

En una composición, un número impar de elementos suele resultar más atractiva que si es par. El objetivo de esta regla es evitar la simetría perfecta, y aporta interés visual y una sensación de asimetría y dinamismo a los dibujos.

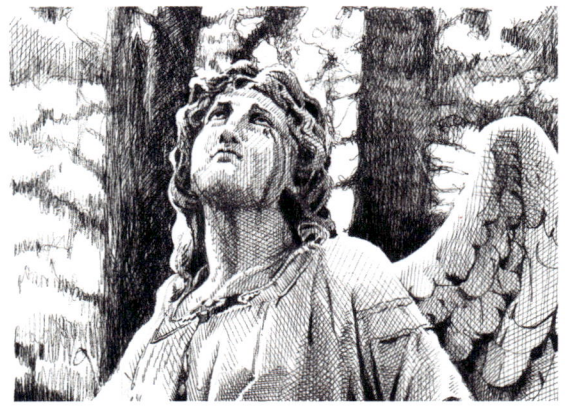

ENCUADRE LIMITADO

El objetivo de esta regla es guiar la mirada del observador hacia un determinado elemento de la composición, potenciando su importancia y enriqueciendo la narrativa visual.

Mientras dibujamos, podemos utilizar varias herramientas para lograr el encuadre. El contraste, las variaciones de la tipología de los trazos o la cantidad de detalles aplicados a determinados elementos son características clave. Estas herramientas funcionan conjuntamente para concentrar la atención del observador en el punto de interés, lo que proporciona una experiencia visual más impactante y elocuente.

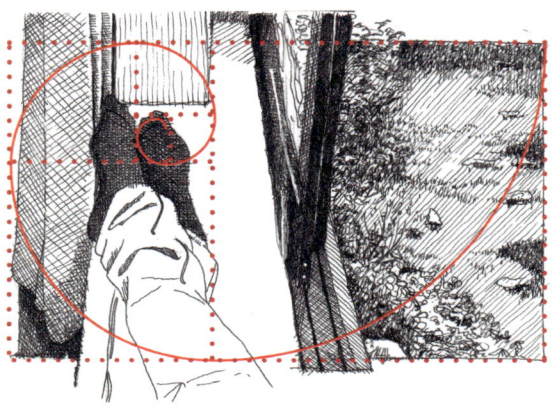

LA PROPORCIÓN ÁUREA

La proporción áurea es un principio matemático basado en una relación especial entre dos segmentos, donde la proporción entre el todo y la parte mayor equivale a la proporción entre la parte mayor y la parte menor. Con un valor aproximado de 1,618, esta proporción se considera estéticamente agradable. La proporción áurea también se asocia con la espiral de Fibonacci (en rojo en la ilustración), una forma espiral que está presente en la naturaleza y el arte, lo que pone de manifiesto aún más su significado en la composición y el diseño.

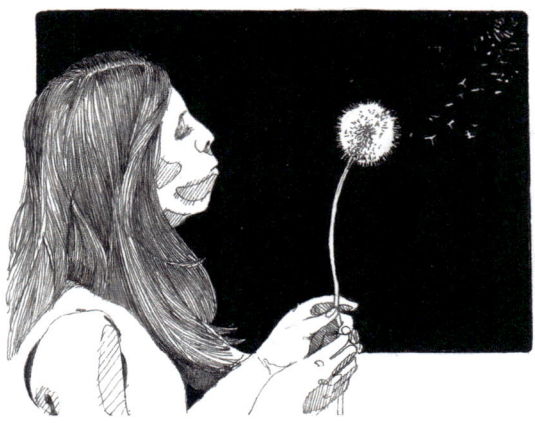

ENMARCADO

El enmarcado se refiere a la práctica de usar elementos como contornos, arcos u otros objetos para destacar el motivo principal. El objetivo de esta técnica es dirigir la atención del observador al punto de interés de la composición.

El enmarcado puede ser natural, realizado con elementos que forman parte de la escena, como ramas, puertas o ventanas, o crearse a propósito durante el proceso de dibujo.

COMPENSACIÓN DE MASAS

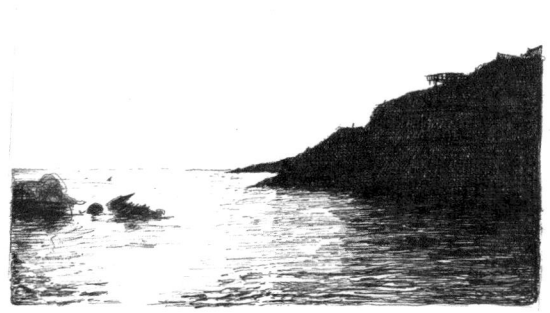

La compensación de masas es un elemento clave de la búsqueda de una composición visual. Este concepto aparta el motivo principal del centro del encuadre y compensa este cambio con puntos de interés secundarios más pequeños. Al equilibrar estratégicamente las masas de la ilustración, se logra una distribución visual atractiva, lo que infunde dinamismo a la composición.

ESPACIO NEGATIVO

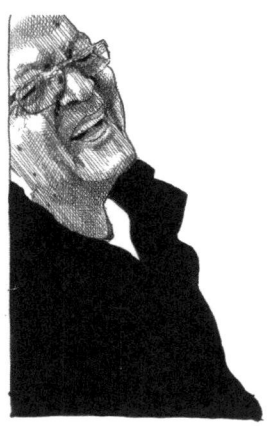

La composición de espacio negativo implica la consideración y la manipulación del espacio que rodea los elementos de un dibujo. La clave consiste en utilizar estratégicamente el espacio negativo para destacar y definir el motivo principal, lo que contribuye a dotar de nitidez y equilibrio a la composición. Cuando se utiliza esta técnica, el objetivo es lograr una armonía entre lo que está presente y lo que no lo está, con el espacio negativo desempeñando un papel activo en la narrativa visual.

ENCUADRE LLENO

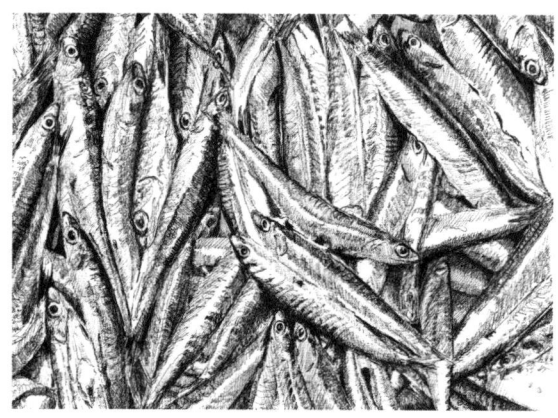

La técnica del encuadre lleno consiste en ocupar todo el espacio visual del dibujo con elementos relevantes, sin dejar ninguna parte en blanco. El objetivo de este concepto es optimizar el uso del espacio disponible de la composición, con lo que cada zona contribuya eficazmente a la narrativa visual de la ilustración.

Perspectiva

La perspectiva es como una varita mágica que crea la ilusión de un espacio tridimensional en una hoja de papel bidimensional. Básicamente, existe una regla básica: las cosas que están más cerca parecen más grandes y detalladas, mientras que las que están más lejos se ven más pequeñas y sencillas. Hay distintos tipos de perspectiva, pero aquí veremos la perspectiva lineal. Se basa en la idea de que las líneas paralelas que se alejan del observador parecerán converger en un mismo punto del horizonte.

PRINCIPIOS GENERALES

Al hablar de perspectiva, hay que tener en cuenta tres elementos: el punto de fuga, la línea del horizonte y las líneas de convergencia. El dibujo simplificado de esta página muestra cómo averiguar el grado de pequeñez de los objetos cuando están alejados del observador. El mismo principio básico se aplica a la perspectiva de uno, dos y tres puntos, de las que encontrará ejemplos en las páginas siguientes.

EJERCICIO

Imagine que está creando una escena con un camino recto y una serie de árboles que lo bordean.

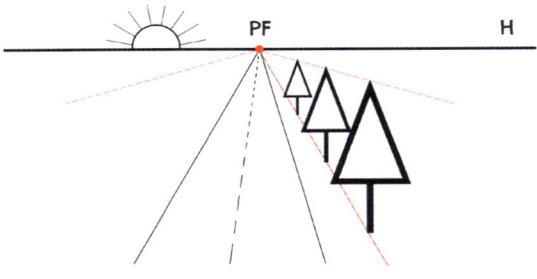

1. PUNTO DE FUGA (PF) (EL PUNTO ROJO DE LA IMAGEN): todos los árboles de este diagrama tienen la misma altura, pero, como se alejan del observador, las líneas de la parte superior y la base parecen converger en un punto de fuga, por lo que, cuanto más lejos están, más pequeños se ven. (Fíjese en que todas las líneas verticales, los troncos de los árboles en este diagrama, siguen siendo verticales). Esto crea la impresión de profundidad y distancia. El PF queda a la altura de los ojos (también conocida como la línea del horizonte).

2. HORIZONTE (H): el horizonte es la línea que señala el punto de encuentro entre el cielo y la tierra. Normalmente se encuentra a la altura de los ojos del observador, y su posición es fundamental, puesto que si se modifica, la percepción de la escena cambia notablemente.

3. LÍNEAS DE CONVERGENCIA (LAS LÍNEAS ROJAS DE LA IMAGEN): estas líneas imaginarias ejercen de guías visuales que señalan hacia el punto de fuga del horizonte. Funcionan como flechas que indican la dirección en la que se alejan o convergen los elementos. Son imprescindibles para crear la ilusión de profundidad.

CÓMO AVERIGUAR EL PUNTO DE FUGA

Para averiguar el punto de fuga de una escena como la de esta página, con una carretera y unos árboles, debemos seguir las líneas paralelas del borde de la carretera y las líneas de la base y la parte superior de los árboles. Imagine cómo se extienden estas líneas en dirección al horizonte.

El punto en el que se cruzan es el punto de fuga, es decir, el punto en el que desaparecen de vista. Este punto se encuentra en la línea del horizonte, que siempre está a la altura de los ojos, y es donde todas las líneas paralelas convergen cuando se alejan en la distancia.

PERSPECTIVA DE UN PUNTO

La perspectiva de un punto se produce cuando una de las caras de un objeto o una escena es paralela al plano de la imagen (véase la descripción en el recuadro inferior). Las líneas paralelas que se alejan del observador parecerán converger en un mismo punto del horizonte. Las líneas paralelas que quedan por encima de la altura de los ojos del observador (la parte superior de los árboles en este diagrama) parecerán descender en dirección al punto de fuga, mientras que las que quedan por debajo (la base de los árboles en este diagrama) parecerán ascender.

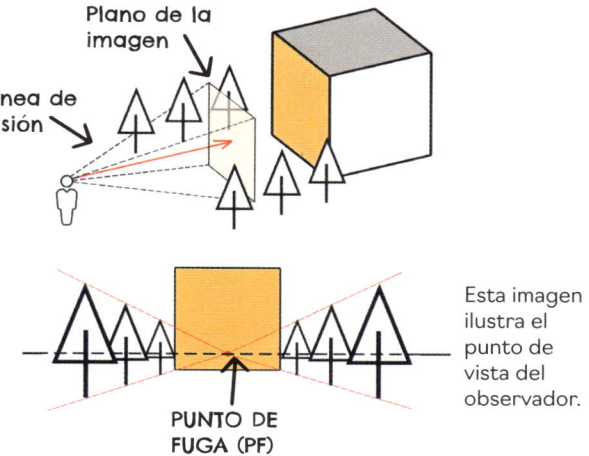

Esta imagen ilustra el punto de vista del observador.

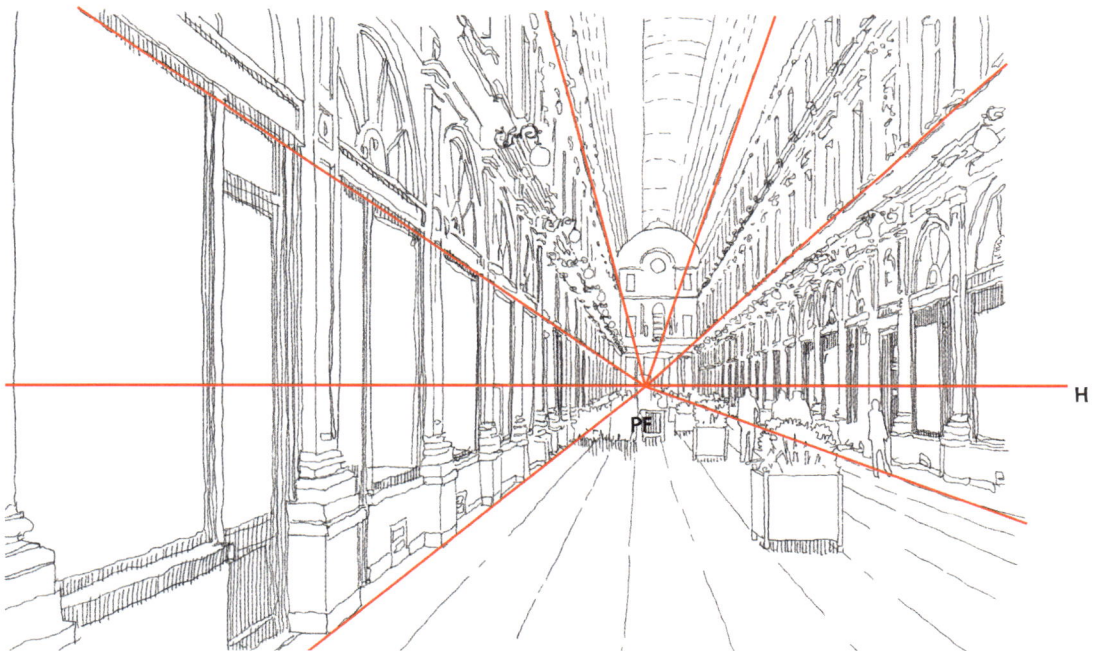

Les Galeries Royales Saint-Hubert de Bruselas, Bélgica (2023).

PLANO DE LA IMAGEN

El plano de la imagen es una superficie bidimensional imaginaria en la que se proyecta la vista tridimensional de una escena. Es como una ventana transparente a través de la que se observa el mundo tridimensional y se dibuja sobre una superficie plana.

PERSPECTIVA DE DOS PUNTOS

La perspectiva de dos puntos se produce cuando pueden verse dos
caras de un objeto, por ejemplo, dos caras de una caja o un edificio.
En este caso, las líneas paralelas que se alejan de cada lado convergen
hacia su propio punto de fuga, con lo que se crea más profundidad.
Al igual que en la perspectiva de un punto, las líneas verticales se man-
tienen verticales. La perspectiva de dos puntos es muy útil para las
composiciones que realzan las esquinas y los bordes.

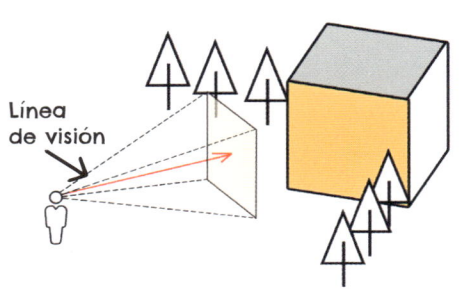

El observador puede ver dos caras del cubo
cuando está esquinado.

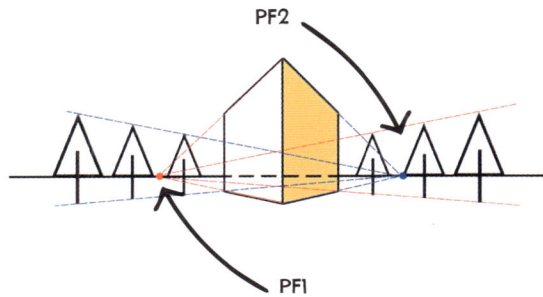

Esta imagen ilustra el punto de vista del observador.

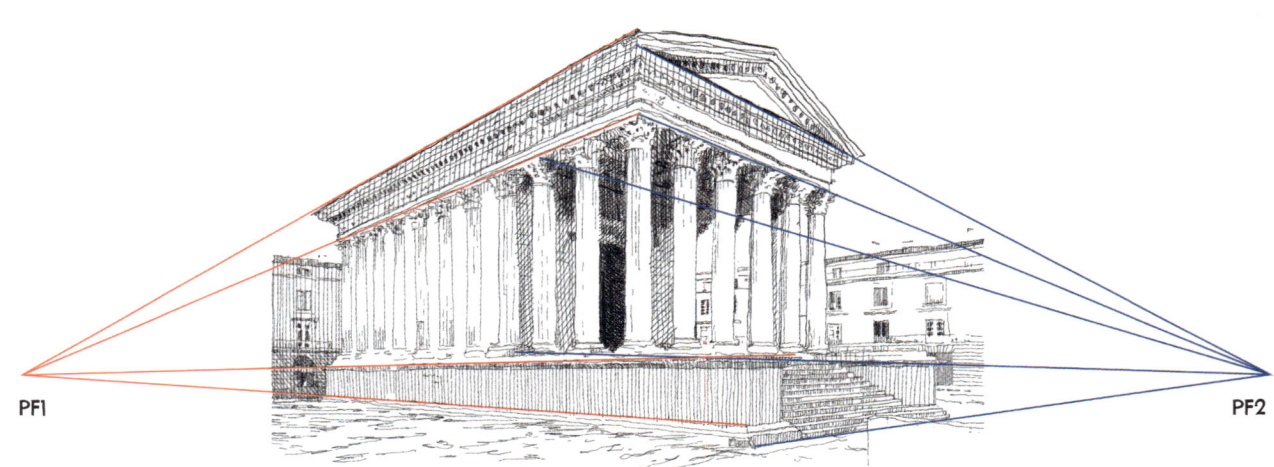

Templo romano (la Maison Carrée) de Nimes, Francia (2024).

PERSPECTIVA DE TRES PUNTOS

La perspectiva de tres puntos entra en juego cuando nos situamos delante de un objeto, enfrente de un borde *y* mirando arriba o abajo. En este planteamiento, las líneas paralelas de los planos convergen hacia tres puntos de fuga: dos en el horizonte y uno en vertical. Si dibuja una escena a muy gran escala, como la calle de una ciudad de abajo, algunos de los puntos de fuga podrían quedar fuera del área de la imagen, pero no pasa nada: intente trazar los ángulos de las líneas convergentes con precisión y obtendrá un dibujo de aspecto realista.

Las líneas verticales convergen en un tercer punto de fuga porque la línea de visión no es perpendicular al eje vertical.

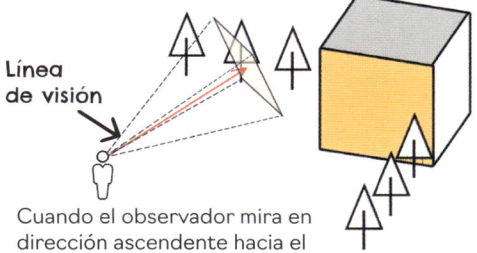

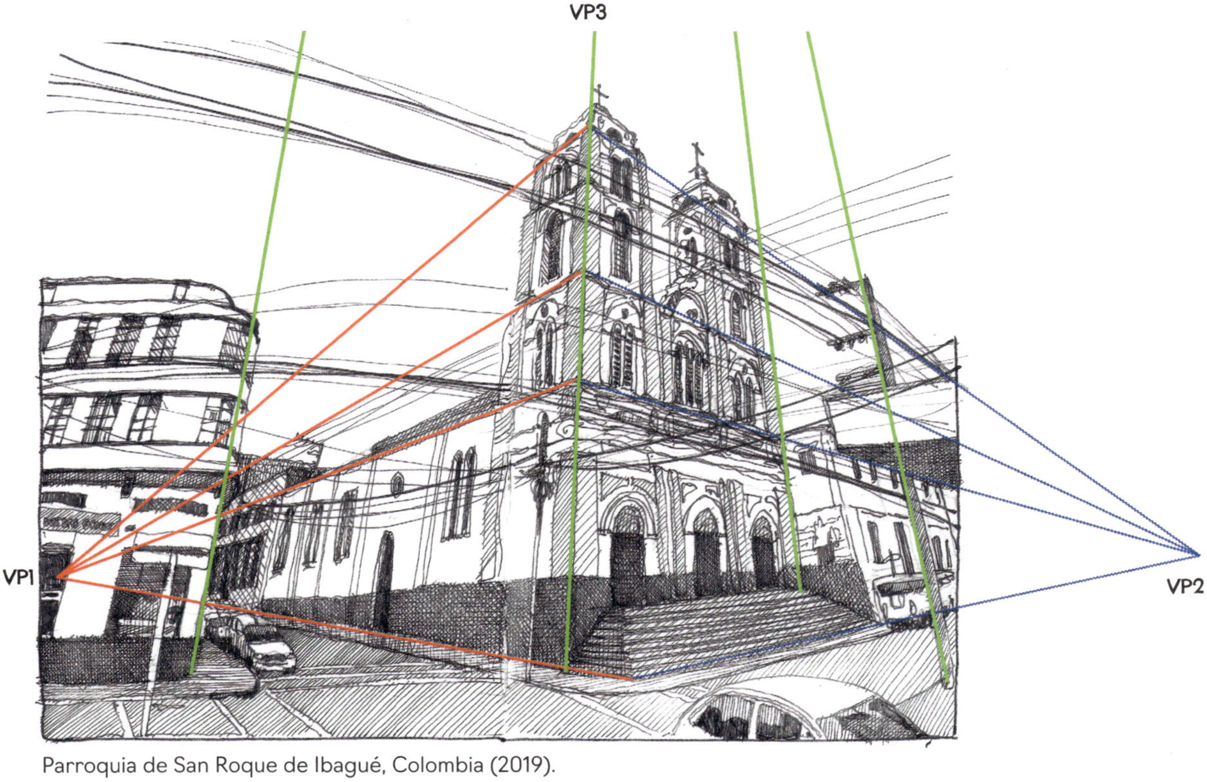

Cuando el observador mira en dirección ascendente hacia el cubo, se genera el tercer punto de fuga (PF3).

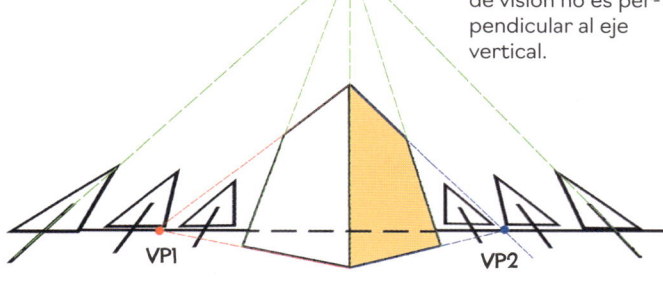

Parroquia de San Roque de Ibagué, Colombia (2019).

El mundo que nos rodea

No hay que buscar mucho para encontrar motivos que nos lleven a dibujar; los tenemos delante de nosotros, forman parte de nuestra rutina diaria. Esto hace que resulte más fácil incorporar el dibujo a nuestra vida cotidiana, puesto que tenemos los elementos que nos pueden inspirar siempre al alcance de la mano.

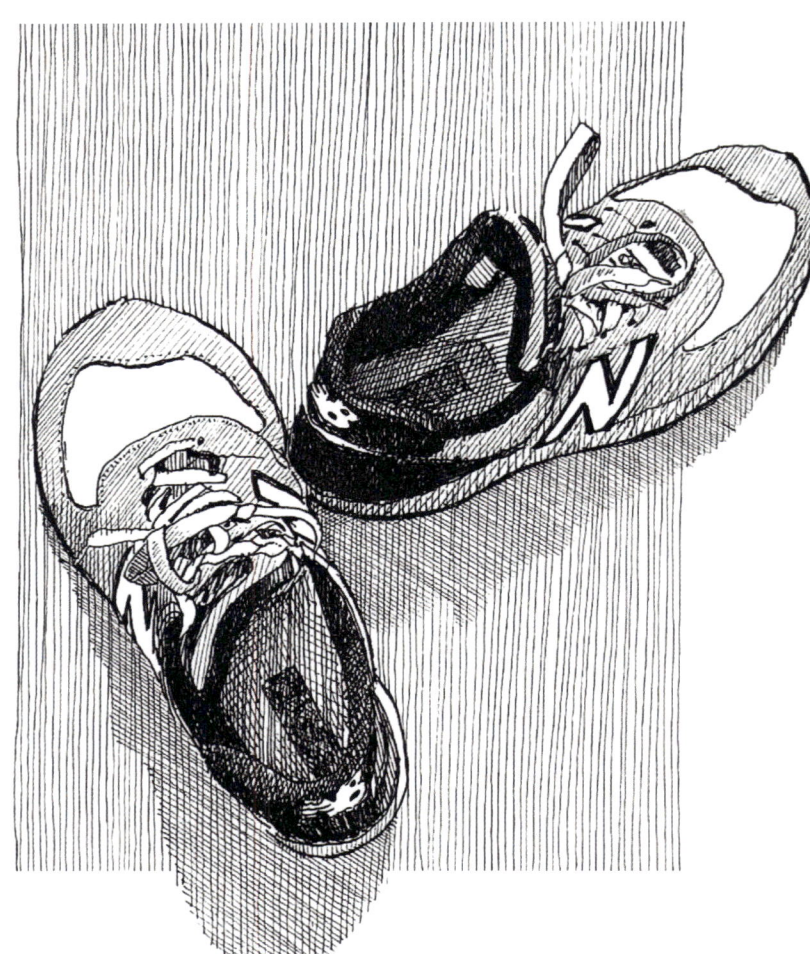

Si echa un vistazo a su alrededor, verá que su entorno está lleno de objetos que se pueden dibujar.

USO DE UN CUADERNO DE DIBUJO

Cuando dibujamos el mundo que nos rodea, no solo estamos documentando visualmente nuestras vidas, sino también dando un lugar a estos elementos en nuestra narrativa personal. Si lo hace cronológicamente en un cuaderno de dibujo, los dibujos se convertirán en una crónica visual de las cosas o los lugares que hacen única su existencia. Cada dibujo es un acto de documentación que inmortaliza lugares, momentos fugaces y objetos comunes que, juntos, tejen la trama de su historia.

De modo que el cuaderno de dibujo se convierte en mucho más que una libreta para dibujar. Es una herramienta para explorar la

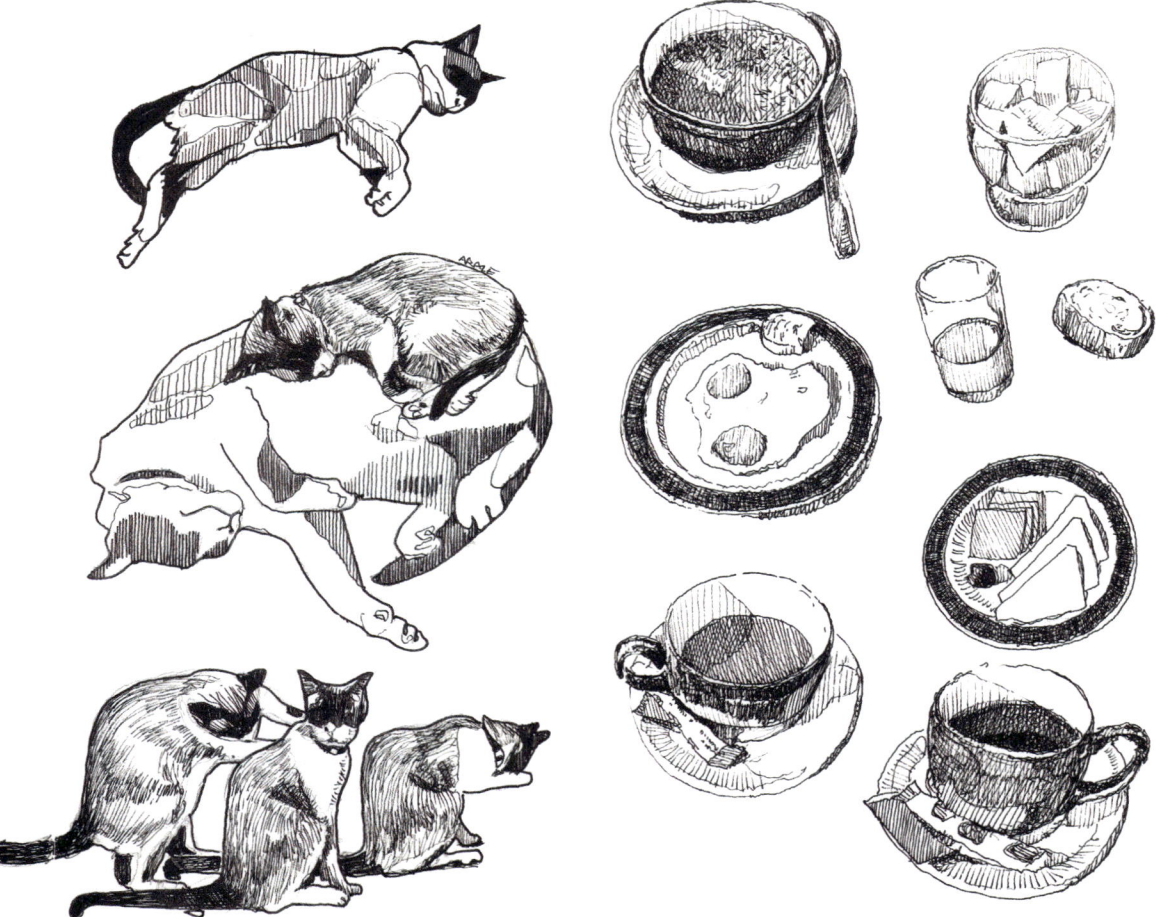

Nuestras mascotas, la familia y los lugares que frecuentamos son fuentes infinitas de inspiración. Además, es muy sencillo repetir estos elementos, puesto que los tenemos siempre al alcance de la mano.

Incluso un sencillo desayuno de hotel puede convertirse en un motivo perfecto de documentación a través del dibujo.

belleza de la sencillez cotidiana y una manera de mantener una conexión continua con la práctica artística. Cuando dibujamos elementos de nuestro entorno, creamos una novela gráfica única, en la que cada página cuenta la historia visual de nuestras vidas, capturando nuestra esencia. Personalmente, clasifico los temas de dibujo en tres apartados: objetos cotidianos (incluida la comida); personas y animales (normalmente familiares, amigos y mi gato), y lugares (arquitectura e interiores). Prácticamente toda mi vida cotidiana gira en torno a estos tres temas.

OJETOS COTIDIANOS

Los objetos inanimados que nos rodean constituyen la manera más fácil de dibujar a diario. Los dibujos pueden ser tan sencillos o complicados como desee, desde una caja de cereales hasta los detalles más intrincados de su coche, pasando por sillas, frutas, plantas o cualquier objeto inanimado que esté a su alcance. Debido a su tamaño y peso, algunos de estos objetos pueden moverse, lo que le permitirá colocarlos de la mejor manera posible para adecuar la composición.

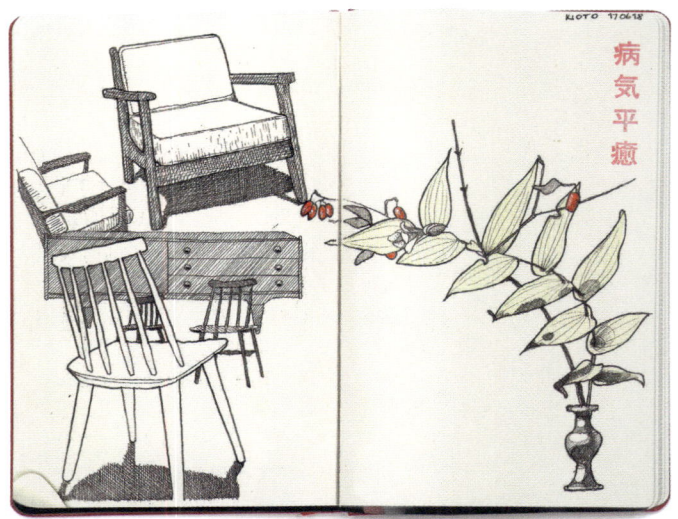

LUGARES

Para dibujar lugares se requiere algo más de atención y tiempo para plasmarlos. Son una fuente recurrente de inspiración, sobre todo para documentar los sitios que visitamos o que forman parte de nuestras vidas. Al contrario de lo que sucede con los objetos, cuando se dibujan lugares depende de usted encontrar el punto ideal para colocarse. Hay que tener en cuenta detalles como el movimiento del sol, tanto si quiere dibujar desde la sombra o no, y buscar un sitio cómodo para sentarse en el caso de que la sesión de dibujo sea relativamente larga, entre otras cosas. La clave para que se convierta en una experiencia agradable es ponerse en un lugar donde se sienta cómodo.

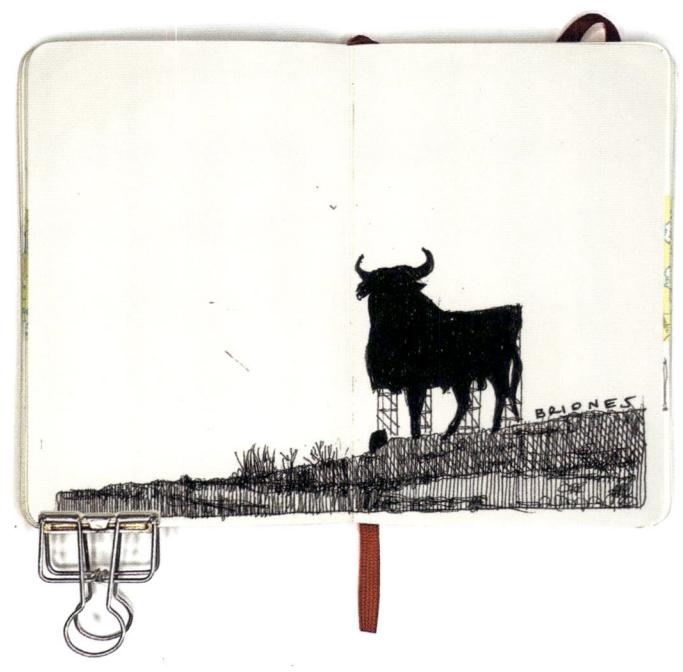

FAMILIARES, AMIGOS Y MASCOTAS

En mi experiencia, este apartado es el que presenta más dificultades, puesto que he dedicado muchas menos horas a dibujar personas que edificios. Sin embargo, pese al reto que supone, dibujar a los familiares y amigos es muy gratificante. Nos permite observarlos de una manera completamente nueva, lo que supone una experiencia fantástica aunque lo hagamos a partir de una fotografía. Naturalmente, este apartado incluye los autorretratos, que pueden hacerse poniéndose delante de un espejo, o tal vez centrándose en las manos o alguna otra parte de su cuerpo. Le aseguro que no encontrará un modelo más paciente que usted mismo.

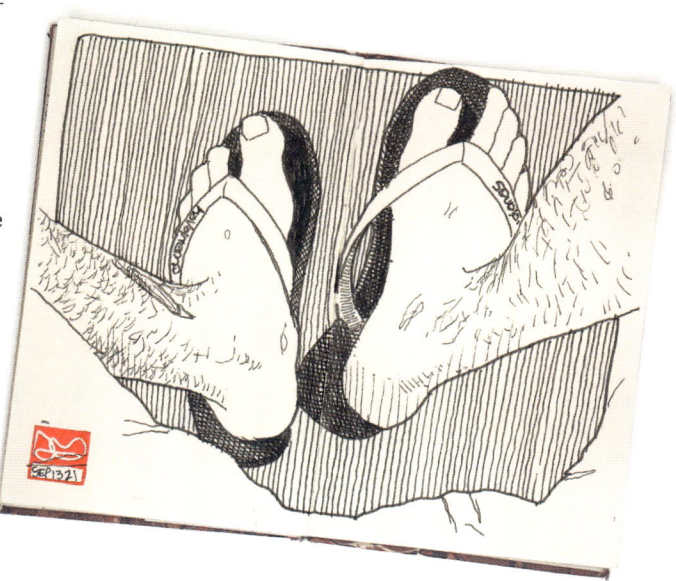

INFORMACIÓN DE CONTEXTO

Por último, es imprescindible añadir cualquier dato adicional que lo ayude a evocar el contexto del momento en el que creó el dibujo. Detalles como la fecha, los nombres asociados, las anécdotas o incluso pequeños recuerdos tangibles, como la nota del café que estaba saboreando en ese momento, se convierten en piezas clave. Estos elementos no solo enriquecen la experiencia de repasar el cuaderno de dibujo en el futuro, sino que además vuelven a sumergirlo en el ambiente único de ese momento. Cada dato adicional se transforma en un hilo unido a la memoria, entretejido en el tapiz de su historia visual, listo para ser desenmarañado y evocado cada vez que contemple su dibujo.

A DIBUJAR

En los capítulos anteriores, hemos hablado en detalle de los materiales y las técnicas esenciales para la ilustración con tinta, además de adquirir pautas de composición y observación. Ahora, por fin, ha llegado el momento de poner en práctica todo lo que hemos aprendido.

En este capítulo encontrará ideas para dibujar motivos fácilmente en su casa o alrededores, en las que además incluyo una propuesta de duración: 15, 30, 60 y 120 minutos. Para empezar, encontrará unas demostraciones paso a paso de algunos de estos temas para que pueda ver cómo trabajo las fases de mis proyectos. Al final del capítulo encontrará algunas plantillas que lo ayudarán a lo largo del proceso inicial del dibujo para que pueda concentrarse en su ilustración en tinta.

La inspiración para dibujar puede encontrarse en todo tipo de fuentes, y es una buena idea plantearse el reto de probar temáticas y planteamientos que sean nuevos para usted. El capítulo termina con una serie de palabras clave para que las interprete como desee.

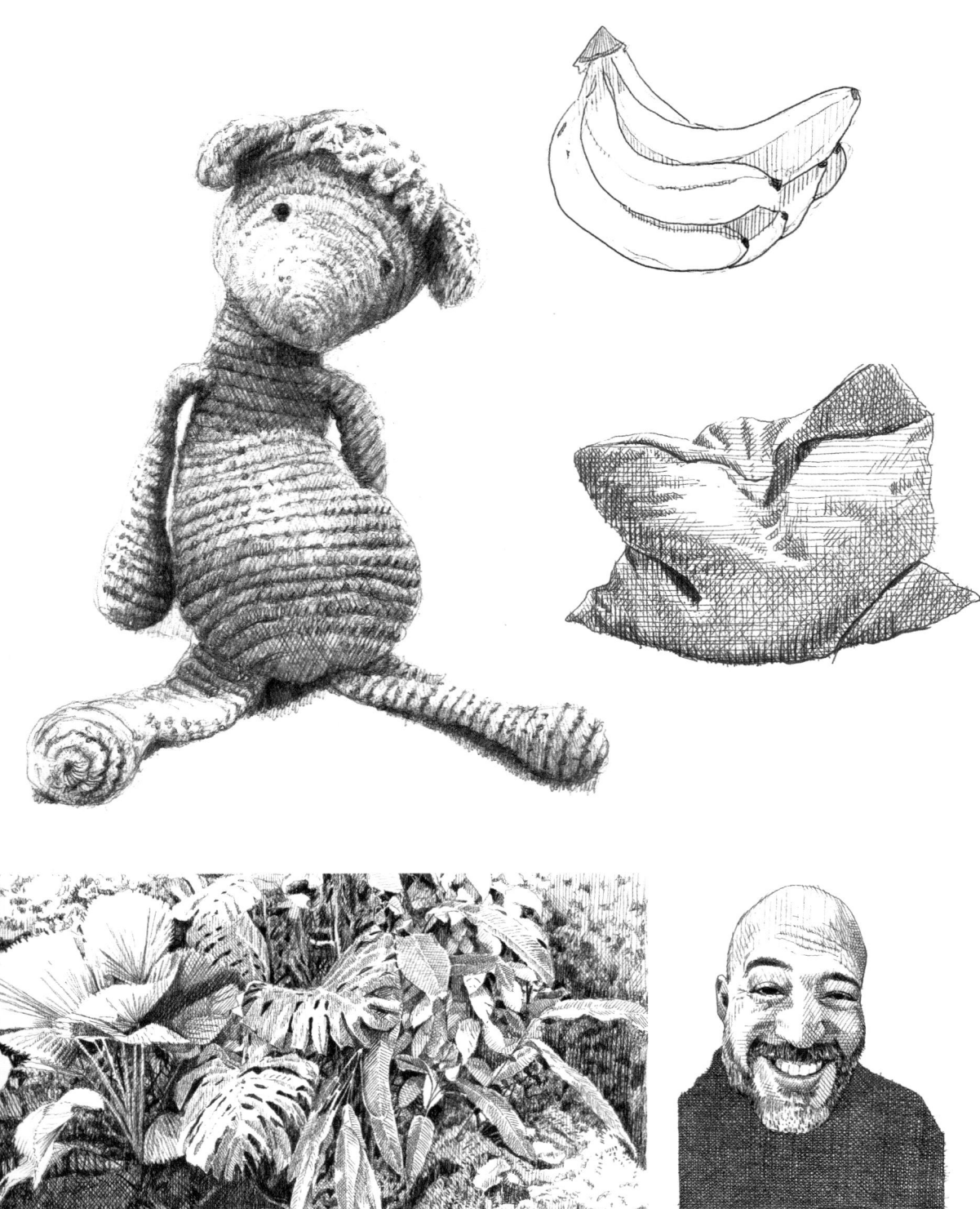

Ejercicios cronometrados

Vamos a explorar la creatividad a lo largo de distintos periodos de tiempo. Desde esbozos rápidos de 15 minutos hasta sesiones inmersivas de dos horas de duración para ilustraciones detalladas, si sigue estos ejercicios descubrirá todas las posibilidades creativas que ofrecen los distintos plazos.

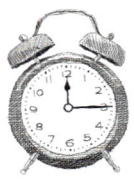

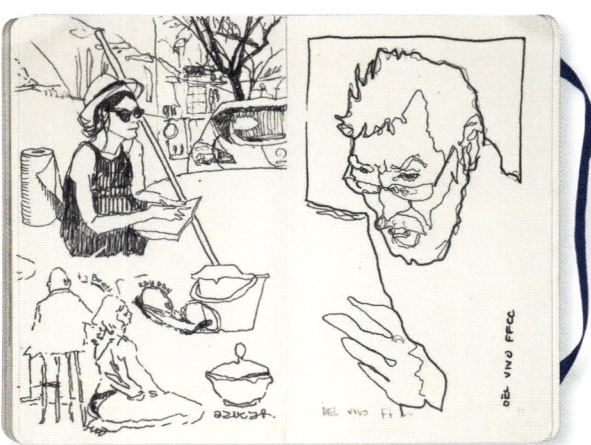

Los **dibujos en 15 minutos** son esenciales para afianzar su capacidad de plasmar la esencia del motivo con rapidez y precisión. El límite de tiempo lo obligará a concentrarse en lo que es realmente importante, con lo que evitará distracciones e ignorará detalles superfluos. Antes de empezar a dibujar, dedique un tiempo a estudiar el motivo. Cuando haya terminado, reflexione sobre los posibles errores en las proporciones o los fragmentos que podría mejorar.

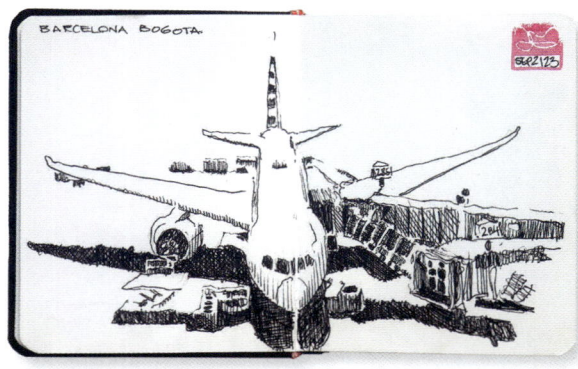

Los **dibujos de 30 minutos** ofrecen un valioso equilibrio entre el detallismo y la velocidad. En este espacio de tiempo podrá concentrarse en la forma y la estructura con mayor precisión. Además, podrá explorar técnicas y estilos distintos, así como añadir texturas y valores para crear profundidad y realismo. Pese a que los ejercicios se realizan en el doble de tiempo que los anteriores, en este caso también es fundamental plasmar la esencia del motivo. Estos dibujos fomentan el crecimiento artístico al combinar detallismo y eficacia.

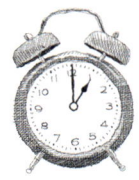

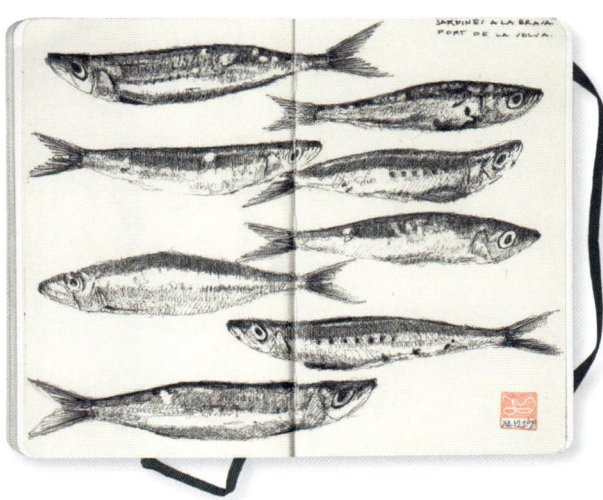

Los **dibujos en 60 minutos** permiten analizar objetos y escenas en profundidad, analizando sus detalles y complejidades. Tendrá tiempo de desarrollar un planteamiento estratégico de la composición, potenciando la profundidad visual y la coherencia. Esta práctica fomenta la paciencia y la resistencia, dos factores imprescindibles para su desarrollo artístico. A pesar del amplio margen de tiempo, en este caso también es fundamental plasmar la esencia del motivo. Un dibujo realizado en 60 minutos le permitirá ahondar en el motivo y estudiarlo en detalle, lo que enriquecerá notablemente la experiencia.

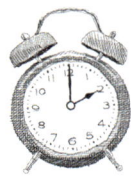

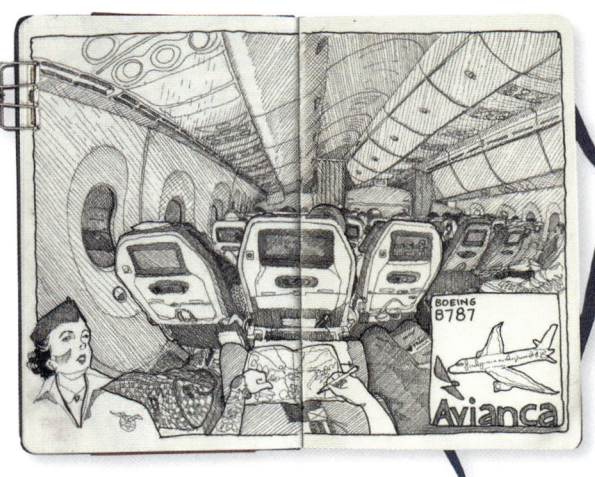

Los **dibujos en 120 minutos** conceden tiempo suficiente para profundizar en las relaciones espaciales y compositivas. Requieren una dedicación y una concentración continuas. Pese al generoso margen de tiempo, el principio fundamental sigue siendo el mismo: concentrarse en la esencia del motivo. Cada trazo contribuye a una representación con sentido. En conclusión, los dibujos realizados en 120 minutos ofrecen una experiencia inmersiva y enriquecedora que fomenta la paciencia, la concentración y una exploración profunda del arte.

Ejercicios

A continuación, encontrará ideas para dibujar motivos que puede encontrar fácilmente cerca de casa. En cada proyecto sugiero la cantidad de tiempo que puede tardar en realizarlos, entre 15 minutos y dos horas. Para ayudarlo a empezar, los ejercicios detallados en las páginas siguientes están indicados en negrita.

COMIDA	🕐	👁	📷
El servilletero de un restaurante	15	●	
Un racimo de plátanos	15, 30	●	
Los platos de la comida con la familia	15, 30	●	●
Un vaso de agua	15, 30, 60	●	●
Su plato favorito	30, 60	●	●
Un plato de fideos	30, 60	●	●
El envase de su aperitivo favorito	60, 120	●	●
Distintos tipos de setas	60, 120	●	●
Su plato de comida rápida favorito	60, 120		●
Los ingredientes de su plato favorito	120	●	●

FIGURAS	🕐	👁	📷
Un compañero de trabajo durante una reunión	15	●	
Personas en un lugar público antes de moverse	15	●	
Un miembro de la familia echándose una siesta o leyendo	15	●	
Su mano no dominante	15, 30	●	
Sus pies	15, 30	●	
Su expresión facial al mirarse al espejo	15, 30, 60	●	
Su mascota	60, 120		●
La cara de un miembro de la familia	30, 60, 120		●
Un grupo de personas	30, 60, 120		●
La cara de su persona favorita en el mundo	30, 60, 120		●

Tiempo sugerido en minutos: esta es mi recomendación para la siguiente lista de motivos, pero depende completamente de sus limitaciones de tiempo.

Observación: más complicado porque requiere que el motivo y el artista estén en el mismo lugar.

Foto de referencia: podría necesitar más tiempo para hacer el dibujo, conviene capturar el momento en una foto.

NATURALEZA Y ENTORNO URBANO	🕐	👁	📷
Una planta que tenga en casa	15	●	
Una papelera urbana	15	●	
Un banco de un parque	15	●	●
Una tapa de alcantarilla	15, 30	●	●
La casa o el edificio donde vive	30, 60	●	●
La textura de un tronco de árbol cerca de su casa	30, 60	●	●
El edificio más icónico de su ciudad	60	●	●
Un edificio acristalado	60		●
Lo que ve desde la ventana	60	●	●
El mercado de su ciudad	120		●
Una escena de un bosque que le evoque un sentimiento especial	120	●	●

OBJETOS	🕐	👁	📷
La herramienta o el aparato que más utilice en casa	15, 30	●	
El interior del coche mientras espera dentro	15, 30	●	
Un reloj que tenga en casa	15, 30	●	●
El bolso encima de la mesa	15, 30	●	
Una almohada o un cojín arrugado	30	●	●
Una bicicleta	30, 60	●	
La cama antes de hacerla	15, 30, 60	●	
Sus zapatos favoritos	30, 60	●	●
Un globo metálico reflectante	60, 120	●	●

Ejercicios en 15 minutos

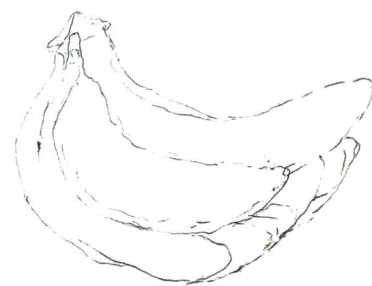

DIBUJE UN RACIMO DE PLÁTANOS

Tómese su tiempo para observar las proporciones y las relaciones espaciales entre los elementos antes de ponerse a dibujar. Una buena opción es utilizar un bolígrafo, puesto que permite realizar trazos de distintas intensidades.

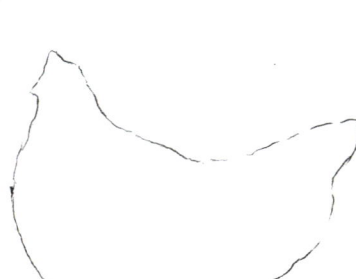

1. DIBUJE EL CONTORNO

Para empezar, dibuje sutilmente el contorno del objeto, así creará el esbozo global del dibujo.

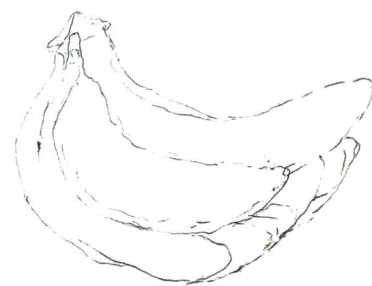

2. TRACE LAS LÍNEAS INTERIORES

Después de delinear el contorno, concéntrese en las líneas interiores para definir la estructura y la forma del objeto. Si fuera necesario, ajuste el contorno para que coincida con las líneas interiores.

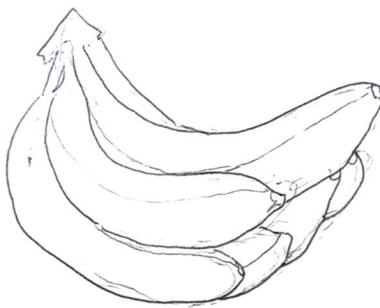

3. TRACE LAS ÚLTIMAS LÍNEAS

Cuando esté conforme con las proporciones y la estructura, puede ejercer más presión en el bolígrafo para crear líneas más nítidas y definidas.

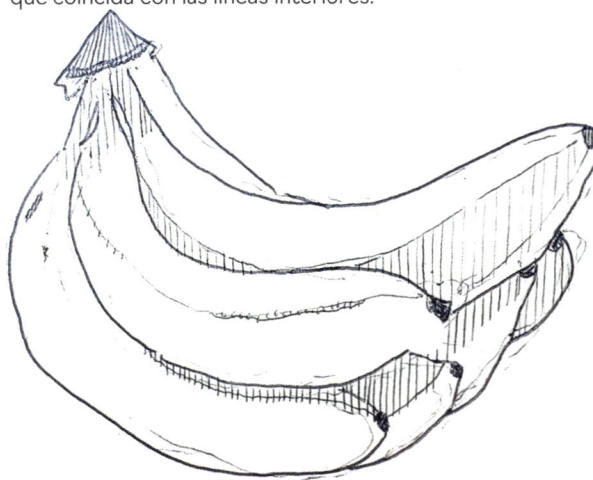

4. AÑADA LOS DETALLES Y LOS ÚLTIMOS RETOQUES

Si le sobra tiempo, añada detalles como sombras o líneas sutiles para mejorar la apariencia del dibujo.

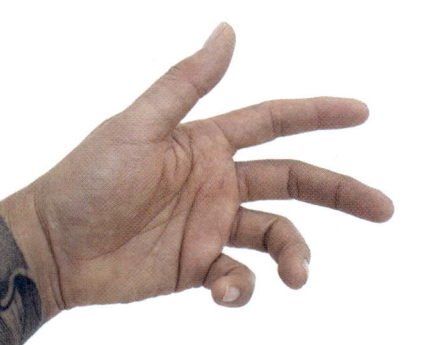

DIBUJE SU MANO NO DOMINANTE

Para dibujar su cuerpo, sobre todo las manos, no hace falta una preparación especial. Siempre las tiene a la vista para practicar. Puede realizar los primeros trazos a lápiz o, como se muestra en el ejemplo, a bolígrafo, puesto que permite hacer trazos de distintas intensidades.

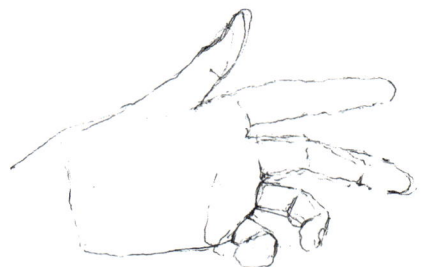

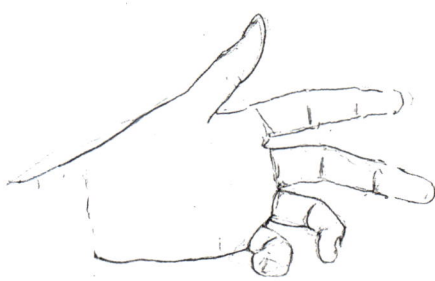

1. DIBUJE EL CONTORNO

Para empezar, trace sutilmente el contorno de su mano. Observe cómo los dedos forman distintos ángulos entre ellos y cómo las líneas se relacionan entre sí.

2. TRACE LAS LÍNEAS INTERIORES

Marque las divisiones de los dedos, las falanges. Esto lo ayudará a verificar las proporciones y las relaciones entre ellos. Si percibe discrepancias con la mano real, corrija las líneas con trazos sutiles.

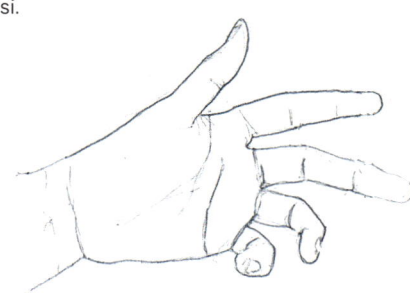

3. REFUERCE LAS LÍNEAS CORRECTAS

Repase las líneas correctas con más presión para que destaquen por encima del resto.

4. RELLENE EL FONDO

Rellenar el fondo sirve para dos cosas: permite practicar las texturas y realza el espacio negativo alrededor de la mano, lo que ayuda a confirmar que las relaciones entre los dedos son correctas.

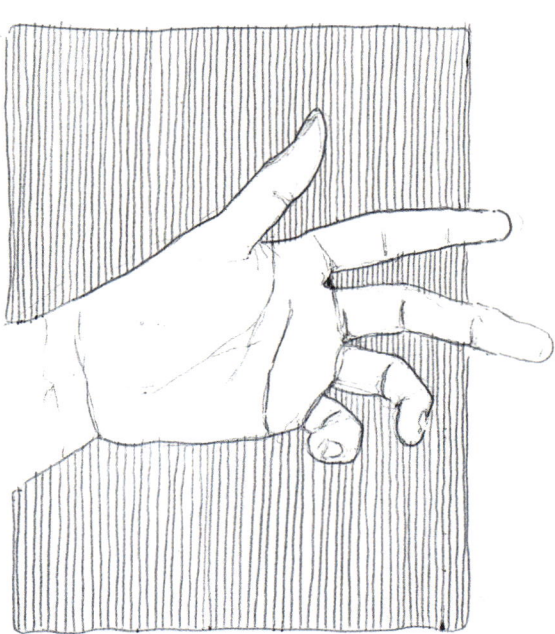

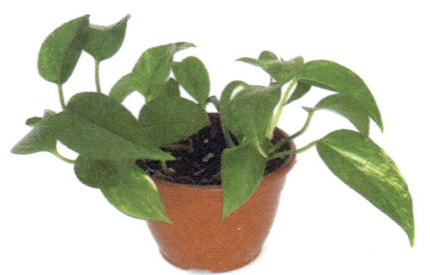

DIBUJE UNA PLANTA QUE TENGA EN CASA

La ilustración de plantas, sobre todo si tienen pocas hojas y rasgos grandes y fácilmente reconocibles como esta, puede ser muy útil. Permite practicar relaciones entre los elementos y, aunque cometa errores, seguirá pareciendo una planta.

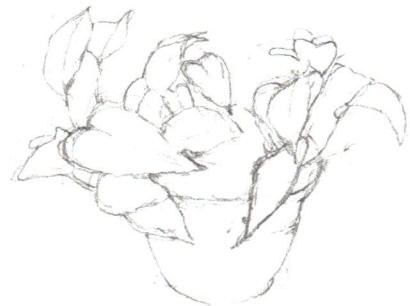

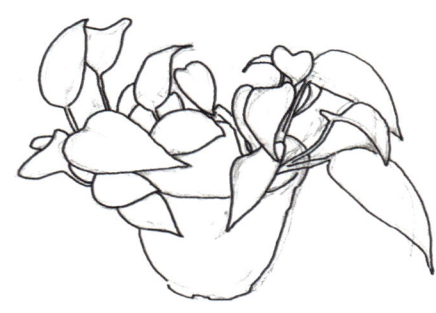

1. DIBUJE EL CONTORNO

En este ejercicio, empiece el dibujo a lápiz. Esboce primero la forma general y, después, vaya trabajando los detalles específicos. Preste atención a las proporciones globales: empiece a dibujar las hojas mientras observa la relación entre ellas.

2. DELINEE EL CONTORNO CON UN BOLÍGRAFO DE PUNTA FINA

Cuando esté conforme con las líneas generales, delinee el contorno con un bolígrafo de punta fina de 0,5 mm o similar. Preste atención a los espacios vacíos creados entre las hojas, puesto que lo ayudarán a saber si va por buen camino.

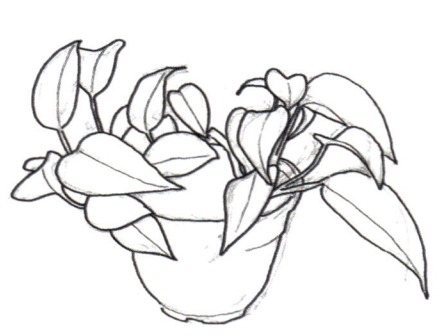

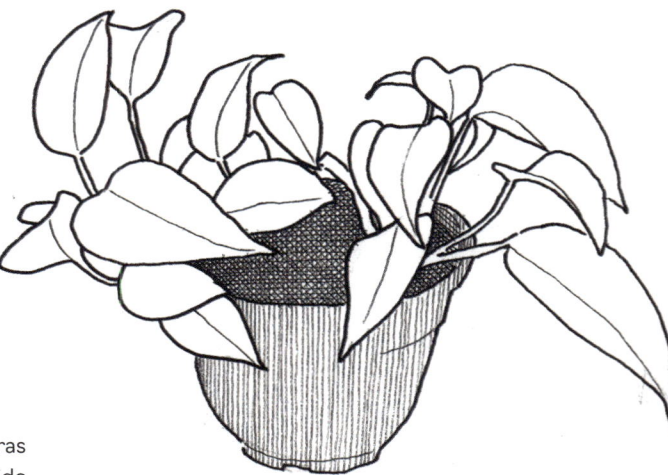

3. TRACE LAS LÍNEAS INTERIORES

Dibuje ahora las líneas interiores de las hojas. Mientras lo hace, vuelva a comprobar las proporciones. Si divide los elementos en partes más pequeñas, le será más fácil verificar si las proporciones globales son correctas.

4. PRACTIQUE LAS TEXTURAS Y AÑADA PROFUNDIDAD

Si le sobra tiempo, practique las texturas y añada profundidad al dibujo. También puede girar la maceta y empezar un dibujo completamente distinto.

DIBUJE LA HERRAMIENTA O EL APARATO QUE MÁS UTILICE EN CASA

La ilustración de pequeños objetos es el primer paso para afrontar proyectos más grandes. Preste atención a la dirección de las líneas del objeto, cuáles son paralelas a las otras y qué ángulos forman. Tómese su tiempo para observar las distintas piezas que lo componen.

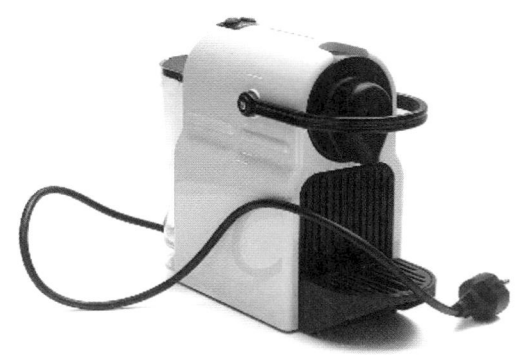

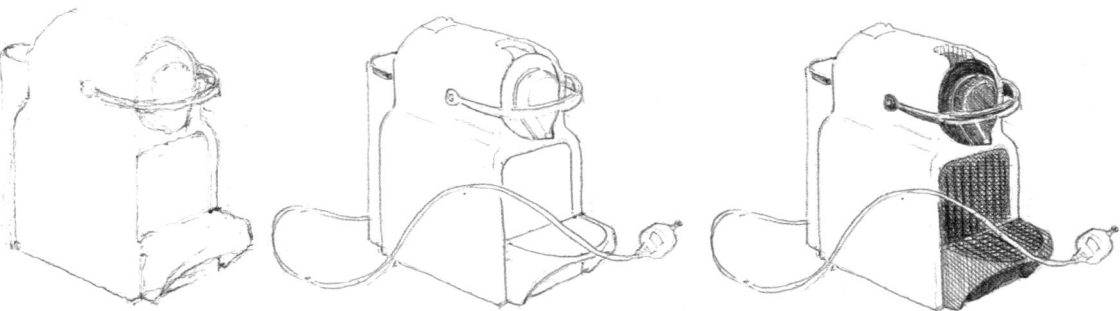

1. DIBUJE EL CONTORNO

Empiece por las líneas del contorno. Al principio, no se centre en los detalles. Hay una parte blanca y una parte negra: intente dibujar sutilmente la relación entre ambas.

2. DESTAQUE LAS LÍNEAS DEFINITIVAS

Cuando tenga listo el contorno, repase las líneas definitivas ejerciendo algo más de presión para destacarlas del resto.

3. DIBUJE LOS DETALLES DE LA PARTE NEGRA

Ahora, concéntrese en los detalles de la parte negra. Fíjese en los reflejos que dan volumen a esta zona. Si utiliza un bolígrafo y ejerce más o menos presión, puede crear tonos, igual que haría con un lápiz.

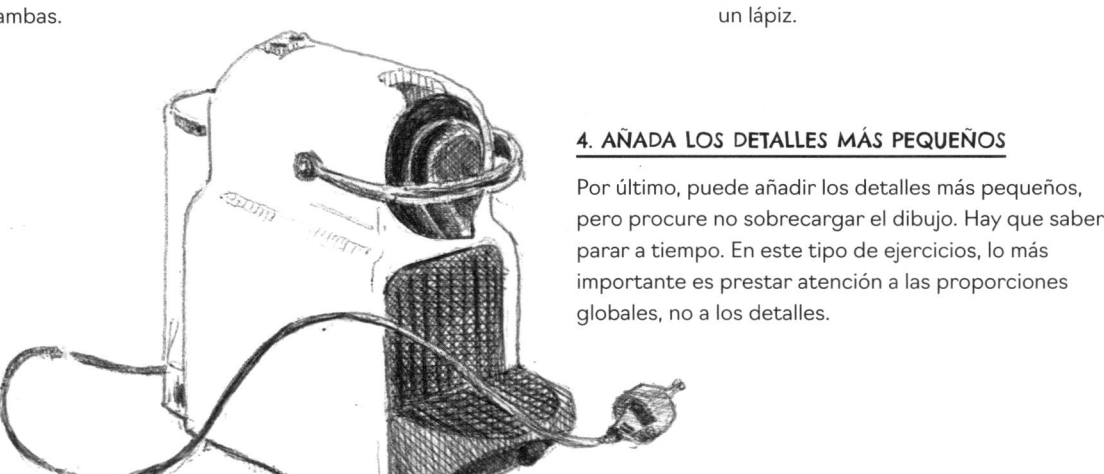

4. AÑADA LOS DETALLES MÁS PEQUEÑOS

Por último, puede añadir los detalles más pequeños, pero procure no sobrecargar el dibujo. Hay que saber parar a tiempo. En este tipo de ejercicios, lo más importante es prestar atención a las proporciones globales, no a los detalles.

Ejercicios en 30 minutos

DIBUJE UNA ALMOHADA O UN COJÍN ARRUGADO

Al igual que en los dibujos en 15 minutos, tómese su tiempo para observar cómo está iluminado el cojín. Imagine que una línea bordea las luces y otra bordea las sombras. ¿Ya lo tiene? Pues vamos a dibujarlas. En este ejercicio se ha utilizado la técnica del rayado cruzado en las cuatro direcciones.

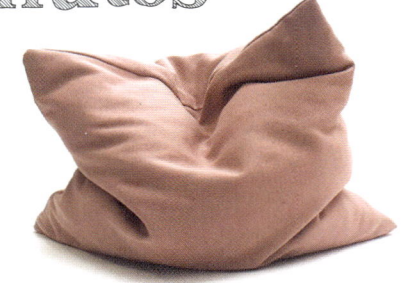

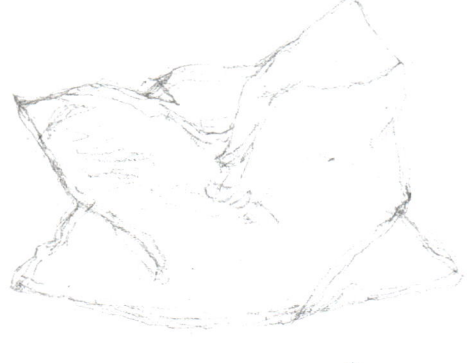

1. EMPIECE POR EL CONTORNO A LÁPIZ

Para empezar, dibuje a lápiz el contorno hasta que esté conforme con las proporciones. Después, trace esas línea imaginarias que separan las luces de las sombras. Estas líneas tienen que ser muy sutiles y trazarse ejerciendo muy poca presión para mantener la delicadeza y evitar líneas muy marcadas.

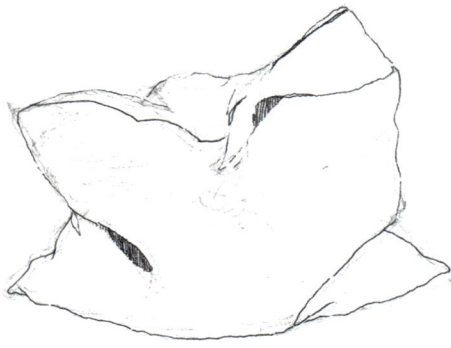

2. DEFINA LOS CONTORNOS CON UN BOLÍGRAFO DE PUNTA FINA

Con un bolígrafo de punta fina de 0,05 o 0,1 mm, dibuje el contorno del cojín y sombree densamente las zonas más oscuras, donde los pliegues son casi negros. Esta será la parte más oscura del dibujo. Estas zonas oscuras sirven de puntos de referencia para localizar el resto de las sombras.

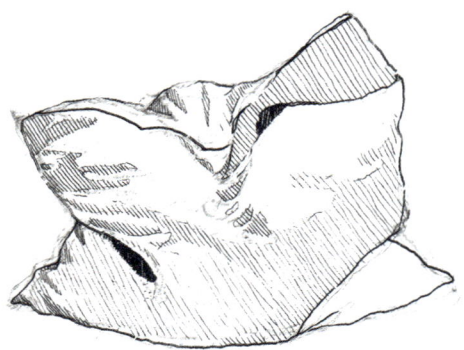

3. TRACE LOS PRIMEROS RAYADOS EN DIAGONAL

Ahora, trace los primeros rayados en diagonal en la parte del cojín que recibe menos luz. No hace falta que defina el tono definitivo, es solo la primera capa de rayado. Puede dibujar las líneas en la dirección que prefiera.

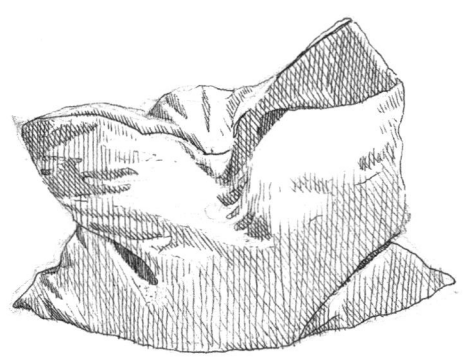

4. AÑADA UNA SEGUNDA CAPA DE RAYADO

Repita el proceso con una segunda capa de rayado sobre las zonas oscuras en la dirección contraria a la primera. Este rayado puede solaparse un poco con las líneas imaginarias iniciales, lo que permite lograr una suave transición entre tonos.

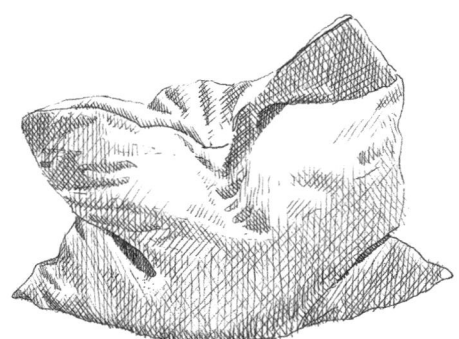

5. APLIQUE LOS PLIEGUES MÁS OSCUROS

Fíjese en que algunos pliegues de las partes sombreadas son algo más oscuros. Puede destacarlos con una tercera capa de rayado en una dirección distinta.

6. AÑADA LAS ÚLTIMAS CAPAS Y LOS DETALLES

Solo nos queda una dirección de rayado disponible, puesto que ya hemos utilizado las otras tres. Con esta, puede cubrir todo el cojín, dejando en blanco solo las partes más claras.

Si quiere oscurecer una zona porque no está conforme con el contraste, aplique unos trazos con un bolígrafo de punta fina más grueso en los puntos en los que quiera intensificar las sombras.

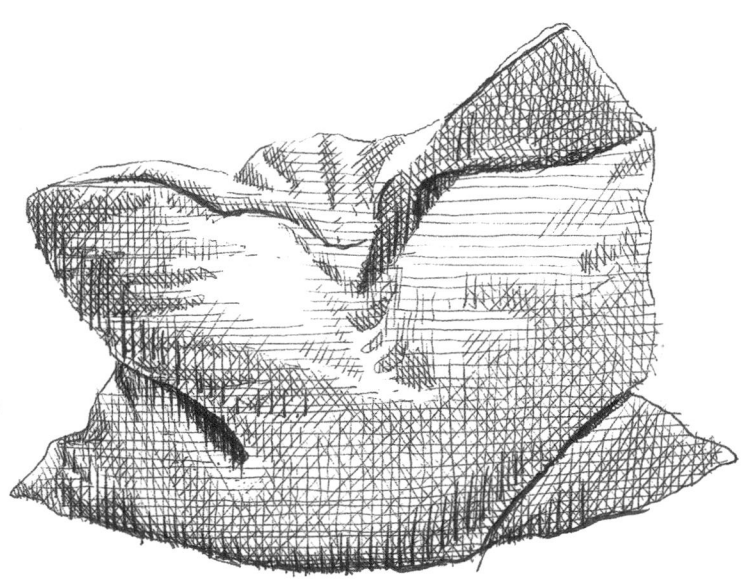

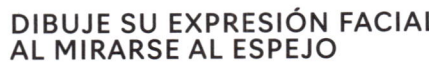

DIBUJE SU EXPRESIÓN FACIAL AL MIRARSE AL ESPEJO

Puede realizar este ejercicio mirándose al espejo o, si lo prefiere, a partir de una foto de referencia. Sea cual sea el método elegido, procure que haya iluminación lateral para crear luces a un lado del rostro y sombras al otro. Esto generará un mejor contraste y definirá los volúmenes.

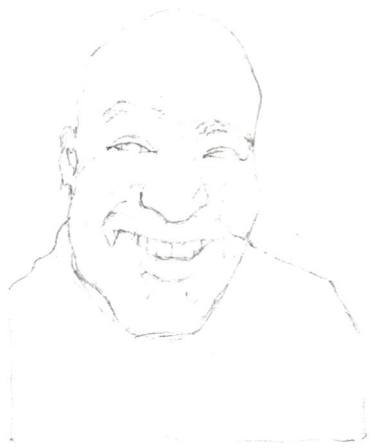

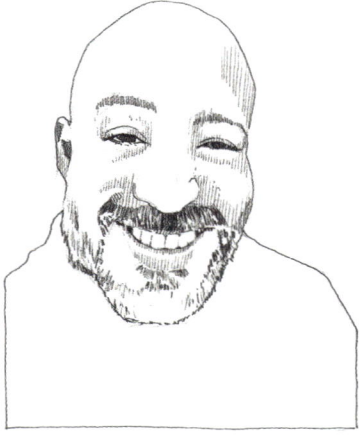

1. DIBUJE EL CONTORNO

Para empezar, dibuje a lápiz el contorno del rostro, empezando por los ojos y continuando por la nariz, la boca y la forma global. Concéntrese en la observación más que en conseguir un parecido exacto.

2. TRACE UNA CAPA DE RAYADO EN LAS ZONAS MÁS OSCURAS

Cree la primera capa de rayado en las zonas más oscuras. También puede delinear los contornos internos y externos, como el borde de la nariz y los dientes. Estas zonas oscuras sirven de puntos de referencia para localizar el resto de las sombras.

3. APLIQUE LAS SOMBRAS

Ahora, trace la primera capa de rayado en la piel, en las partes que estén en sombra. Recuerde que en esta fase no tiene que lograr el valor definitivo, puesto que se trata solo de la primera capa.

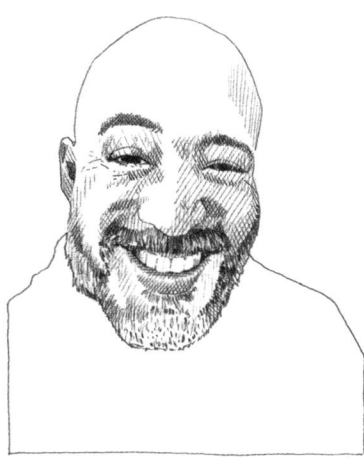

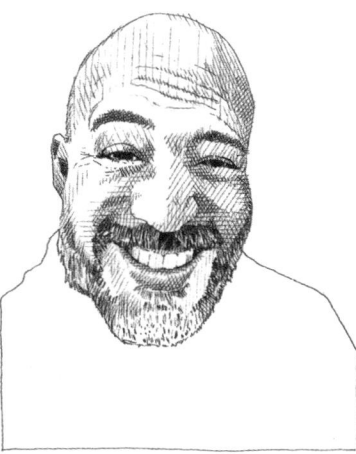

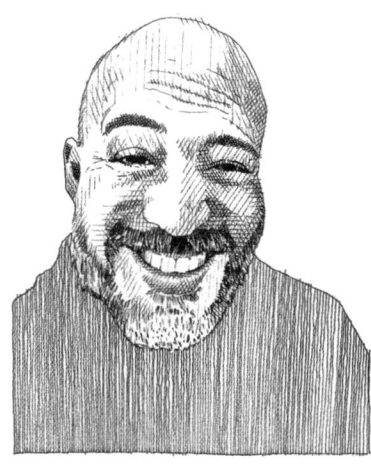

4. CREE MÁS SOMBRAS

Cree otra capa de rayado en una dirección distinta a la primera para cubrir la anterior y prolónguela hasta la siguiente zona más oscura, aumentando paulatinamente la oscuridad.

5. AÑADA LOS DETALLES NECESARIOS

Añada los detalles que faltan, pero procure que las líneas no destaquen demasiado. Se trata de ir añadiendo capas de manera gradual. Es fácil saturar el dibujo con líneas marcadas.

6. PRACTIQUE TRAZOS MÁS LARGOS

Las prendas de vestir le irán bien para practicar el rayado uniforme, con lo que mejorará el control de los trazos. Procure que las rayas queden lo más juntas posible, pero sin que las línea se solapen.

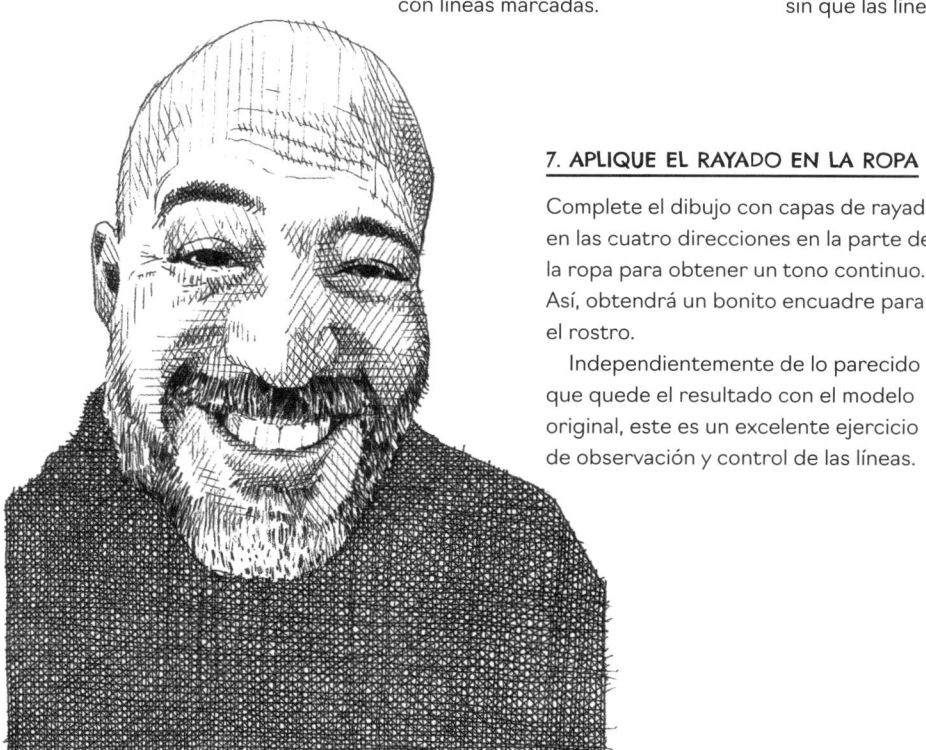

7. APLIQUE EL RAYADO EN LA ROPA

Complete el dibujo con capas de rayado en las cuatro direcciones en la parte de la ropa para obtener un tono continuo. Así, obtendrá un bonito encuadre para el rostro.

Independientemente de lo parecido que quede el resultado con el modelo original, este es un excelente ejercicio de observación y control de las líneas.

Ejercicio en 60 minutos

DIBUJE LA CASA O EL EDIFICIO DONDE VIVE

En este ejercicio, utilizaremos esta casa de modelo. Hay varias razones por las que es un buen motivo para la ilustración con tinta.

En primer lugar, se trata de una perspectiva de un punto, por lo que es relativamente fácil de dibujar. Además, cuenta con una gran variedad de valores, con sombras definidas, zonas oscuras y partes muy claras, lo que crea un contraste interesante. Como en otros ejercicios, tómese su tiempo para entender las relaciones entre los distintos elementos de la imagen.

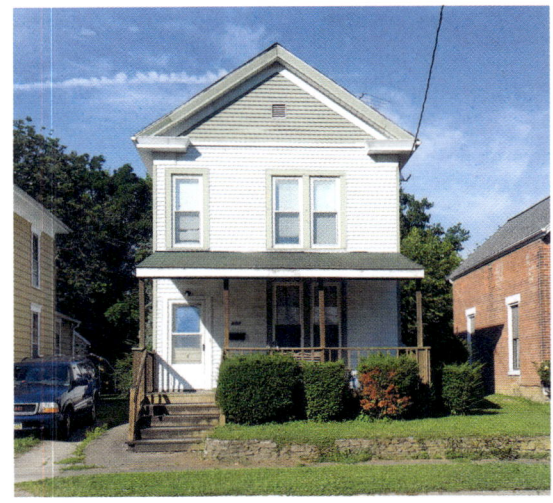

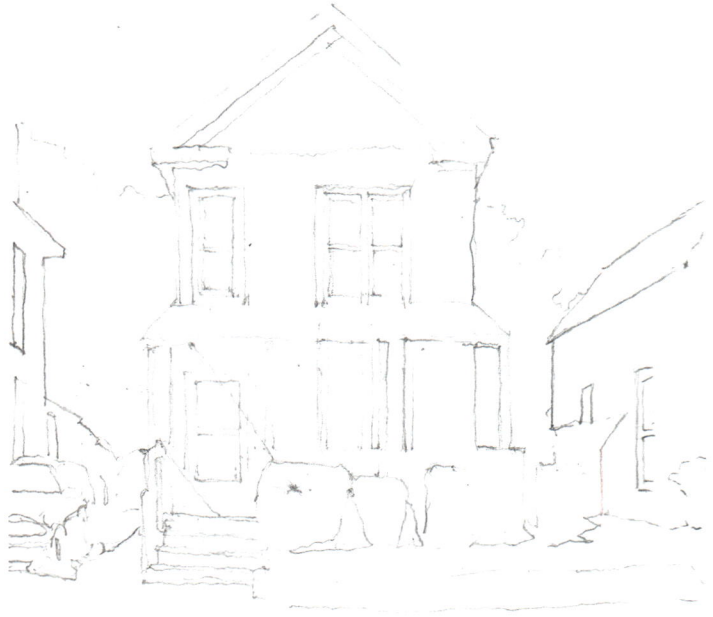

1. DEFINA LAS LÍNEAS BÁSICAS

Para empezar, trace a lápiz la líneas básicas, localizando los elementos más destacados de la imagen sin centrarse demasiado en los detalles. Localice el punto de fuga extendiendo las líneas imaginarias de la perspectiva (las líneas inclinadas de los tejados de los edificios adyacentes) hasta que se crucen. Fíjese en que el punto de fuga está en el centro, cerca de la escalera.

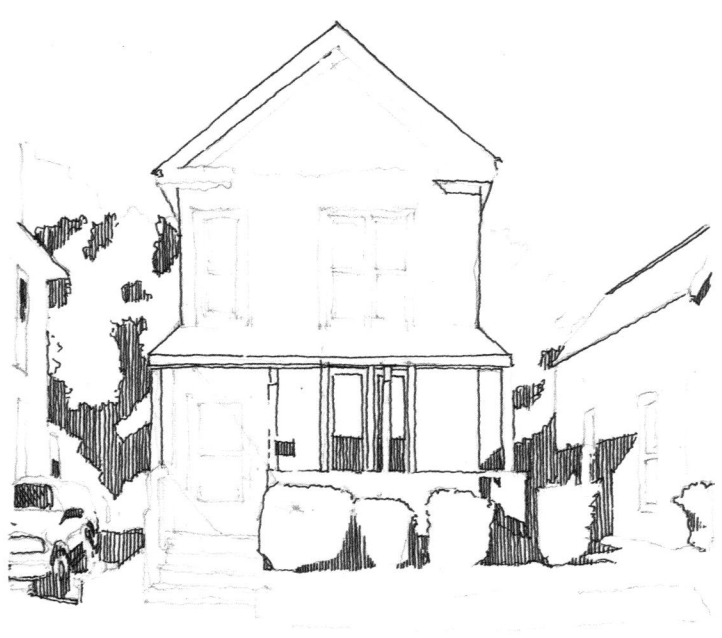

2. AÑADA LOS CONTORNOS MÁS OSCUROS

Con un bolígrafo de punta fina de 0,05 mm, delinee los contornos más oscuros y aplique una capa de rayado en las zonas más oscuras. Aunque sean las partes más oscuras del dibujo, por el momento no hace falta que las oscurezca hasta lograr el valor definitivo. Este se irá obteniendo poco a poco a lo largo del proceso. Hay que tener paciencia y no correr en esta fase.

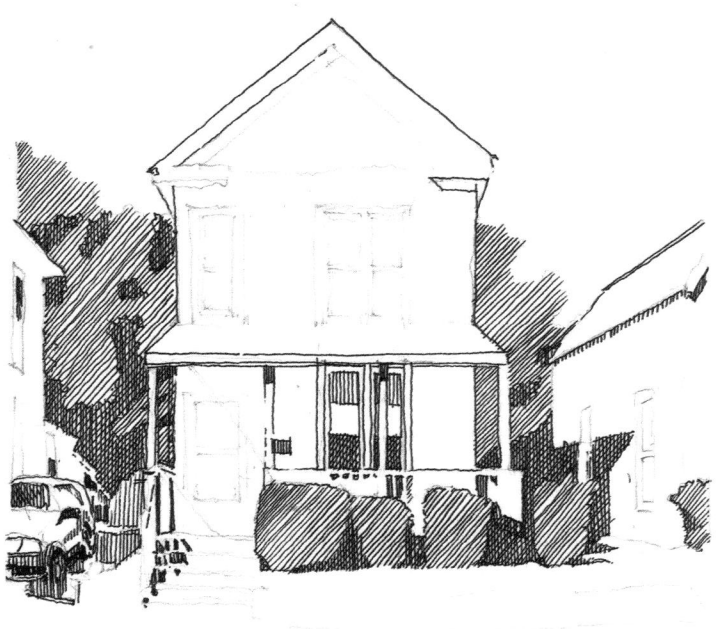

3. APLIQUE UNA CAPA DE RAYADO EN LA VEGETACIÓN

Cubra la vegetación, el elemento más oscuro de la imagen, con otra capa de rayado en la dirección contraria. Fíjese en que los árboles no requieren un contorno lineal, sino que puede definir su forma con el rayado. Además, hay otros elementos, como las ventanas del porche, que tienen valores tonales similares a los de la vegetación. Ahora es un buen momento para aplicar una segunda capa de rayado en estos elementos.

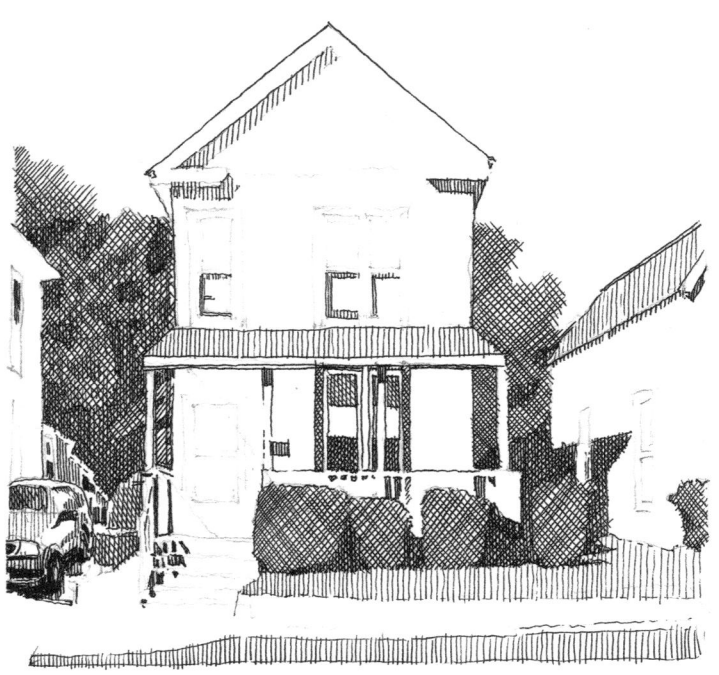

4. APLIQUE UNA CAPA DE RAYADO EN OTROS ELEMENTOS OSCUROS

Después de cubrir las partes más oscuras, aplique una capa de rayado en una sola dirección en la segundas partes más oscuras. Estas zonas incluyen el césped del jardín de delante, las sombras de la cornisa, los tejados y algunas partes del coche. Cabe destacar que los detalles del coche no son imprescindibles, sino que es mejor verlo como una sucesión de formas sin centrarse demasiado en los detalles, puesto que no es el centro de atención del dibujo.

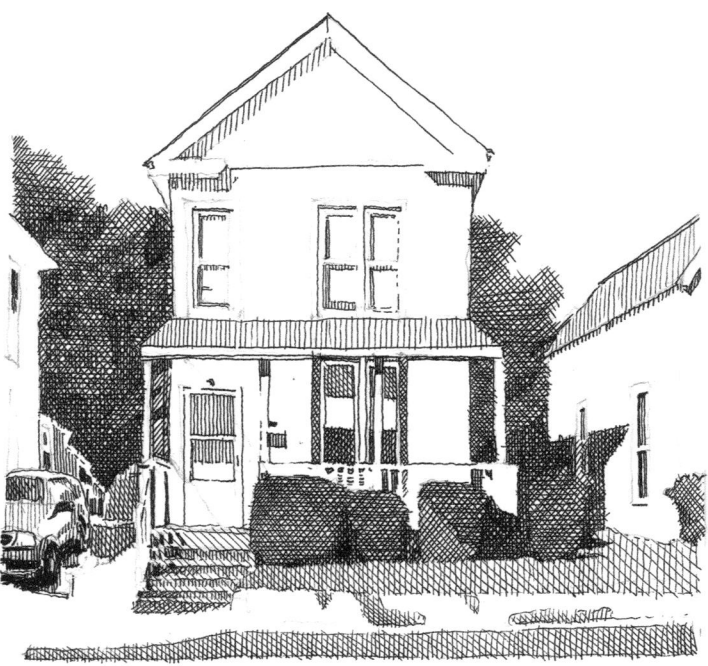

5. OSCUREZCA LAS SOMBRAS

Puede que le haga falta oscurecer más la vegetación. Recuerde que, hasta ahora, solo hemos aplicado el rayado en dos direcciones, por lo que aún existe la posibilidad de oscurecerla aún más. Aplique una tercera capa de rayado en una tercera dirección y observe el resultado de nuevo. De este modo creará más contraste en la imagen y potenciará la profundidad de las sombras.

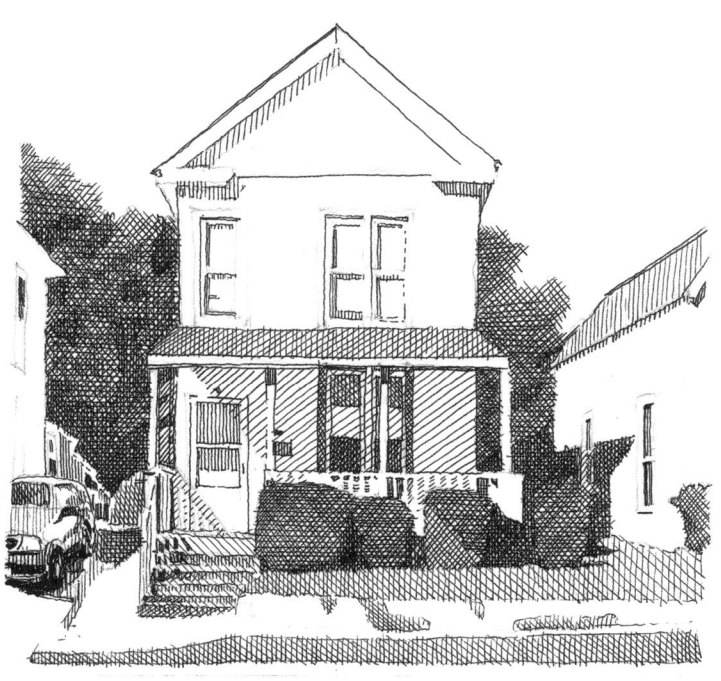

6. RELLENE Y OSCUREZCA PAULATINAMENTE

De las zonas sin rayado, elija la más oscura, como la sombra de debajo del porche, y aplique la primera capa de rayado. A medida que vaya llenando los espacios en blanco, conviene prestar atención a la aplicación de sombra detrás de la barandilla del porche, sin perfilarla. Así evitará que los contornos dominen las pequeñas zonas, que, de lo contrario, quedarían demasiado oscuras.

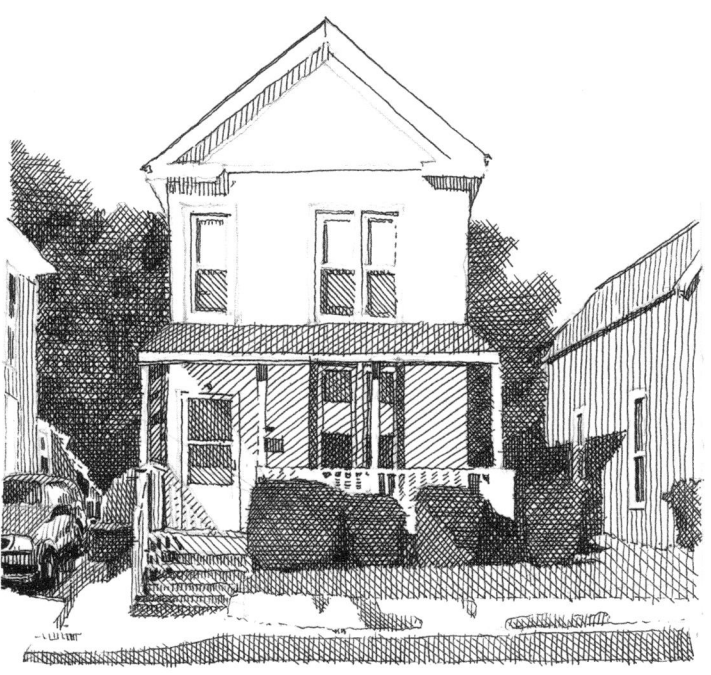

7. IDENTIFIQUE LA ZONA MÁS CLARA

A media que añada capas y oscurezca el dibujo, fíjese en la zona que quedará más clara. Podría ser la parte de la fachada que queda por encima del porche. Cuando oscurezca el dibujo, procure ir añadiendo capas sobre las anteriores para mantener un tono global coherente.

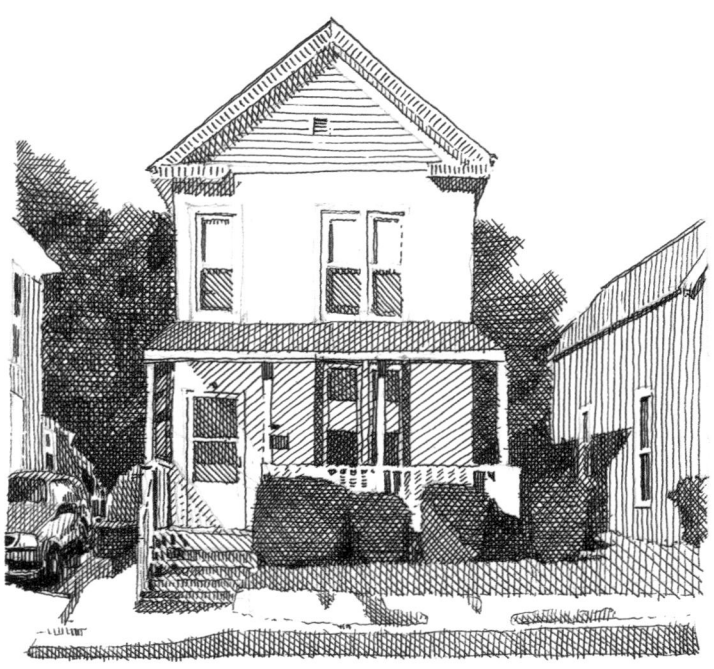

8. REALCE LAS ZONAS MÁS CLARAS

Cuando esté a punto de terminar el dibujo, realce las zonas más claras aplicando una capa de rayado en la cornisa gris para crear contraste con la parte inferior.

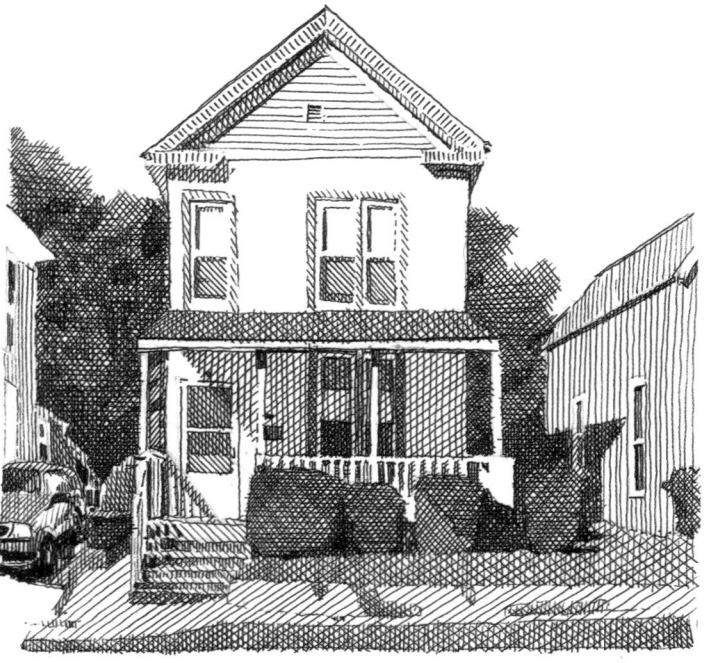

9. AJUSTAR EL CONTRASTE CON EL RAYADO

A continuación, haga lo mismo en las partes en las que quiera ajustar el contraste, en este caso, la sombra de debajo del porche y el jardín de delante de la casa.

Preste atención a las pequeñas variaciones de tonos, como los marcos de las ventanas de la zona más clara. Cuando incorpore estas variaciones, trace líneas sutiles y procure evitar entintar los contornos para no sobrecargar el dibujo.

10. ÚLTIMOS RETOQUES

Por último, con un bolígrafo de punta fina, aplique una capa de rayado en algunas zonas más oscuras para potenciar la sensación de profundidad. Asimismo, preste atención a los pequeños detalles en esta fase y oscurézcalos para realzarlos. Recuerde que siempre puede oscurecer el dibujo, pero no aclararlo, por lo que es imprescindible que aprenda a tener paciencia y a crear una coherencia de tonos capa a capa.

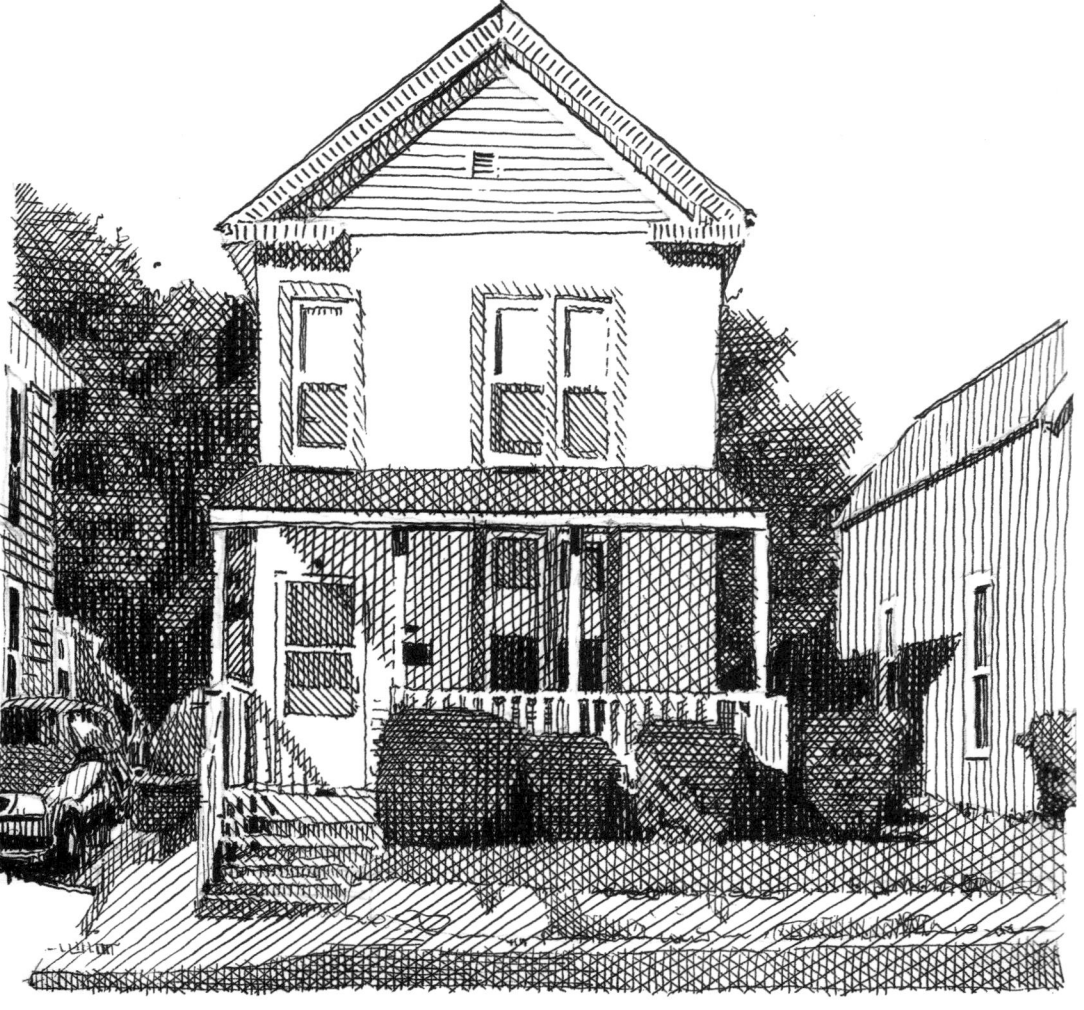

Ejercicio en 120 minutos

UNA ESCENA DE UN BOSQUE QUE LE EVOQUE UN SENTIMIENTO ESPECIAL

No se deje abrumar por la complejidad de esta imagen. Para simplificar la comprensión de la gama de valores, convierta la imagen a blanco y negro y así evitar que el color interfiera, puesto que no va a representar esta información en el dibujo.

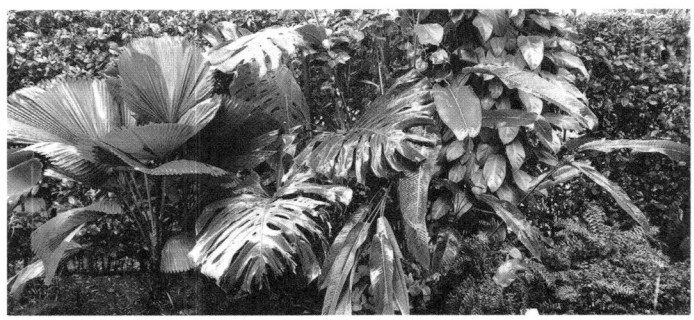

1. TRACE LAS LÍNEAS BÁSICAS

Identifique los volúmenes más grandes y representativos de la imagen. Esbócelos sutilmente con un lápiz blando, como 2B. Preste atención a las proporciones y las relaciones entre los elementos que está esbozando. Evite el exceso de detalles, dibújelos como formas sencillas.

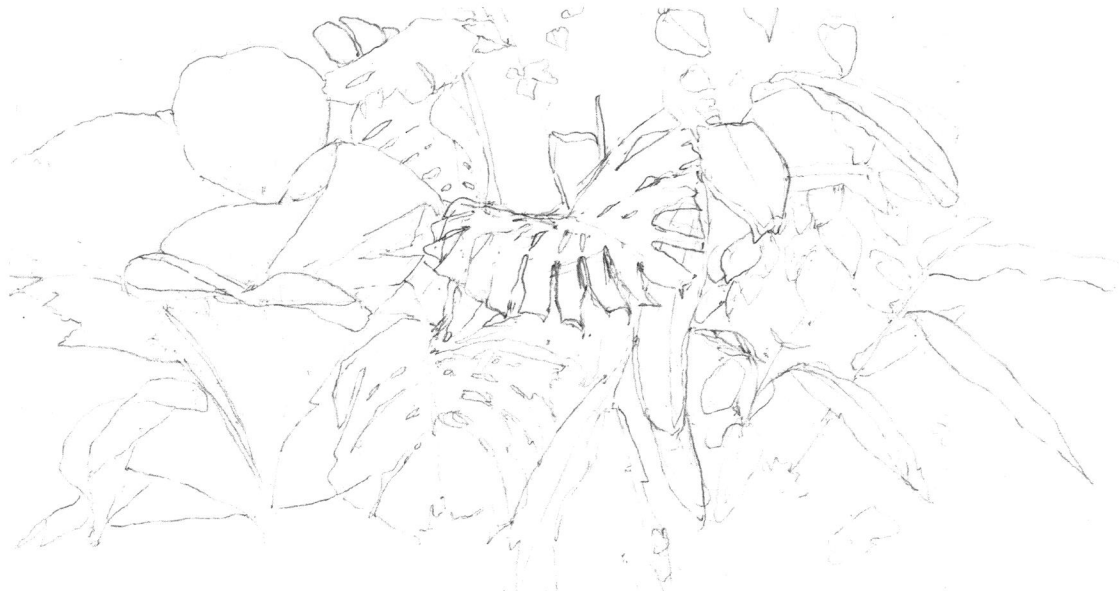

2. DEFINA LOS DETALLES DE LOS ELEMENTOS

Una vez localizados, defina mejor los elementos, sobre todo los que resulten más difíciles de interpretar, como las hojas de Monstera del centro de la imagen, que también son el elemento más destacado de la composición.

3. PRIMERA CAPA DE RAYADO

Aplique una capa de rayado en las zonas más oscuras de la imagen. Esta capa le servirá de referencia para desplazarse por el dibujo.

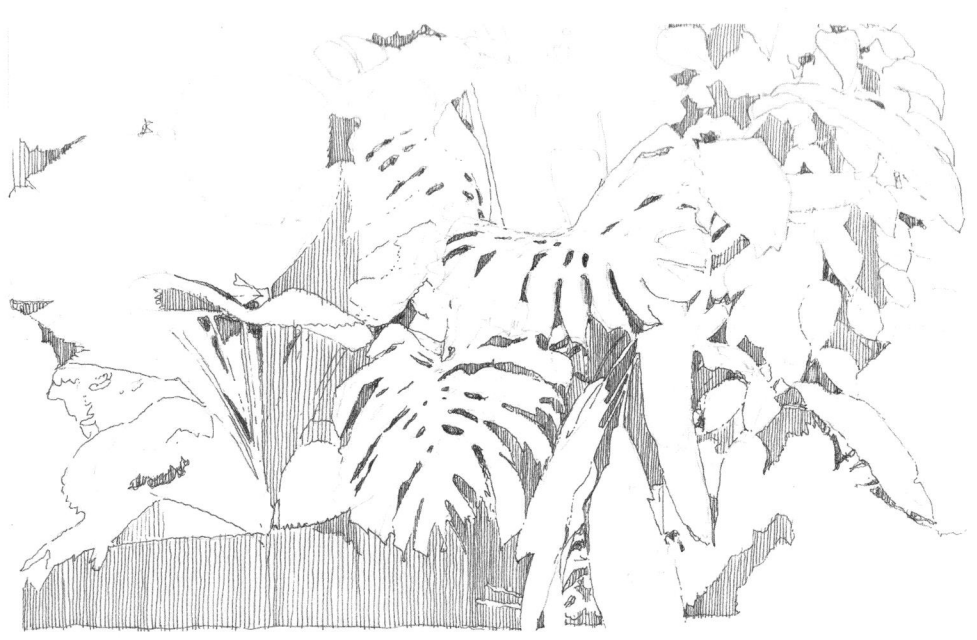

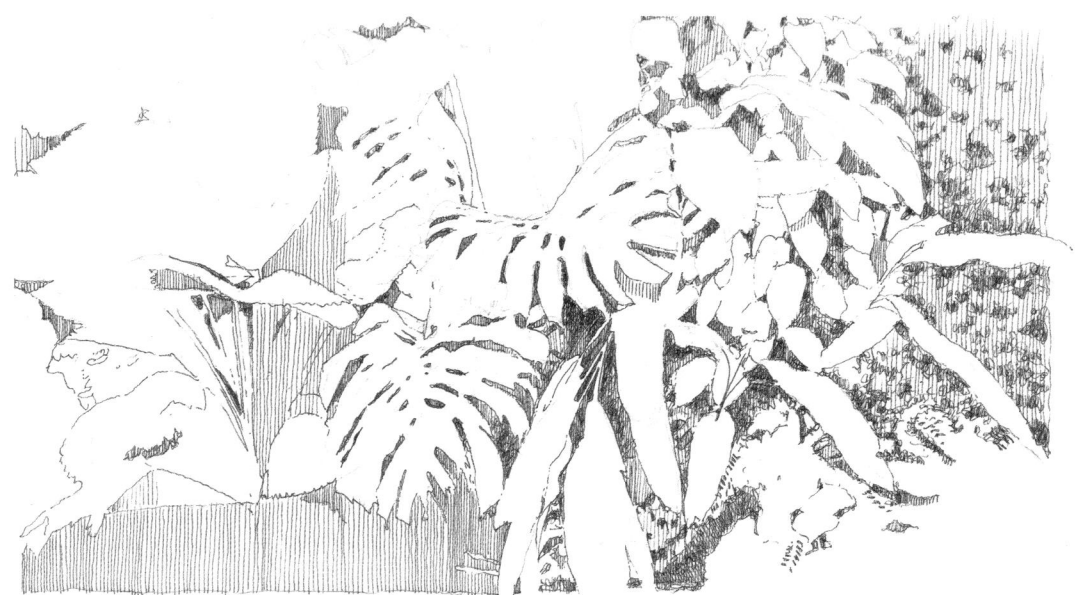

4. APLIQUE TRAZOS

Siga aplicando trazos y trabajando únicamente estas zonas más oscuras. La parte del follaje es más fácil de representar si experimenta con texturas. En este caso, unos cuantos garabatos parecen funcionar.

5. AMPLÍE LOS DETALLES

A medida que añada detalles en estas zonas, puede ampliar el radio de acción sin alejarse de las partes más oscuras. Recuerde empezar siempre por los elementos más oscuros, pero sin necesidad de lograr el valor definitivo.

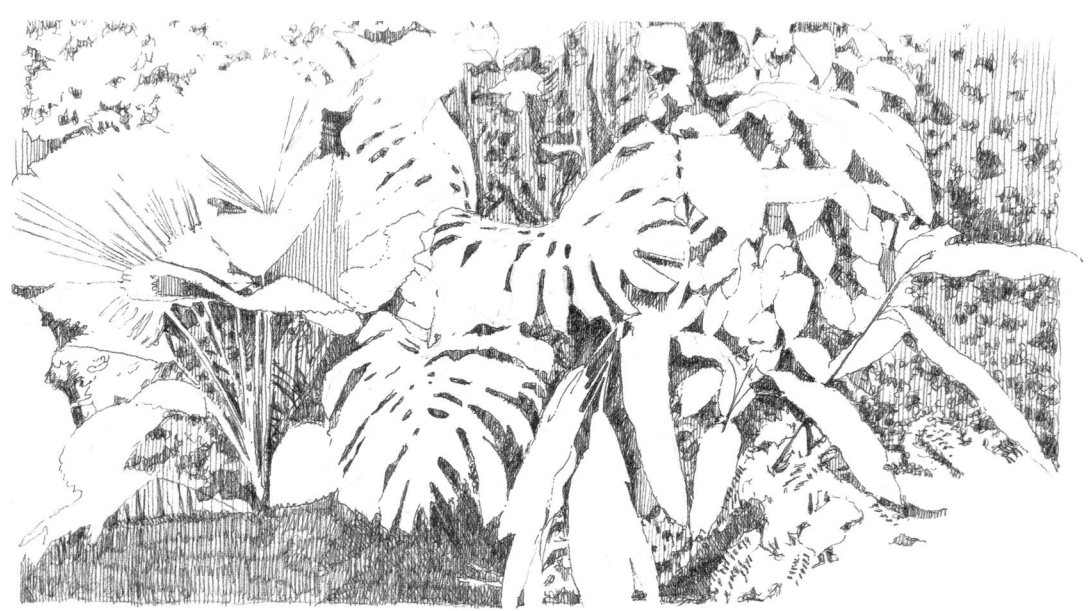

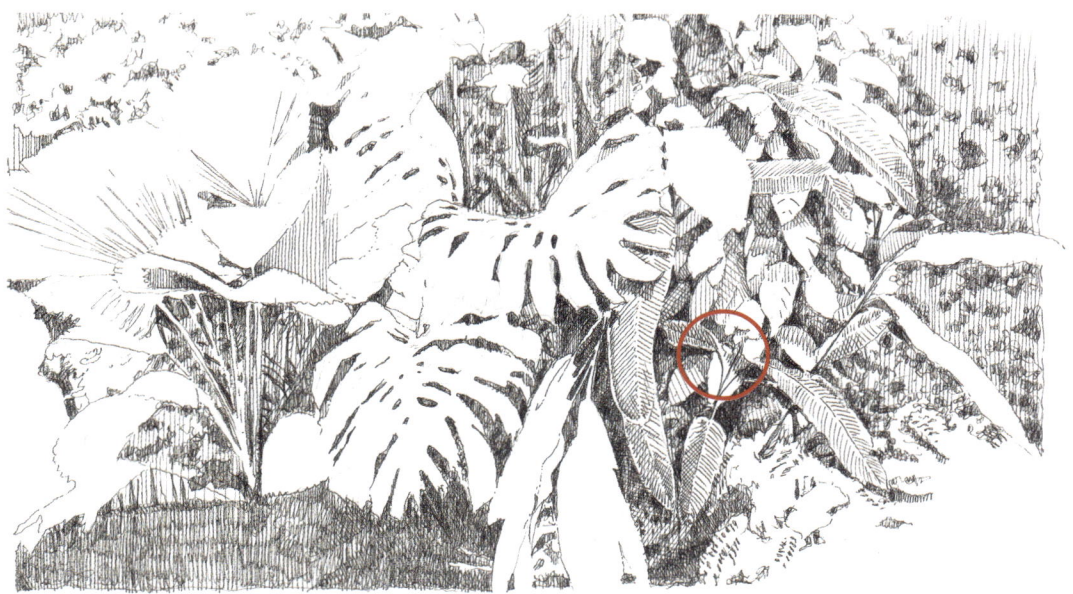

6. ENTINTE LAS HOJAS POR GRUPOS

Cuando las zonas oscuras estén bien definidas con varias capas de rayado, empiece a entintar las hojas por grupos. En este caso, empiece por el grupo de la derecha. Recuerde empezar por las zonas más oscuras de cada grupo e ir trabajando paulatinamente las más claras.

7. AJUSTE LOS VALORES

Añada otra capa de rayado a este grupo de hojas para ajustar los valores y crear más profundidad.

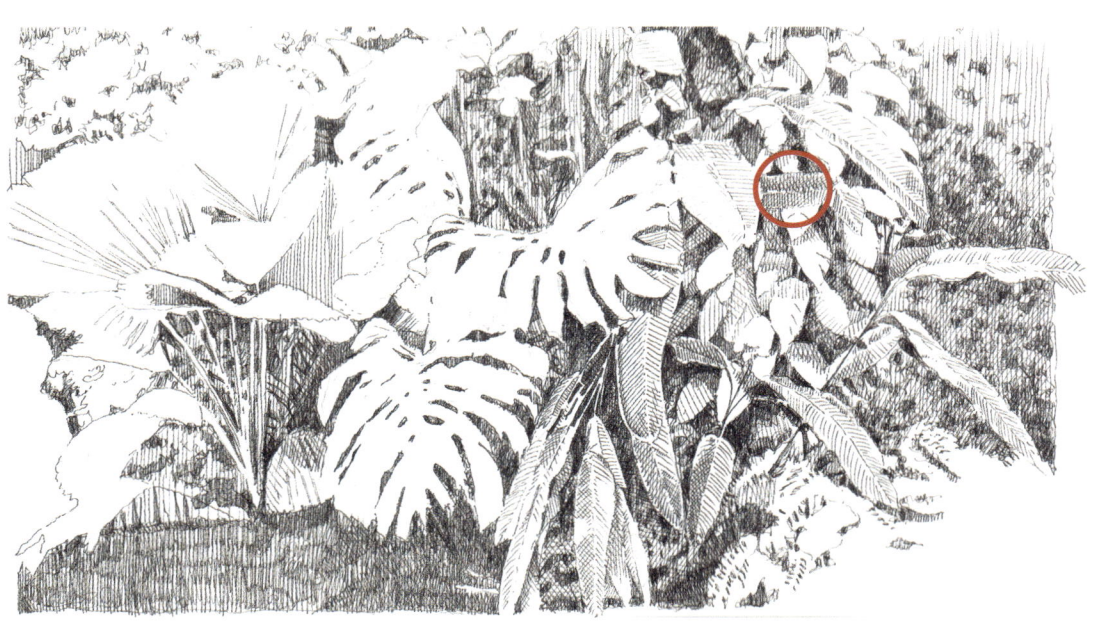

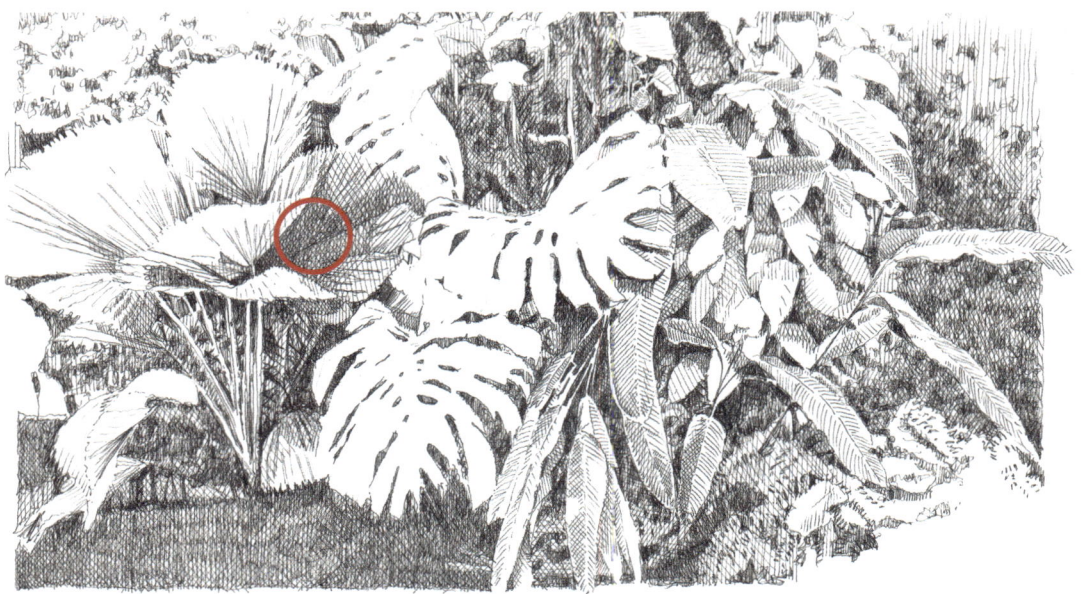

8. CONTINÚE CON OTROS GRUPOS DE HOJAS

Repita el proceso en otro grupo de hojas, añadiendo
capas primero a las zonas más oscuras y, después,
a las más claras.

9. TRABAJE LAS HOJAS CENTRALES

Ha llegado el momento de trabajar las hojas centrales,
siempre con una capa de rayado en la zona más
oscura. Fíjese en que es el rayado el que perfila la
variación tonal, no las líneas de los contornos de los
elementos.

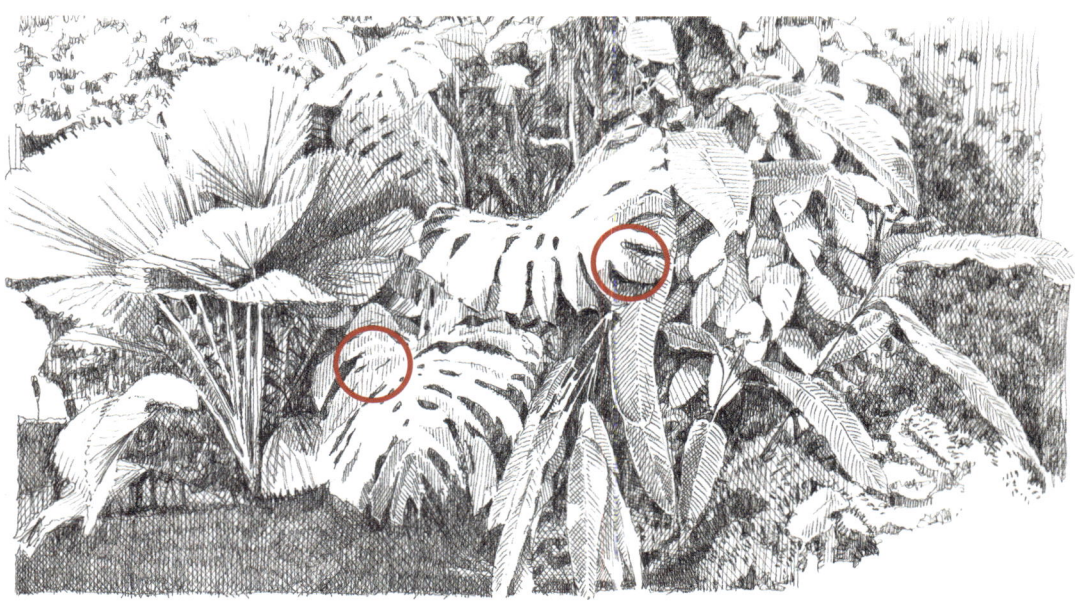

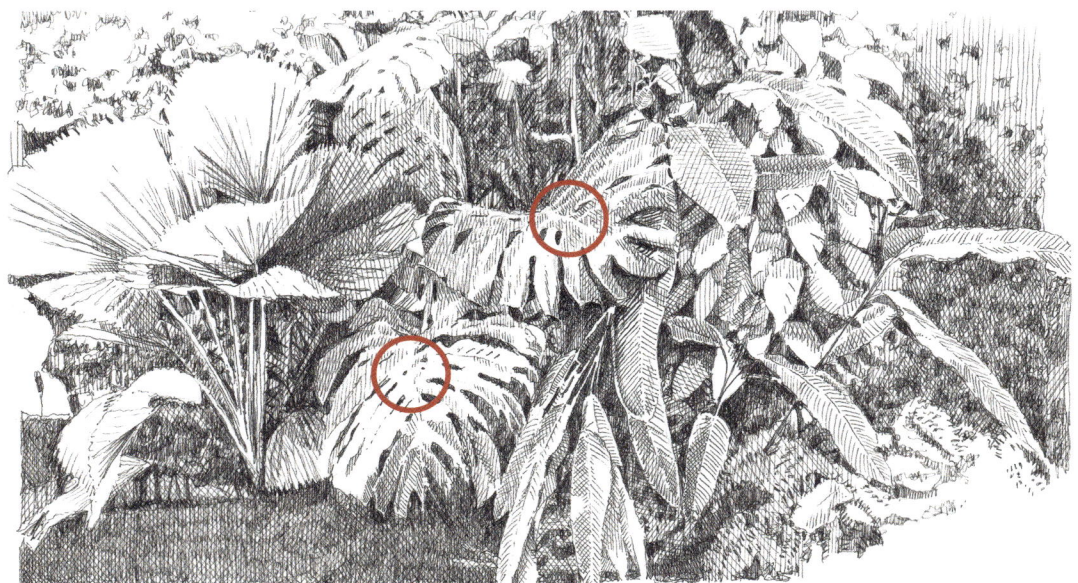

10. AÑADA CAPAS A LAS HOJAS CENTRALES

Añada más capas a estas hojas, prestando atención a las zonas claras. Son igual de importantes, si no más, que las zonas rayadas, puesto que son esenciales para crear la sensación de profundidad y contraste.

11. DEFINA LAS ZONAS OSCURAS

Ahora que ha aplicado el rayado en todos los elementos, revise las zonas más oscuras y añada detalles para crear profundidad. Si ya lo ha aplicado en todas direcciones, recuerde que puede recurrir a los garabatos o usar un bolígrafo de punta fina más grueso para lograr sombreados más oscuros.

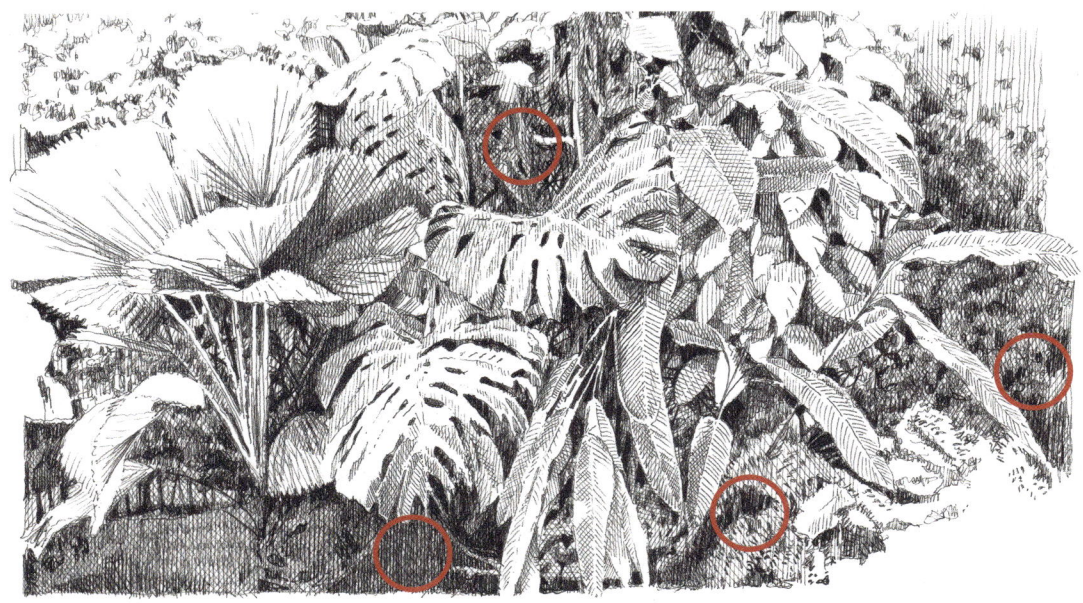

12. ÚLTIMOS RETOQUES Y CONSIDERACIÓN ACERCA DEL TIEMPO

Recuerde en todo momento que puede añadir más detalles, pero que cada línea que añada oscurecerá un poco más la imagen. Para mantener la coherencia, debe respetar la relación de los valores. Cuando añada detalles a las zonas más claras, trabaje con delicadeza, de lo contrario deberá oscurecer otras zonas, llegando a un punto en el que no pueda hacerlo más.

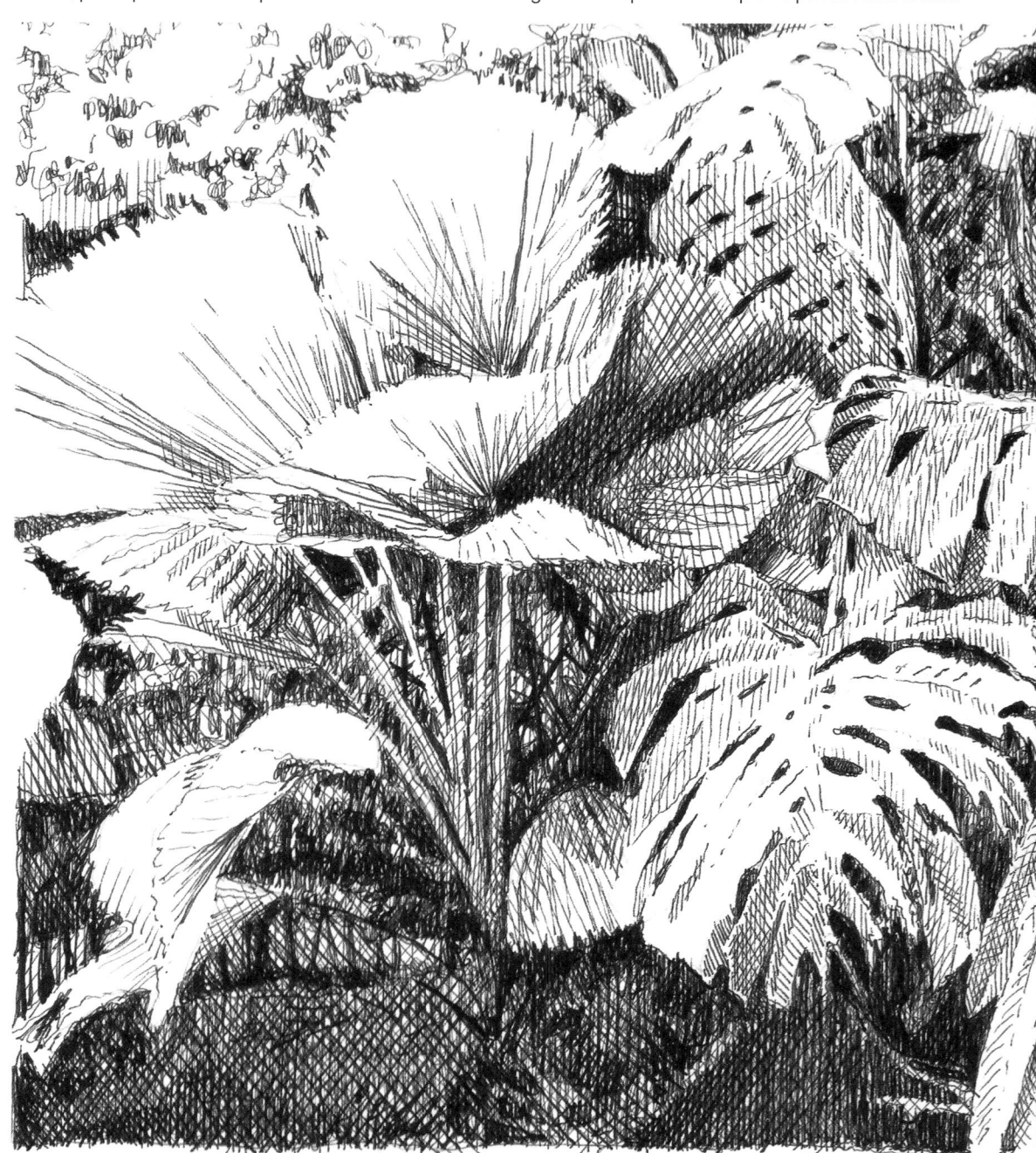

En este punto debería detenerse, puesto que si trabajara más el dibujo echaría a perder la coherencia visual. Recuerde que el tiempo de los ejercicios es orientativo, sobre todo en los plazos más prolongados y los proyectos más complejos. Como puede ver, el procedimiento es similar en todos los casos, sea cual sea la complejidad del motivo que se dibuja.

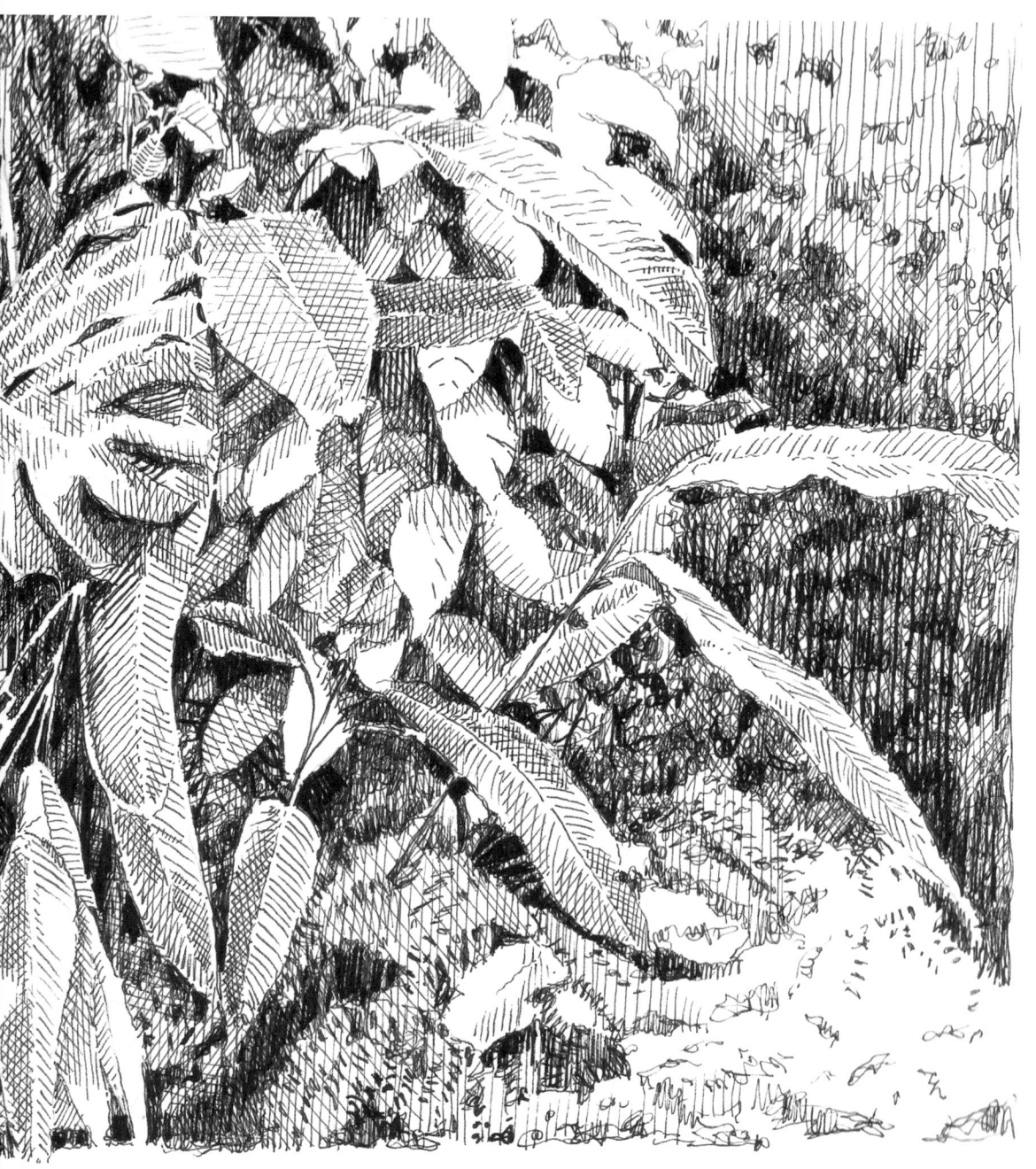

Plantillas

¿Se siente inseguro a la hora de dibujar? Utilice la cuadrícula de estas plantillas para dibujar el objeto proporcionalmente en una hoja de papel. Aplique las técnicas sugeridas para lograr un resultado similar, o elija otra de este libro.

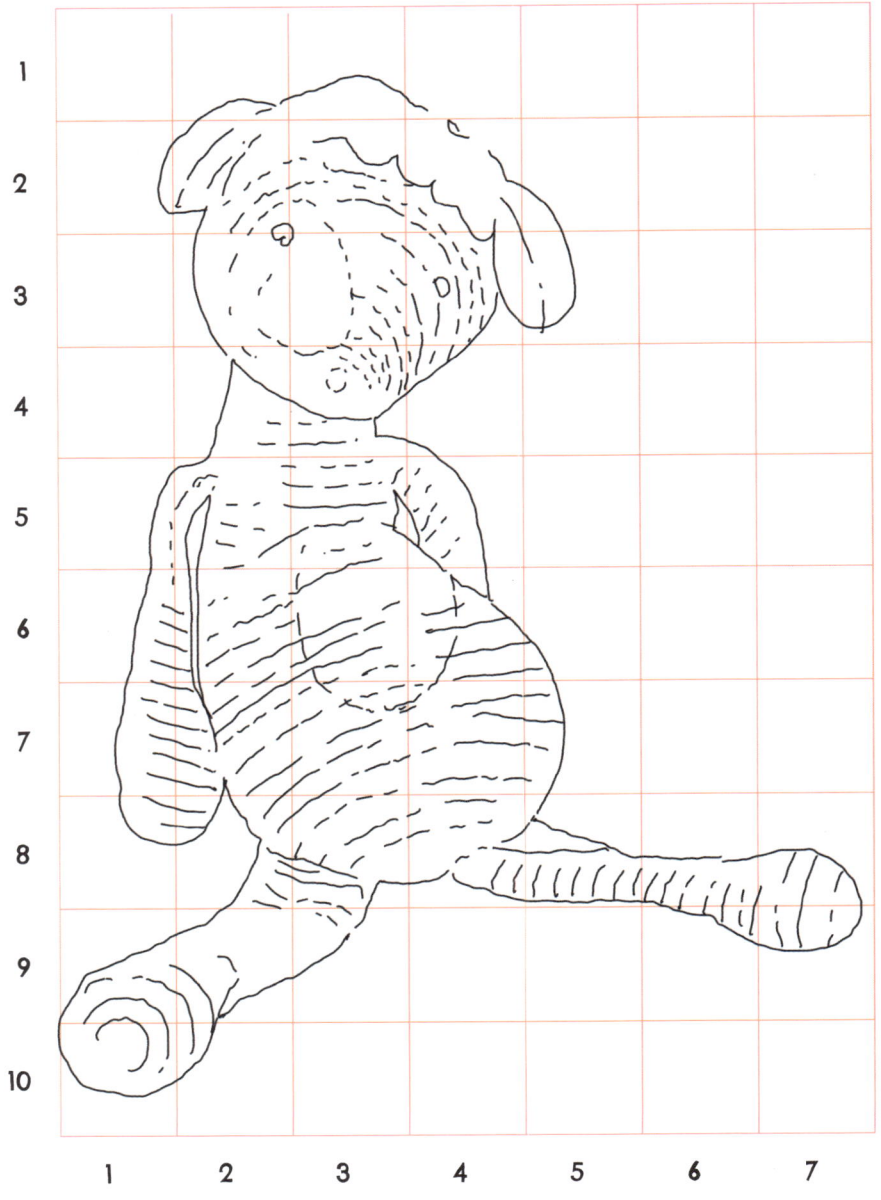

Con un bolígrafo obtendrá texturas y sutilezas en los valores, sobre todos en las zonas más claras.

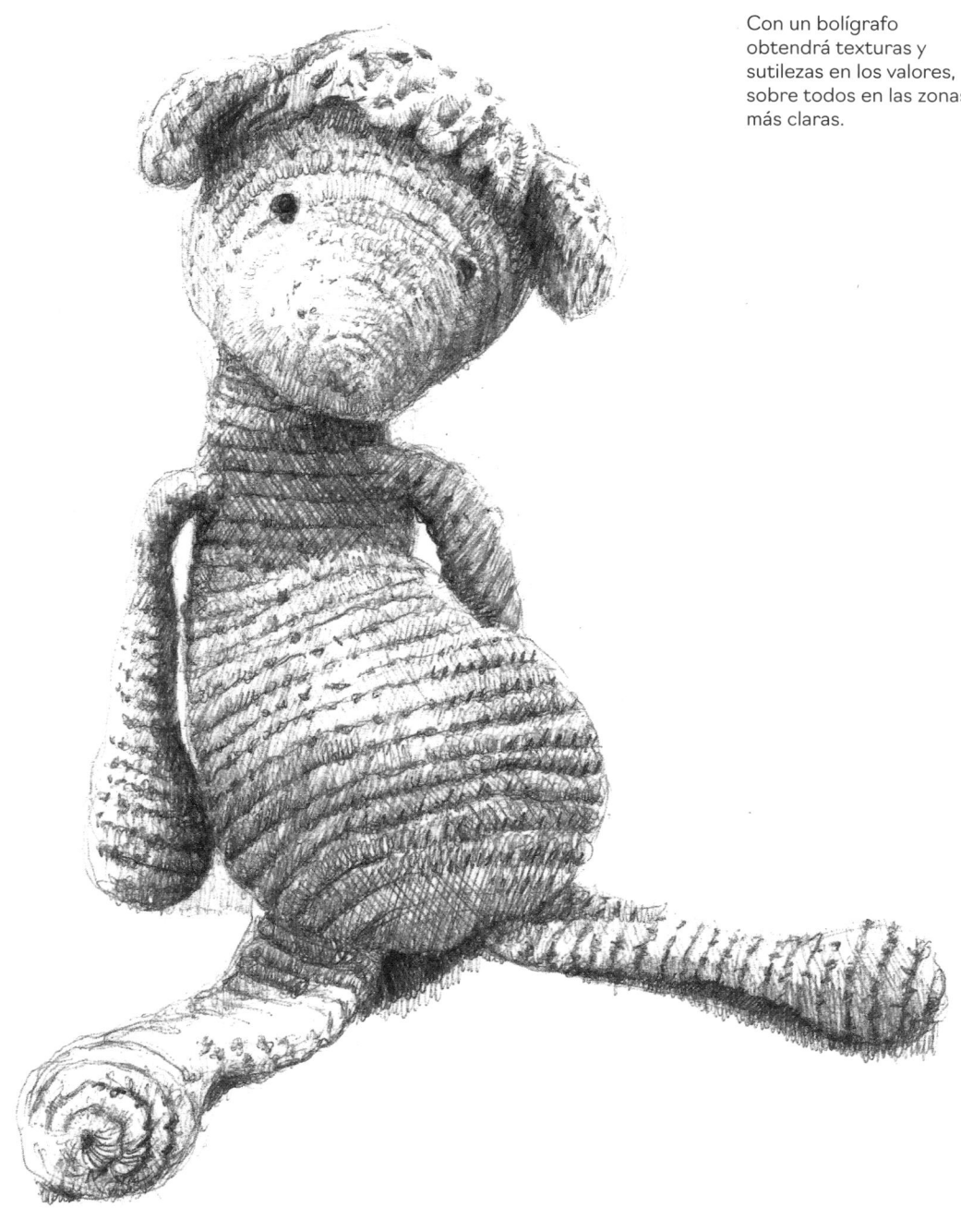

Técnicas utilizadas: rayado cruzado y garabatos
Material: bolígrafo

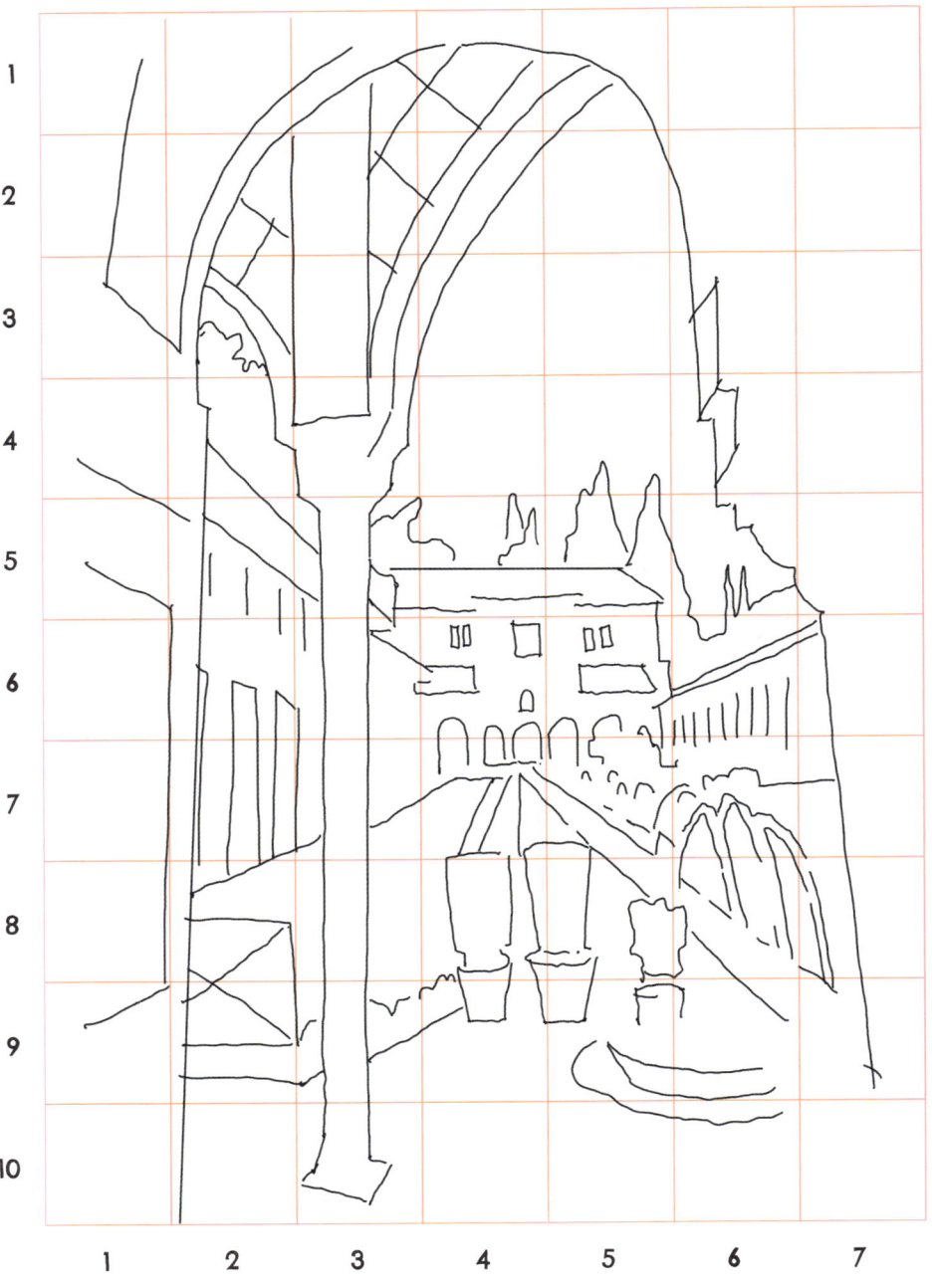

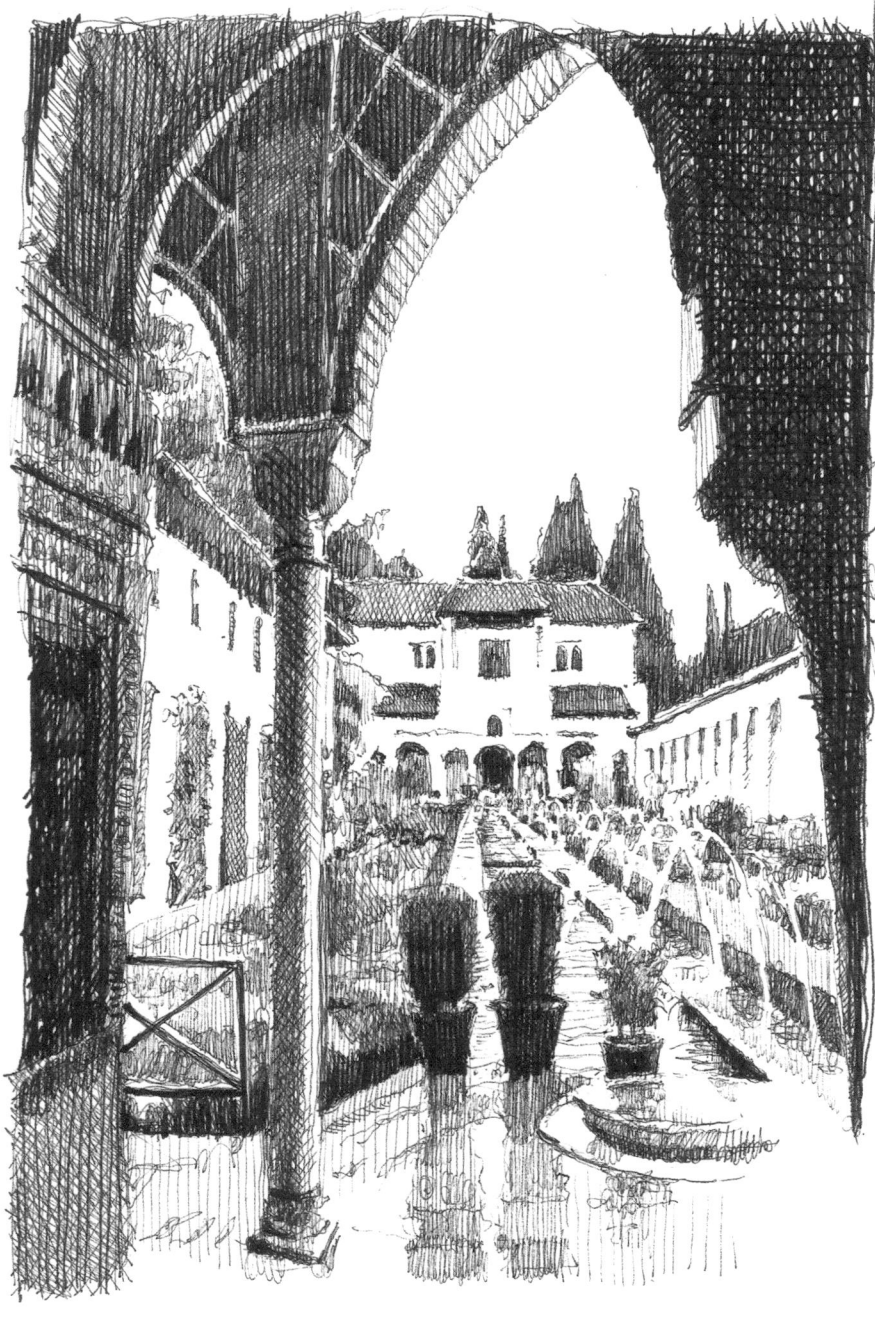

Utilice bolígrafos de punta fina de distintos grosores para crear contraste de una manera rápida y eficaz.

Técnicas utilizadas: rayado cruzado y garabatos
Material: bolígrafos de punta fina de distintos grosores

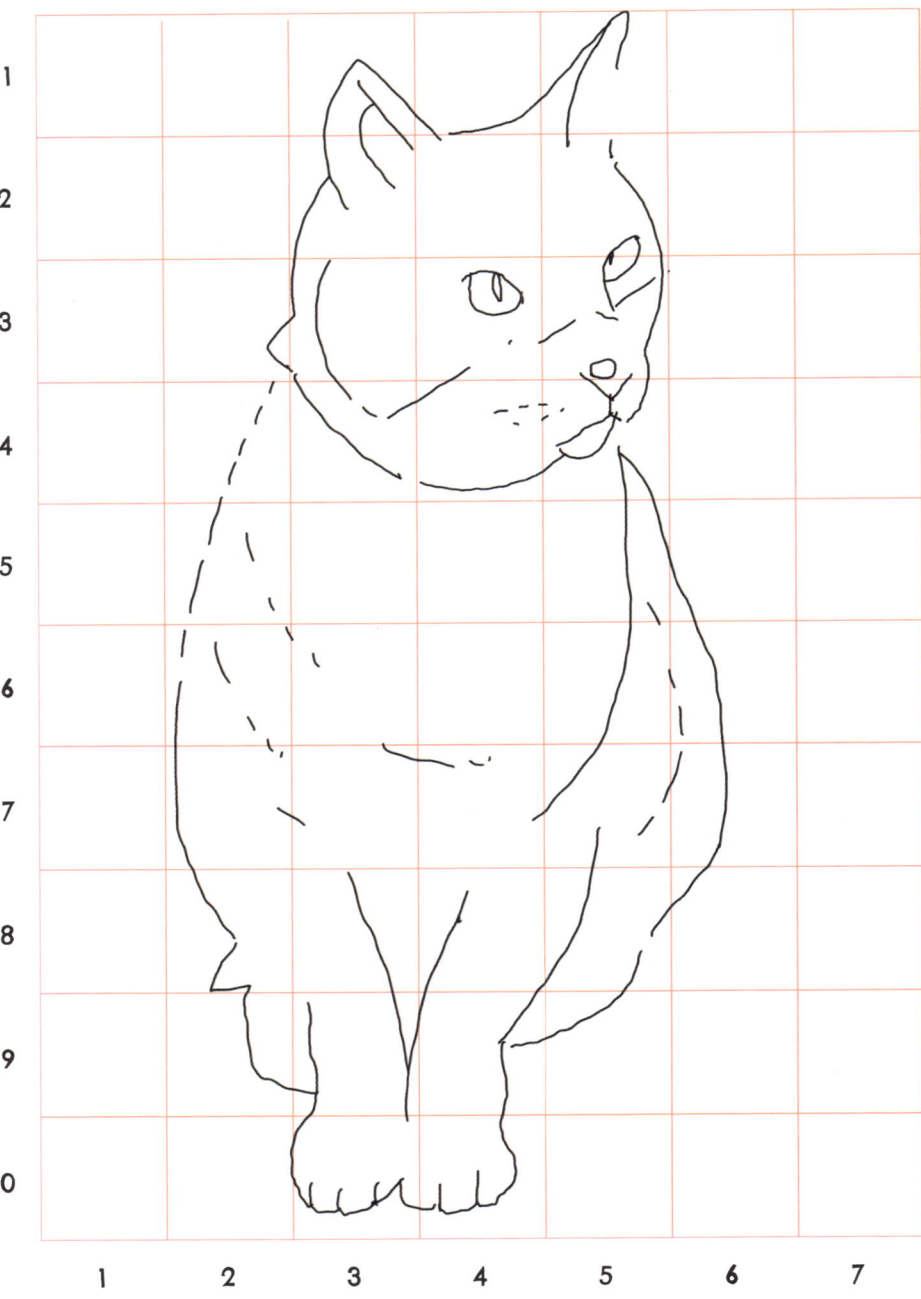

Las partes en blanco, sin entintar, son casi más importantes que las entintadas. Vaya con cuidado y evite sobrecargar el dibujo.

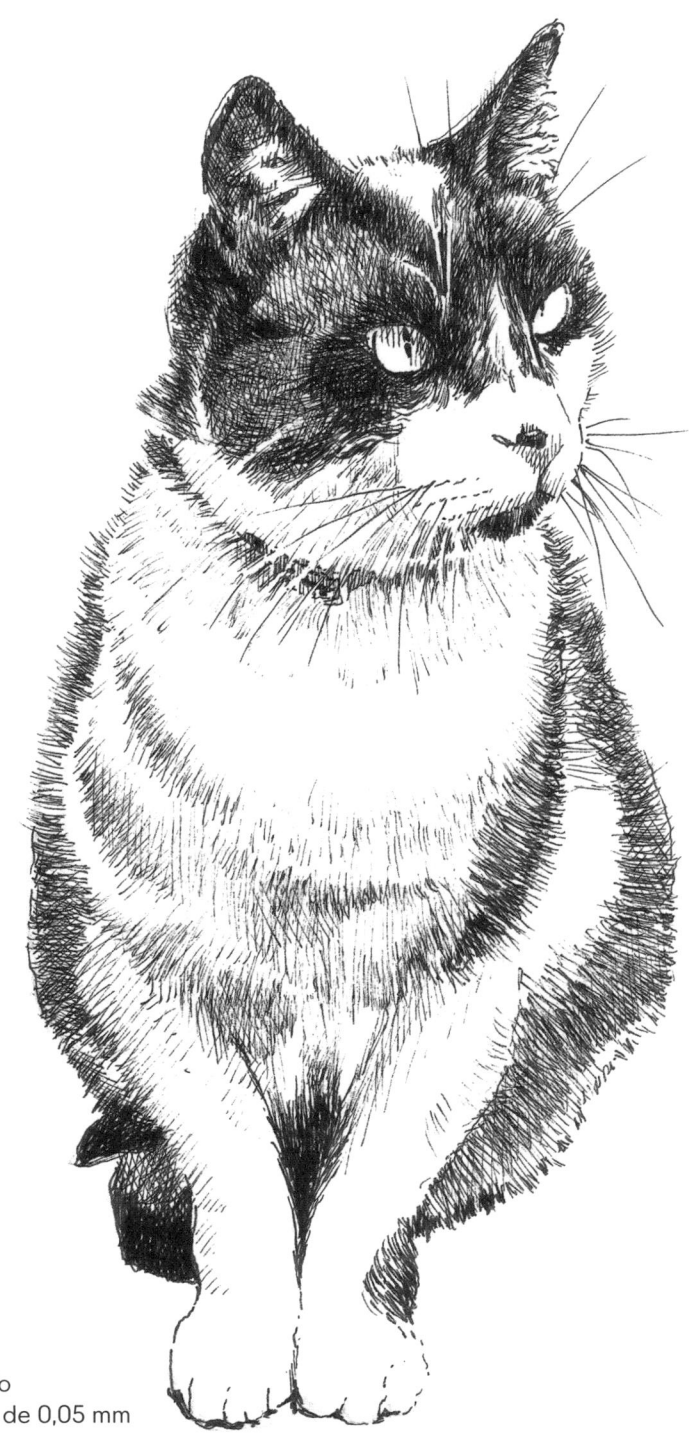

Técnica utilizada: rayado cruzado
Material: bolígrafo de punta fina de 0,05 mm

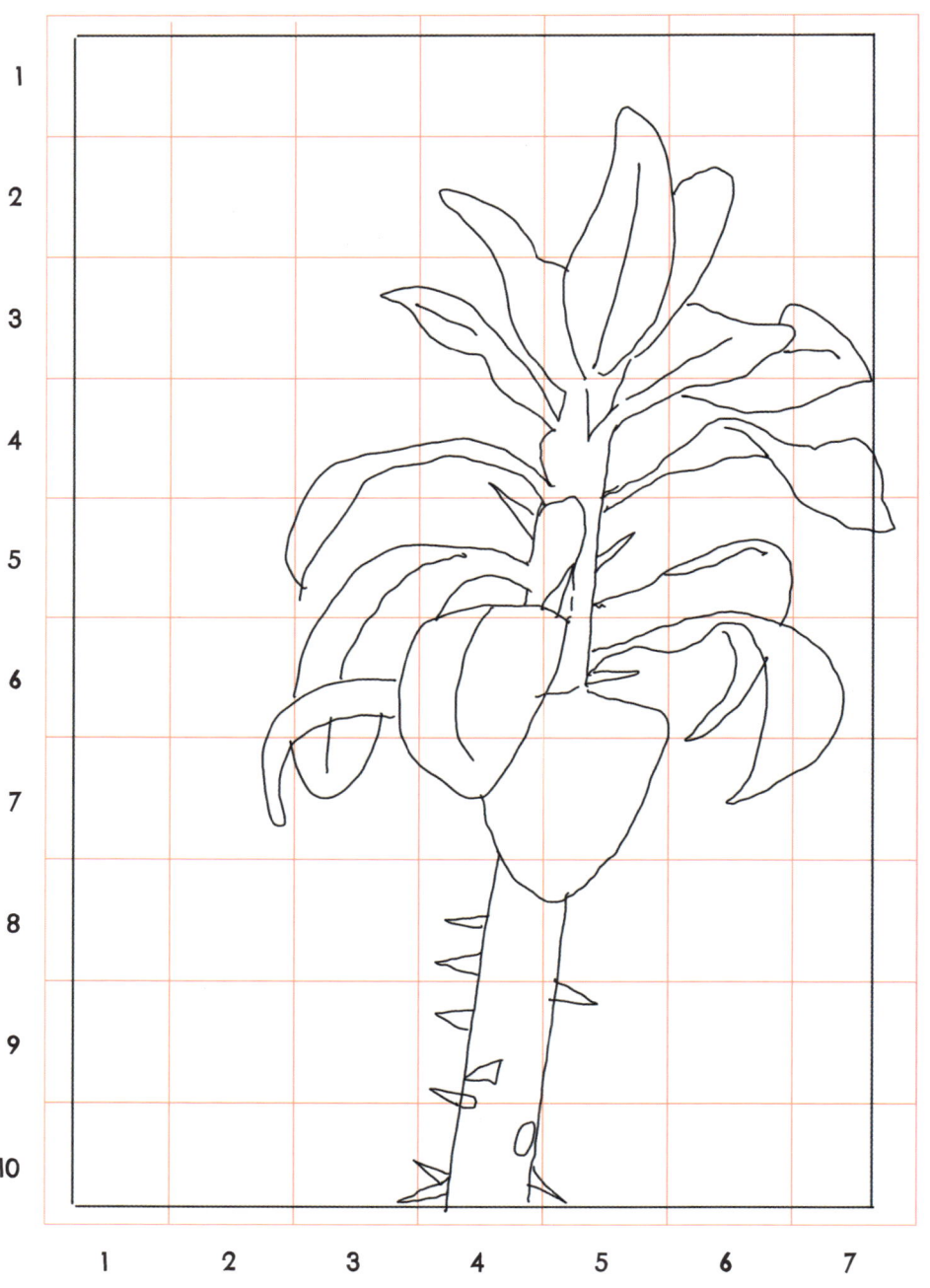

Si delinea el contorno o encuadra el objeto con líneas gruesas, creará un efecto atractivo.

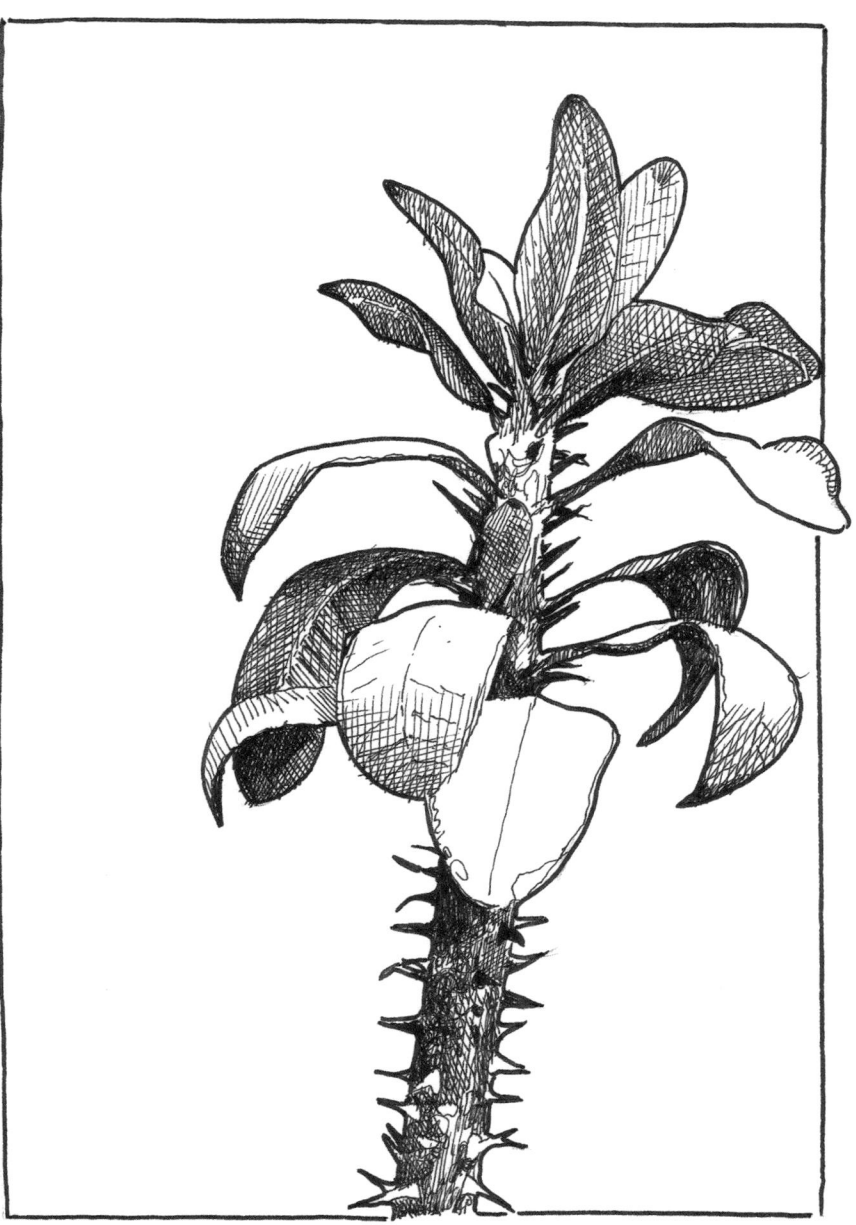

Técnica utilizada: rayado cruzado
Material: bolígrafos de punta fina de distintos grosores

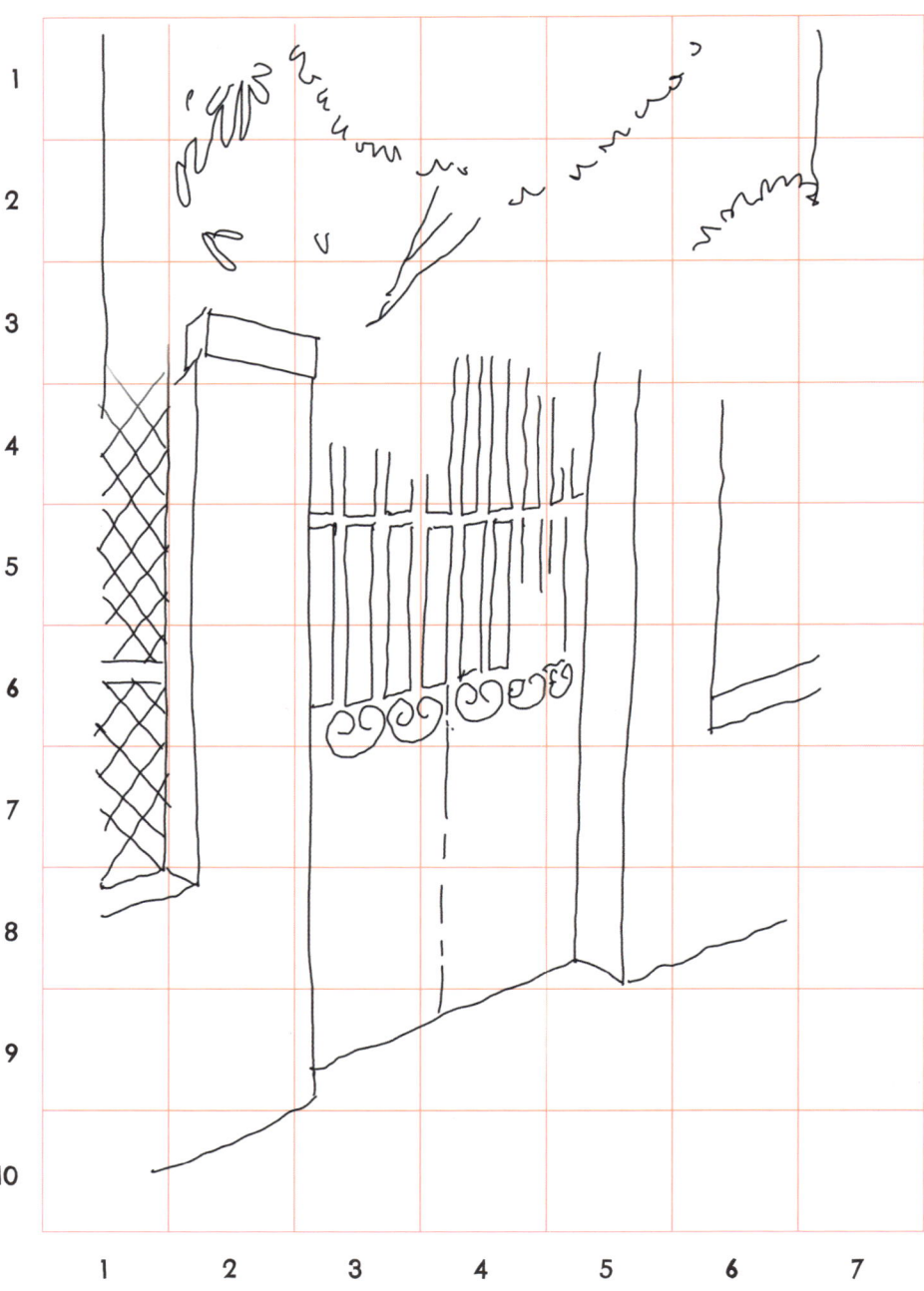

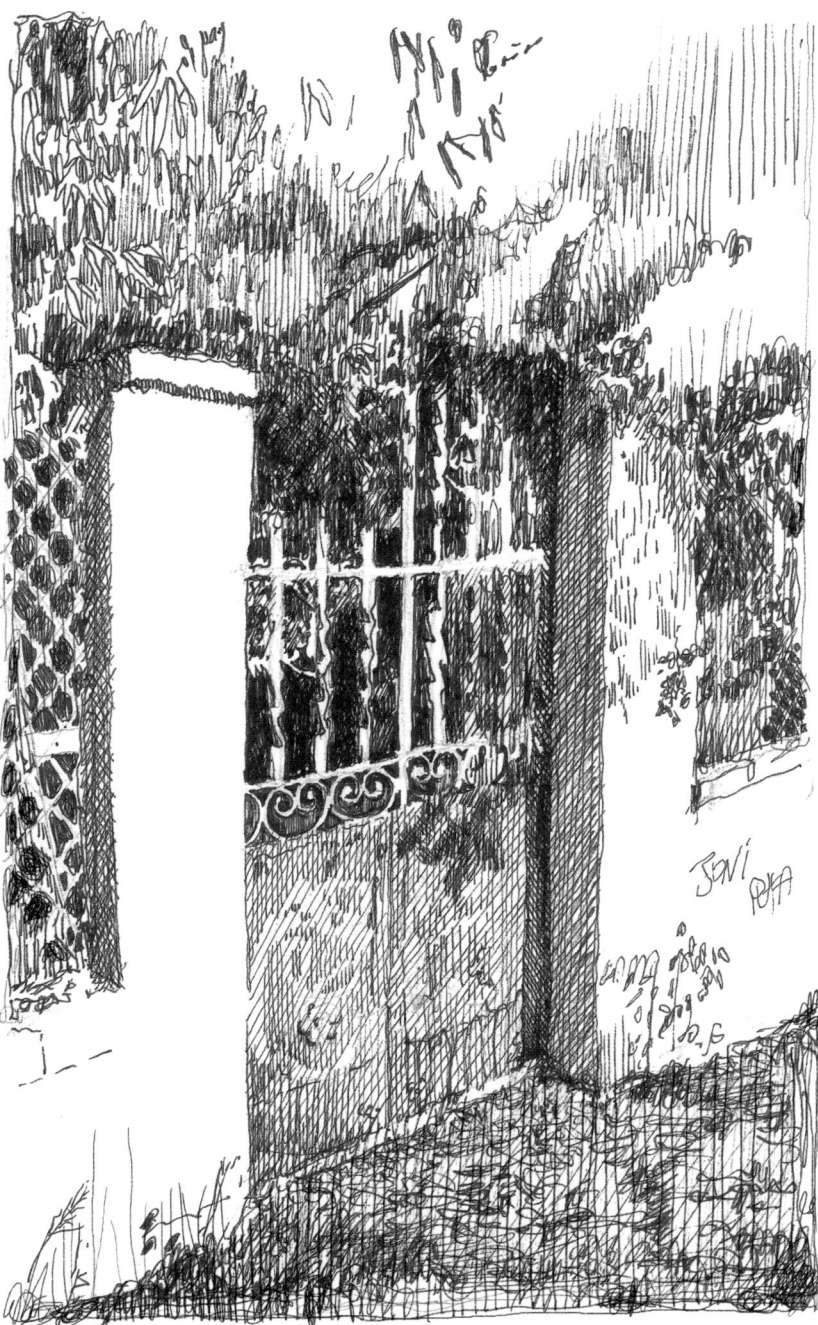

La textura de la vegetación puede obtenerse con una combinación de garabatos y trazos controlados, sin la necesidad de entretenerse en los detalles.

Técnicas utilizadas: rayado cruzado y garabatos
Material: bolígrafo de punta fina de 0,05 mm

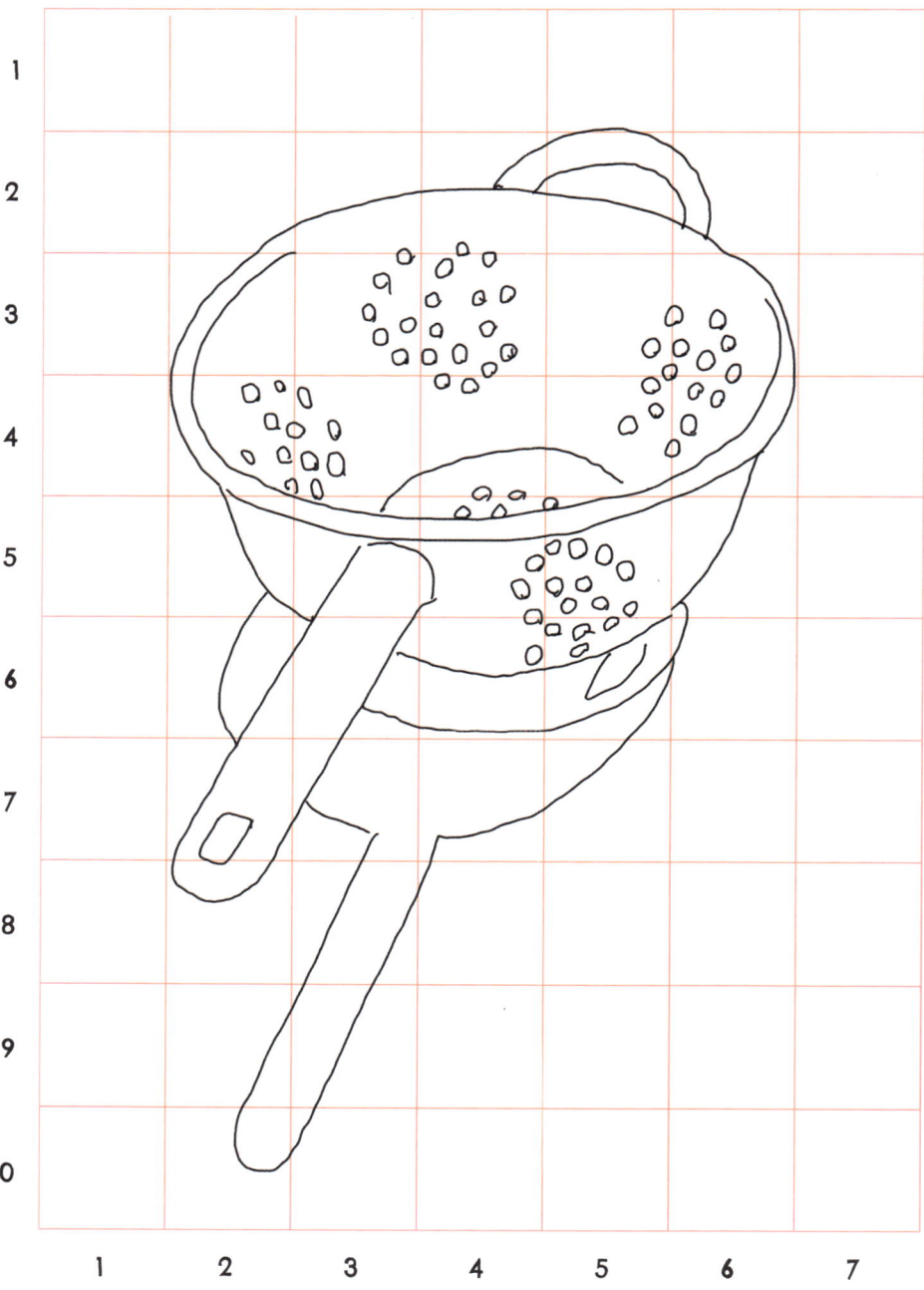

No subestime el poder de los valores. En este caso, son indispensables para crear las luces y sombras necesarias y, de esta manera, dar a entender el volumen del escurridor.

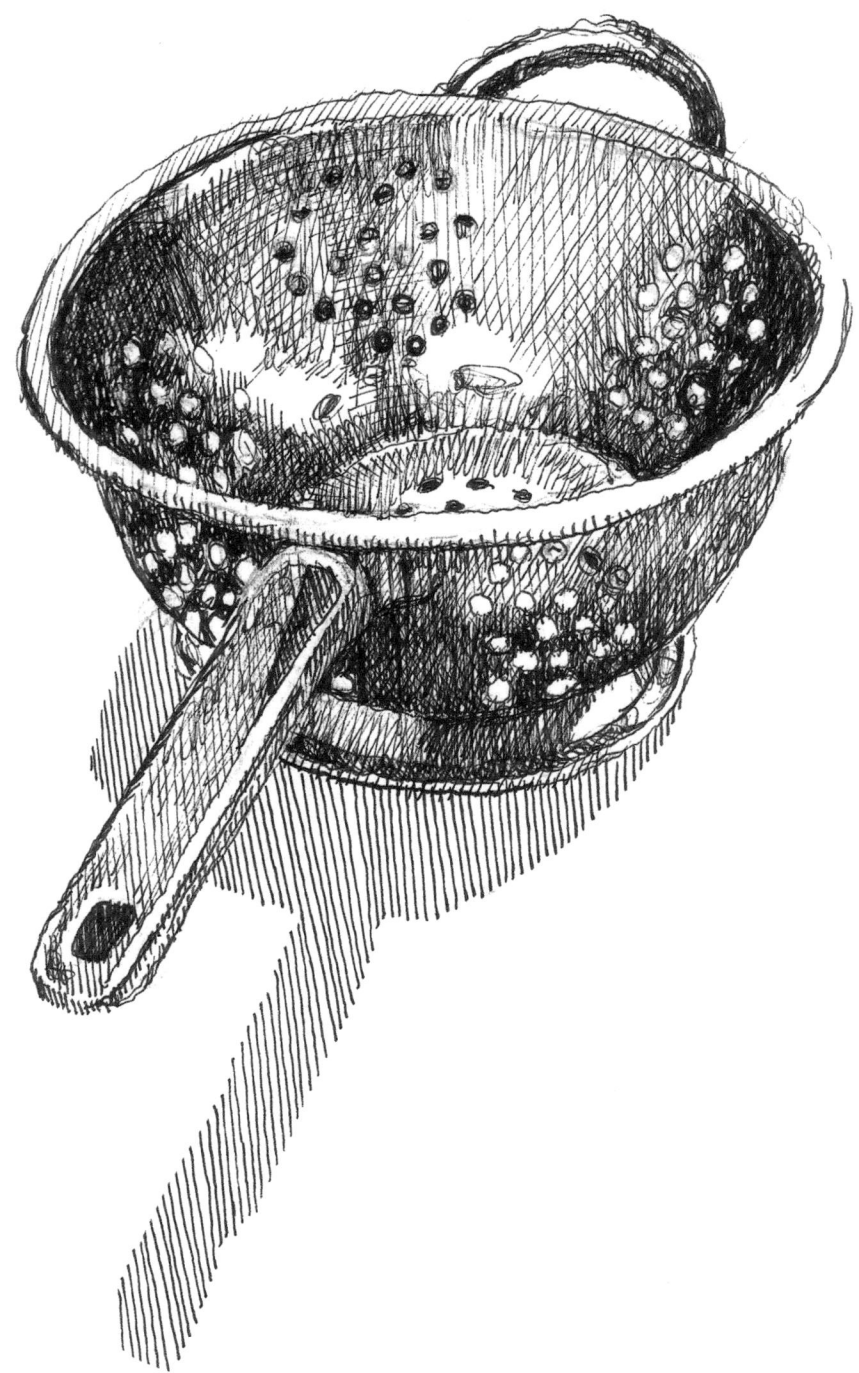

Técnica utilizada: rayado cruzado
Material: bolígrafo de punta fina de 0,05 mm

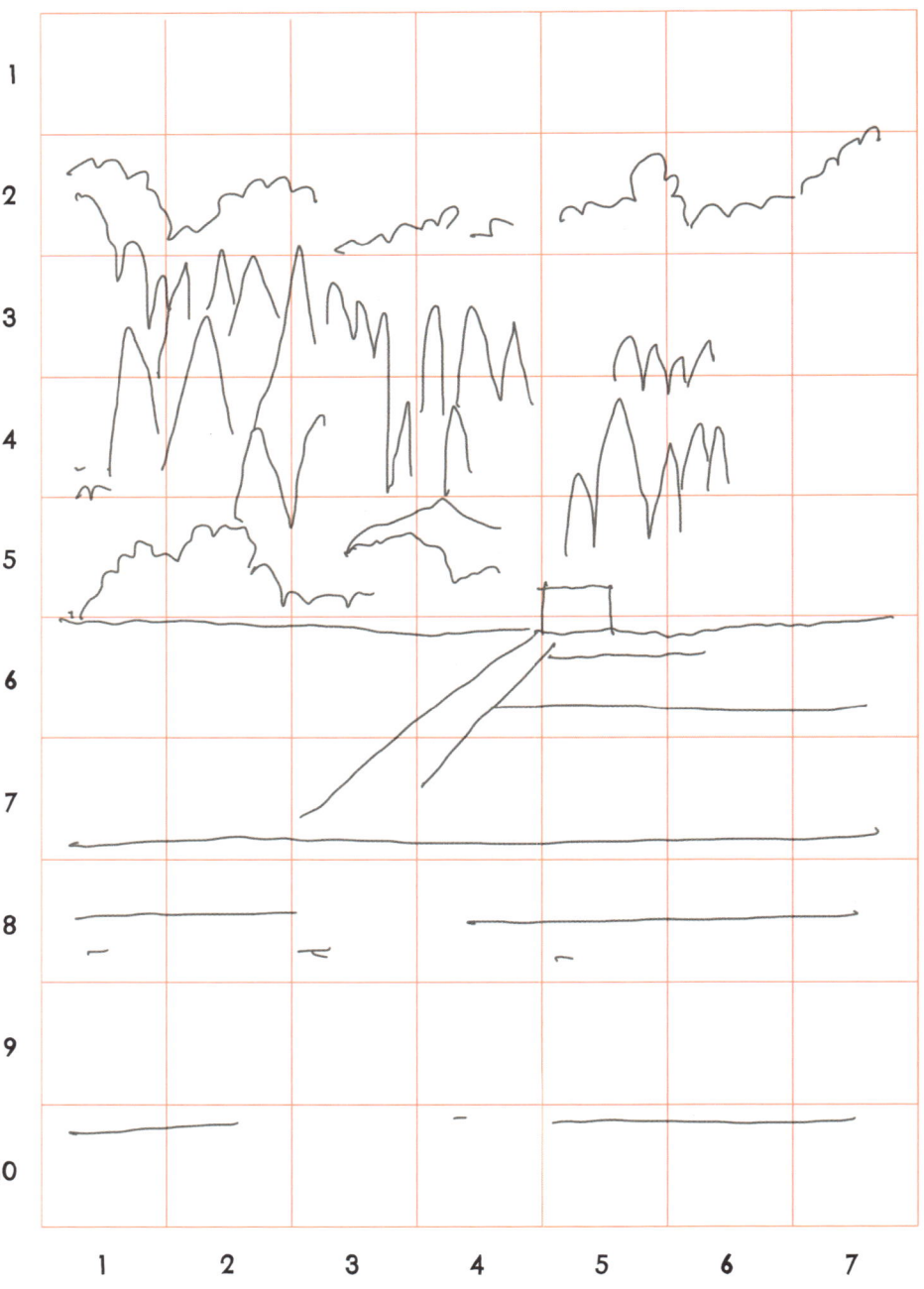

Los contornos no
siempre son necesarios.
A veces basta con
distintos valores para
entender la imagen.

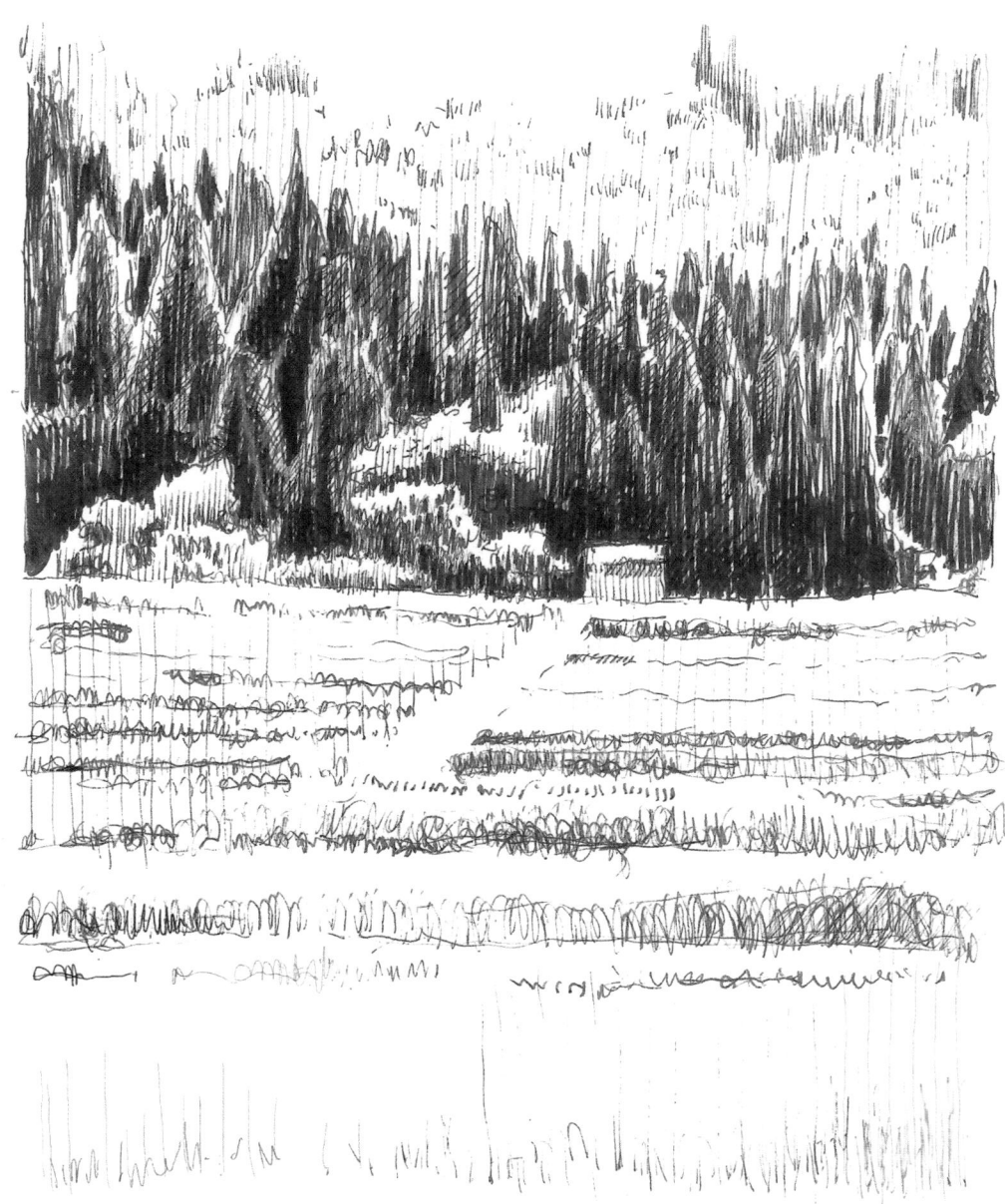

Técnicas utilizadas: rayado cruzado y garabatos
Material: bolígrafos de punta fina de distintos grosores

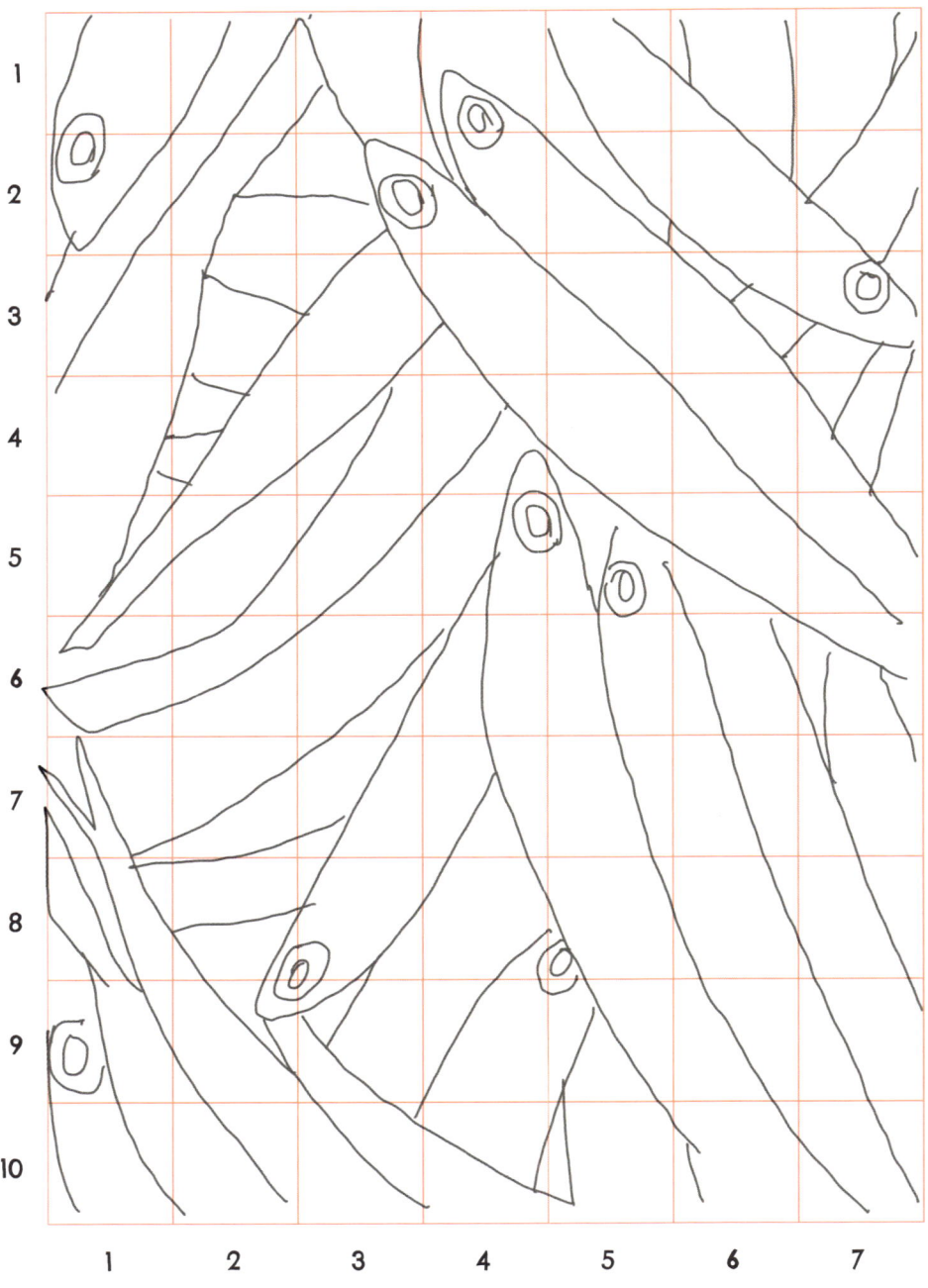

Pruebe distintos tipos
de trazos hasta que
encuentre el que le
resulte más cómodo.

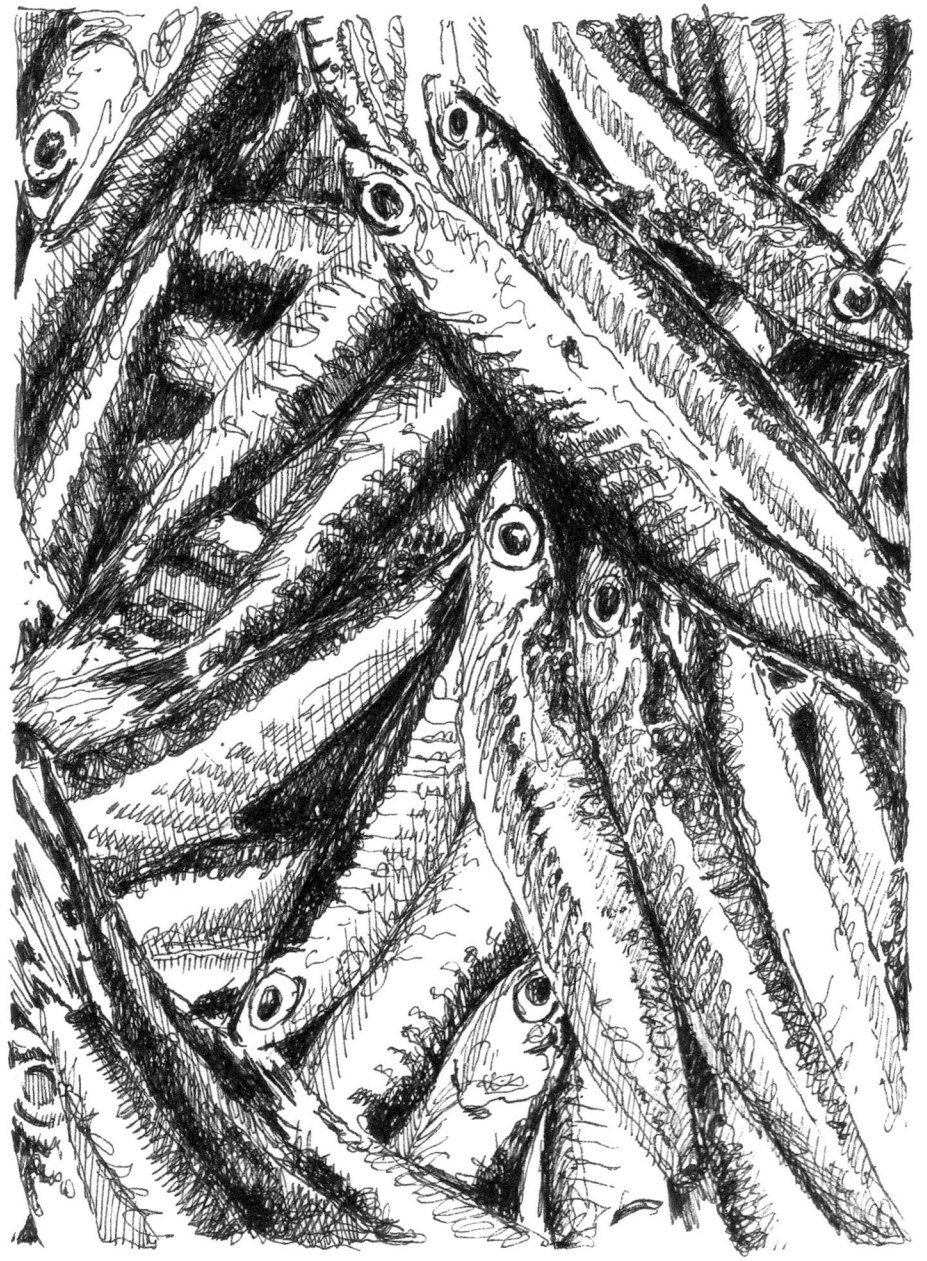

Técnica utilizada: garabatos
Material: bolígrafo de punta fina de 0,05 mm

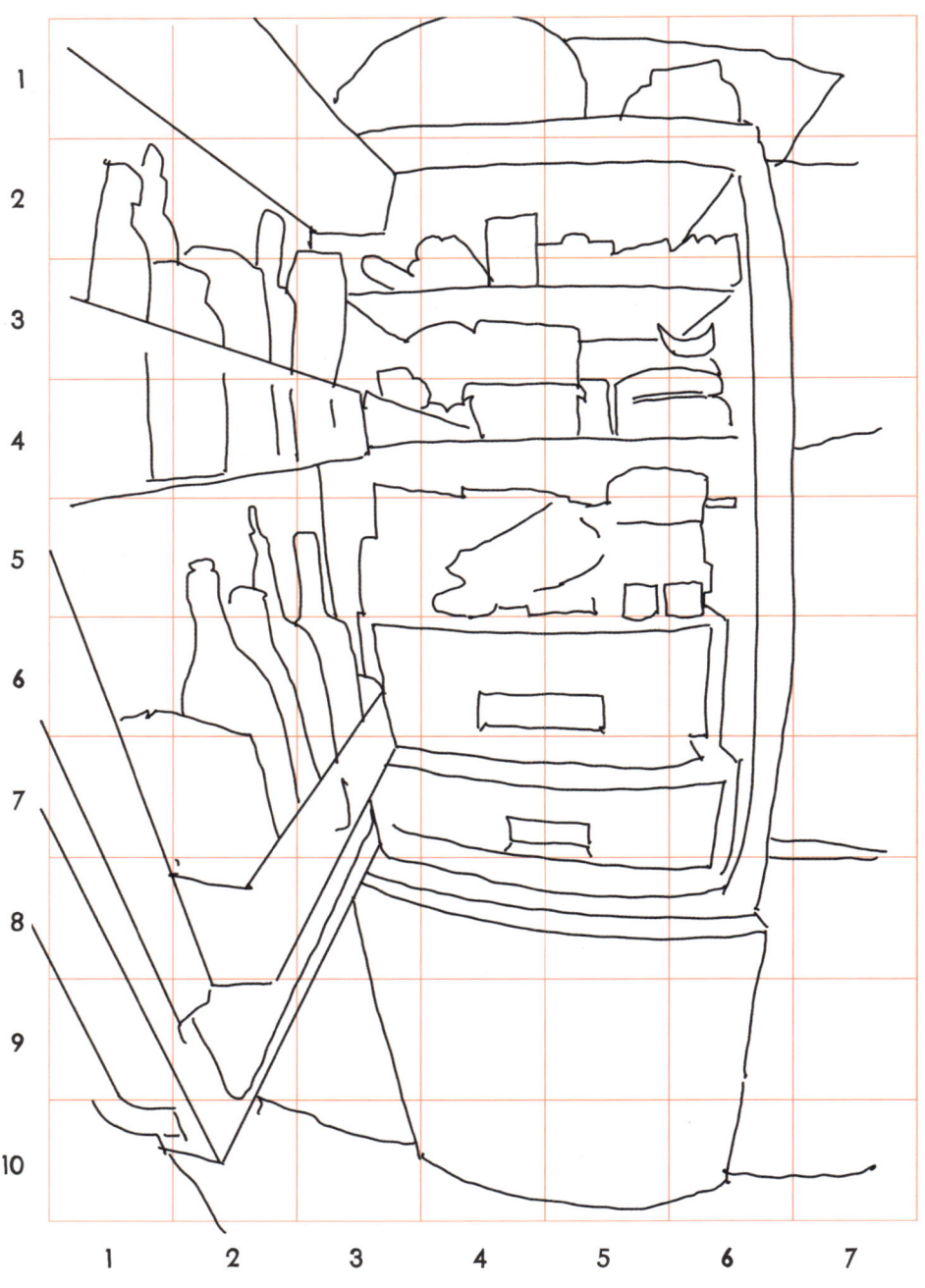

Fíjese en que la mayoría de los valores puede obtenerse con la técnica del rayado cruzado. Poco a poco, capa a capa, puede conseguir la profundidad necesaria. No dibuje los detalles de los objetos del interior, solo sugiéralos.

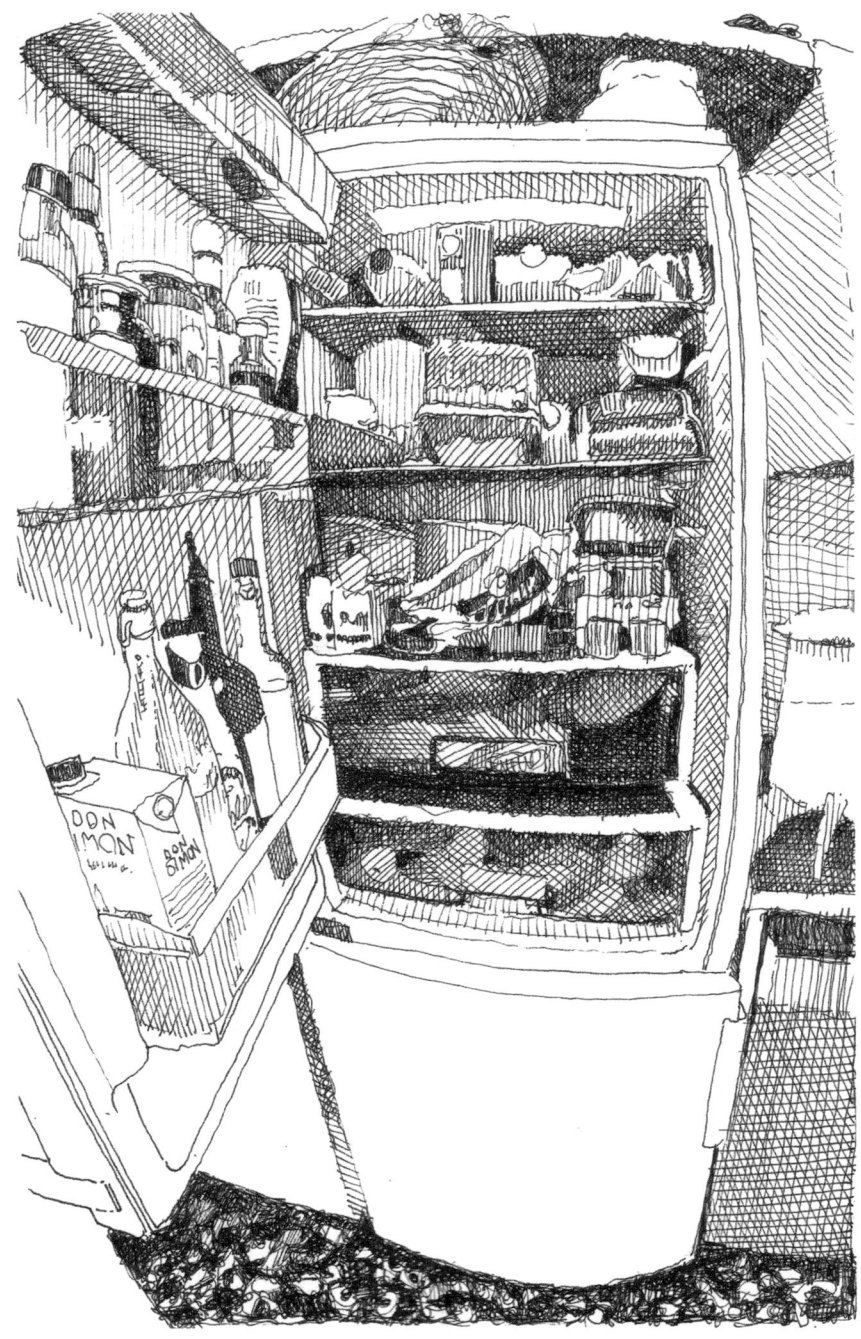

Palabras clave

La utilización de palabras clave puede ser una herramienta muy útil para encontrar la inspiración, perfeccionar texturas, explorar composiciones y experimentar con distintas técnicas. Este es el momento de poner a prueba su creatividad de una manera distinta. Lo invito a dibujar a partir de las palabras clave del recuadro de abajo, que puede interpretar como desee y representar con las técnicas y el material que prefiera.

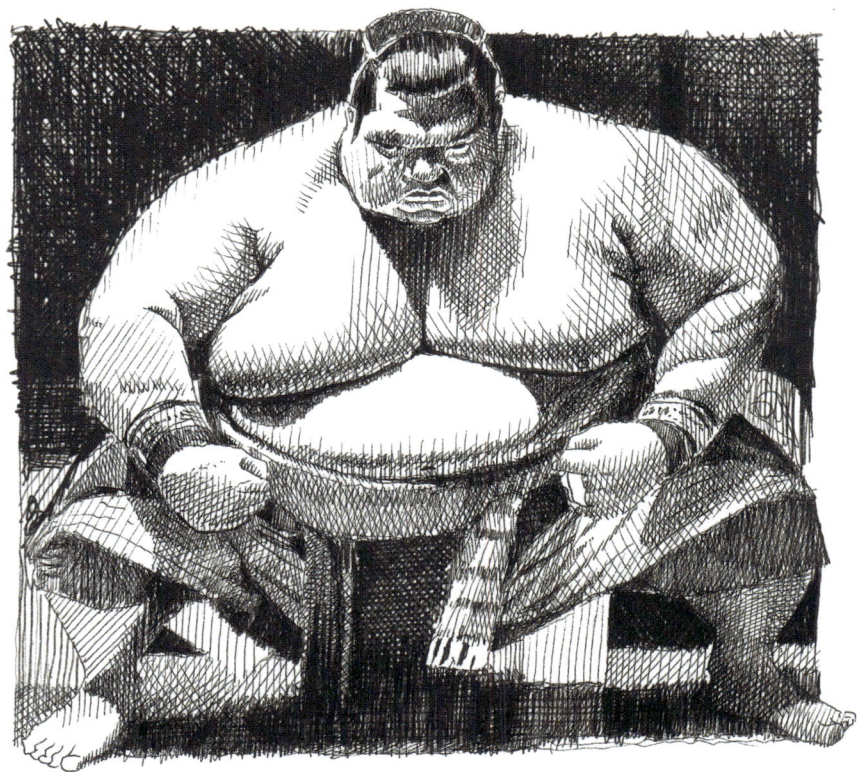

Este luchador de sumo está inspirado en la palabra clave «fuerza», y el dibujo de las botas de agua de la página siguiente es una interpretación de «humedad».

Ácido	Piloto	Madera	Antigüedad
Yoga	Amor	Música	Ratón
Rápido	Almohada	Lámpara de araña	Deporte
Increíble	Ventilador	Tela	Polluelo
Gigantesco	Columpio	Campo	Maceta
Toro	Atrapar	Cocinero	Fuerza

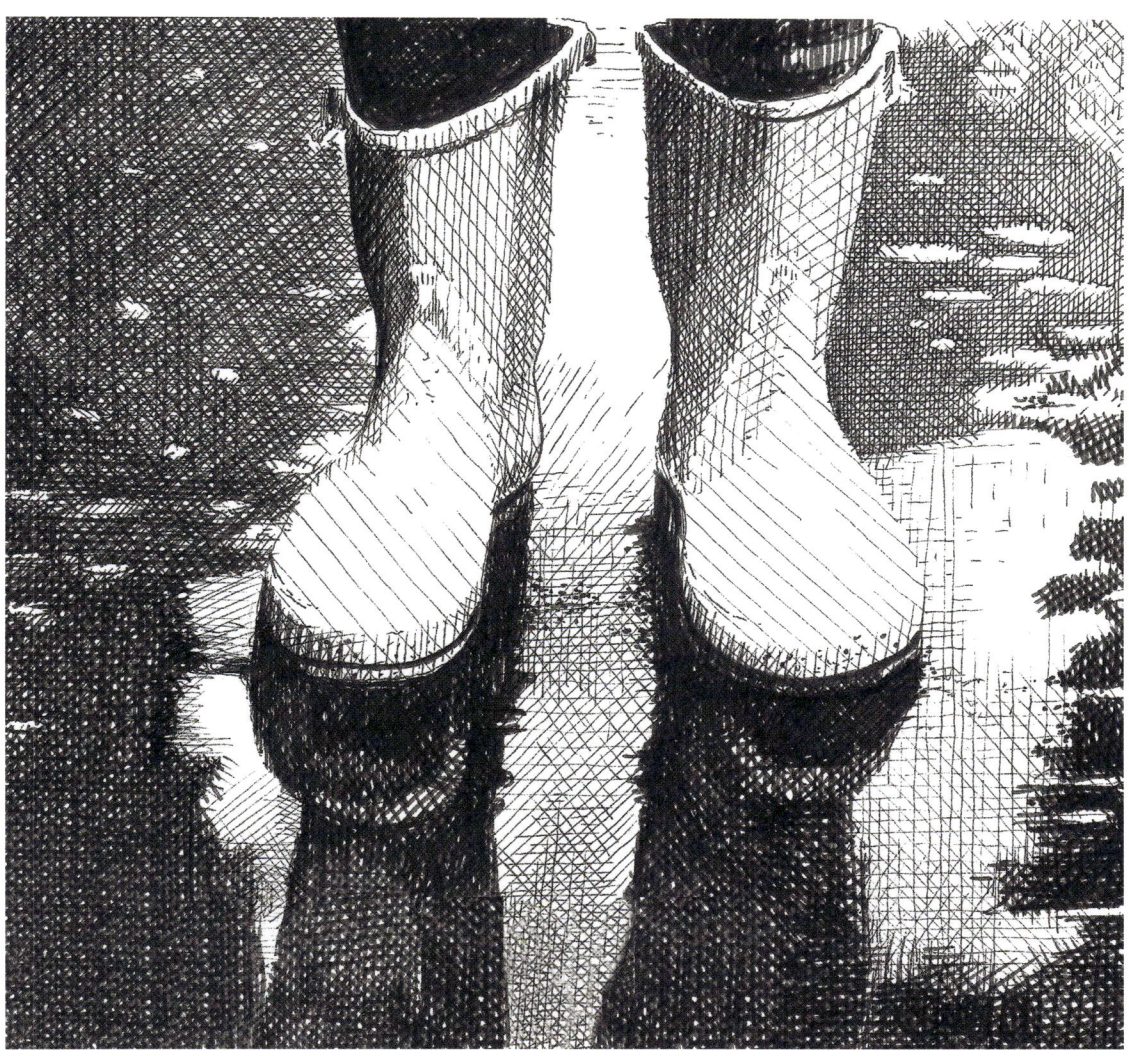

Utilice las palabras clave de la manera que le resulte más inspiradora, interpretando cada imagen como se le ocurra.

Oscuro	Husky	Sombrero	Agua
Gas	Hamburguesa	Paquete	Flor
Enorme	Pasta	Piedra	Frágil
Postre	Tienda	Humedad	Leche
Salvaje	Serpiente	Cuero	Cuerno
Sushi	Chocolate	Nieve	Abrigo

Índice alfabético

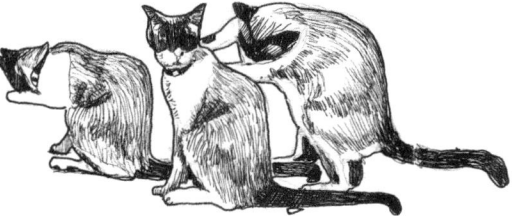

Agradecimientos

A María José, sin duda mi mayor fan, por apoyarme y
ser comprensiva con el tiempo que dedico a dibujar.

A Marcel y a Andrés por aguantar todas las veces que
os he dibujado mal. Sin vosotros, el viaje de la práctica
del dibujo diario no sería lo mismo.

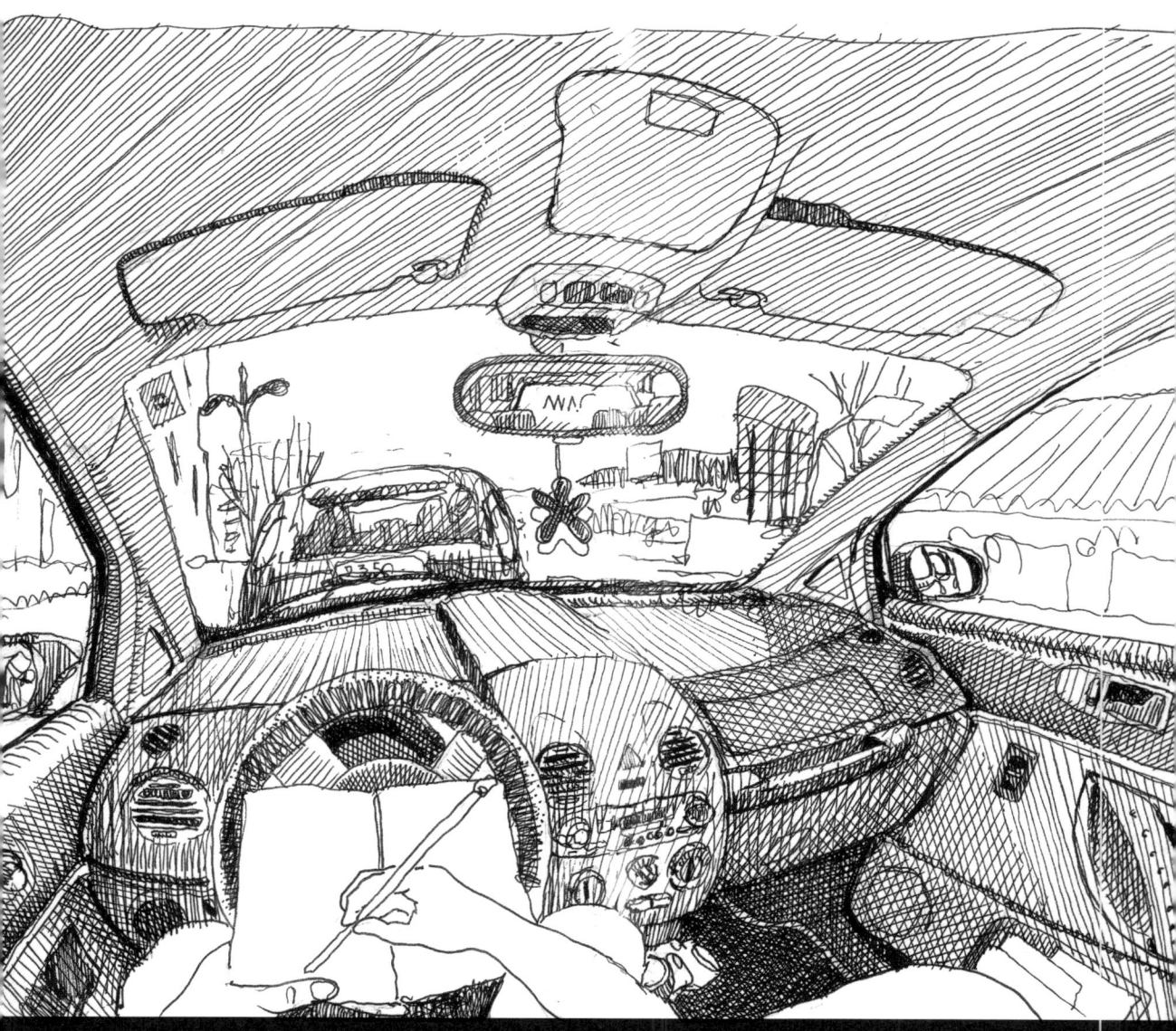